STARWATCHERS

모든 것은 별에서 시작되었다

고유경 옮김 STARWATCHERS 조앤 베이커 지음

모든 것은 별에서 시작되었다

천문학자가 바라본
우주와 인류의 발자취

북플레저

차
례

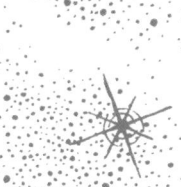

1 달과 태양:
신들의 놀이터에서 인간의 공간으로

2 화성과 태양계 :
새로운 세상, 새로운 생명을 찾아

3 우주와 인간 :
수십억 년 전부터 계속된 별의 메시지

왜 인간은 우주를 탐하고,
알고 싶어하는가

내 삶의 방향을 이끈 단 하나의 질문이 있다. "무엇이 우리를 하늘로
이끌고, 또 인간으로서 우리는 하늘에 놓인 모든 것을 어떻게 이해할
수 있을까?"

　　1970년대 영국 콘월의 서쪽 끝자락, 바람이 휘몰아치는 절벽 꼭
대기의 회색 돌집에서 자란 나는 어린 시절부터 별과 행성에 빠져버
렸다. 두께가 60센티미터에 이르는 두터운 벽 덕분에 우리는 폭풍에
도 절벽 아래로 쓸려 내려가지 않을 수 있었다. 하지만 가끔은 위에
서 떨어지는 슬레이트 지붕 조각이나 차에서 튕겨 나와 가시덤불을
가로질러 날아오는 쇼핑백들을 재빨리 피해야 했다. 해 질 무렵이면
부모님 방 창문에서 조용히 대서양으로 가라앉는 해를 바라보며 좀
처럼 나타나지 않는 '녹색 섬광(빛의 파장에 따라 굴절률이 달라, 일출이나 일몰
시 태양 빛이 대기를 통과할 때 맨 윗부분이 순간적으로 녹색으로 보이는 현상―옮긴이)'
을 기다렸지만, 끝내 한 번도 보지 못했다. 그러다 처음에는 하나, 그

다음에는 열 개 남짓, 이어 수십, 수백 개의 작은 별빛이 서서히 모습을 드러내는 광경에 경외심을 느끼며 그저 멍하니 바라보곤 했다.

나는 부드러운 붉은빛을 발하는 화성과 당당한 광채를 내는 목성을 알게 되었고, 1년 동안 하늘을 가로지르는 이 행성들의 궤적을 따라가 보았다. 그리고 탁자 위에 놓인 천문학 사진집을 자세히 들여다보기 시작했다. 그 안에는 성도를 비롯해 솜사탕을 흩뿌린 듯 빛나는 성운과, 사파이어·에메랄드·루비가 한데 모인 듯 반짝이는 성단들의 매혹적인 사진이 가득했다.

바깥에서는 겨울 폭풍이 울부짖다가 잦아들고, 수선화와 해변의 작은 꽃들이 봄의 따스한 햇살을 맞으려 용감하게 고개를 내밀 때, 나는 지구 너머의 황무지와 자연의 힘에 대해 생각했다. 그 무렵은 NASA의 아폴로 탐사선이 달에 착륙한 지 몇 년이 지나지 않은 시기였다. 텔레비전에서는 여전히 사부심 넘치는 미국인들이 흰 우주복을 입고 회색 먼지로 뒤덮인 황무지를 껑충껑충 뛰거나, 로버 rover(달이나 다른 행성 표면을 탐사하도록 설계된 이동식 탐사 차량 ─ 옮긴이)를 타고 바위 위를 광대처럼 휘청거리며 달리는 모습을 거친 질감의 흑백 화면으로 보여 주었다. 헬멧에는 저 너머의 산과 충돌구들이 눈부신 하얀 빛으로 반사되어 보였다.

초등학교 때, 나는 목성을 연필로 그리며 주황색 줄무늬와 빨간색 타원을 채워 넣고, 토성의 고리가 귀처럼 보이지 않게 그리는 방법을 궁리하며 행성의 본질에 대해 궁금해했다. 당시에는 이 행성들이 존재하는 이유에 대해서는 크게 고민하지 않았던 것 같다. 화성, 금성, 목성, 토성은 마치 우리 엄마, 아빠, 언니, 고양이, 돌고래, 갈매기,

차, 수돗물, 전기처럼 그저 거기 있을 뿐이었다. 그럼에도 이 행성들에는 내 마음을 사로잡는 무언가가 있었다.

1976년 영국 전역에 컬러 TV가 보급되던 무렵, NASA의 바이킹 착륙선이 화성 표면을 포착했다. 로봇 탐사선이 전송한 사진 속에는 옅은 살구색 하늘을 배경으로 녹슨 듯한 붉은 바위가 흩뿌려진 황량한 평원이 펼쳐져 있었다. 그 풍경은 외계라기보다 〈스타트렉Star Trek〉이나 〈닥터 후Doctor Who〉의 촬영 세트장 같았다. 이상하리만치 익숙한 그 모습은 사람들에게 직접 가 보고 싶은 충동을 불러일으켰다. 지구의 사막과는 얼마나 다를까? 직접 가서 보고, 화성이라는 공간을 체험한다면 얼마나 짜릿할까! 화성은 탐험가들의 또 다른 목표가 되었다. 에베레스트도, 달도 이미 정복되었다. 그다음은 화성이었다. 너무나 당연한 수순이었다.

이듬해에는 행성 사이를 항해하는 보이저 1호와 2호 우주 탐사선이 발사되었고, 나는 이들이 태양계를 순회하며 보내올 '엽서'를 손꼽아 기다렸다. 시간이 흐르면서 나는 탐사선의 목적지들을 하나씩 상상하며 그려 보았다. 첫 번째는 목성으로 그곳에는 연무처럼 피어오르는 줄무늬와 불길한 '붉은 점'이 있었다. 이 붉은 점은 마치 외눈박이의 눈처럼 매혹적인 거대한 폭풍이었다. 다음은 토성의 장엄한 고리였다. 수없이 많은 얼음 조각으로 이루어진 거대한 고리에는 마치 레코드판의 홈처럼 선명한 틈들이 나 있었다.

탐사선이 멀어질수록, 나의 시야도 넓어졌다. 내가 열일곱 살이 되던 생일에 탐사선이 처음으로 천왕성을 근접 통과했다. 천왕성은 실망스러울 정도로 밋밋한 회녹색 구체였다. 1년이 지나 해왕성을 보았을 때, 흰 구름이 띠를 이루는 이 푸른 구슬은 더 매력적으로 다가왔다. 태양계 외곽에도 놀랄 만큼 익숙한 풍경이 많았다.

나는 별과 행성, 우주의 작동 원리를 더 깊이 이해하고 싶어 대학에서 물리학을 전공했다. 열과 에너지, 전자기력과 중력 같은 기본 힘, 전자에서 쿼크quark(물질을 이루는 기본 입자 중 하나—옮긴이)에 이르기까지 물질을 구성하는 요소 등 우주의 역학에 관해 많은 것을 배웠다. 그러나 마지막 학년에 잠시 접한 천문학 수업을 제외하면, 교수들은 천체의 기원이나 우주 속에서 인간의 위치를 이해하려는 인류의 오랜 역사에 대해서는 거의 언급하지 않았다. 우리 학생들은 물리적 설명만이 유일한 진리인 듯 배워야 했다. 우주론과 물리학의 많은 부분은 지적이고 수학적인 탐구였을 뿐, 그 이상은 아니었다.

나는 갈증을 느꼈다. 학부 과정만으로는 배우지 못하는 내용이 분명히 많았다. 그래서 공부를 계속 이어갔다. 천체물리학 박사 학위를 위해 지구 반대편 호주 시드니로 향했고, 그곳에서 시야를 넓힐 수 있었다. 나는 우주를 움직이는 힘이 무엇인지 알고 싶었다. 저 너머에는 무엇이 있을까? 우리는 왜 여기 있는 걸까?

대학원 시절, 그리고 그 이후에도 나는 퀘이사quasars를 연구했다. 퀘이사는 거대한 블랙홀 주위에 형성된 빛나는 물질 구름으로, 우주로 막대한 양의 복사를 방출한다. 나는 백여 개의 퀘이사를 자세히 연구했다. 이 표본은 중심의 블랙홀에서 강한 에너지를 방출하는 먼 은하들이었다. 이 특정 퀘이사들을 이렇게 자세히 연구한 것은 내가 처음이었고, 지금도 묘한 애착이 남아 있다. 10년 동안 나는 퀘이사들의 세계 속에 있었고, 퀘이사도 내 삶의 일부였다.

모든 퀘이사는 친숙한 이름 대신, 단순히 하늘에서의 위치에 따라 숫자로 불렸다. 하지만 내게는 각기 다른 개성이 있었다. 이해할 수 없을 만큼 밝고 요란한 퀘이사도 있었고, 부드럽게 서서히 타들어가는 퀘이사도 있었다. 주위에 가스의 호가 장막처럼 늘어진 퀘이사, 작은 은하 무리 속에 숨어 있는 퀘이사, 짙은 구름에 가려 빛을 잃은 퀘이사 등 다양했다. 정면을 바라보는 은하도 있었고, 수줍은 듯 옆모습만 보여 주는 은하도 있었다.

　　나는 영국과 미국에서 10년 동안 퀘이사를 비롯해 우주에 관한 여러 연구를 진행했다. 감사하게도 그동안 하와이에서 칠레 안데스 산맥, 아타카마사막에 이르기까지, 이국적이고 외딴 장소에서 세계 최고의 망원경들을 다룰 수 있었다. 허블 우주 망원경을 직접 다루었던 시절을 떠올릴 때면 지금도 믿기지 않아 스스로를 꼬집곤 한다. 당시 나는 허블 우주 망원경이 지구를 40바퀴 도는 동안 어디를 바라보고 관측해야 하는지에 대한 지침을 작성하는 일을 했다.

　　그러나 10년이 넘게 탐구해 왔음에도, 나는 답을 얻기보다 더 많은 의문을 품게 되었다. 천체물리학 분야에서는 놀라운 발견이 이어졌고, 우주에서 새로운 패턴을 찾아낼 수 있다는 사실은 그 자체로 경이로웠다. 그러나 그 이야기는 여전히 딱딱한 기호와 용어로만 전해졌고, 천체물리학에서의 우주는 점점 추상적인 수학의 영역으로 변해갔다. 천문학자라면 누구나 망원경 앞에서 느끼는 순수한 기쁨보다 연구비와 명예를 둘러싼 경쟁이 더 중요해진 듯했다. 우리는 수십억 년의 시간을 건너온 빛을 받아, 별이나 퀘이사, 머나먼 행성의 협곡을 마주하는 최초이자 유일한 사람이 될 수도 있었다. 하지만 이 경험은 우리의 일상과는 멀게 느껴졌다. 지구와 인류를 돌아보니, 모든 일들이 더 안전하고, 더 현실적이며, 더 시급하게 느껴졌다. 나는 본격적인 연구에서 한발 물러나, 과학 학술지의 편집자로 일하며 호기심을 채워 나갔다.

천문학자로 일하던 시절, 나는 우주의 여러 현상이 어떻게 객관화되고 숫자로 환원되는지 지켜보았다. 그렇다. 과학자들은 자신이 하는 일을 사랑한다. 나처럼 많은 과학자가 경외심과 더불어, 새로운 것을 발견하고 한계를 넘어 보려는 열망, 자연의 이치를 이해하고자 하는 마음에 이끌려 이 길에 들어선다. 하지만 대부분의 과학자들은 우주를 그저 대상으로 측정하고 평가하는 데 많은 시간을 보낸다.

무엇을 위해서일까? 우주는 종종 잠재적인 자원의 보고로써, 언젠가 지구에서 손쉽게 채굴할 수 있는 광물이 모두 고갈되면 그 자리를 대신해 부유한 이들을 더욱 부유하게 할 공간으로 여겨진다. 또는 변화의 장소로써, 우리가 제대로 돌보지 못한 지구를 본떠 새롭게 만들 '테라포밍Terraforming(행성이나 위성을 지구와 같은 환경으로 만들어 인간이 살 수 있도록 하는 일—옮긴이)'의 대상으로 떠오르기도 한다. 기껏해야 우주는 우리 존재의 의미, 즉 우리 자신과 지구 생명의 기원을 더 깊이 들여다보게 하는 태고의 공간으로 여겨질 뿐이다.

밤하늘을 단지 물리학이나 수학, 경제적 가치와 관련된 문제로만 바라보면 멀고 소모적인 대상으로 느껴진다. 그러나 밤하늘에는 수천 년에 걸친 인류의 역사도 새겨져 있다. 우리는 별 속에 살고 있다. 우리가 스스로에게, 또 우리 자신에 관해 해 온 이야기들이 별자리에 고스란히 담겨 있다. 우주를 더 깊이 알게 되면서 인간이라는 존재의 의미에 대한 우리의 인식도 바뀌었다. 별과 행성이 우리 주위를 돌지 않는다는 사실을 깨달으면서, 인간은 겸손해질 수밖에 없었다. 우리는 주연이 아니라 조연일 뿐이다.

우주의 장막이 차츰 걷히고 인류가 더 깊이 탐구해 갈수록, 우리는 눈앞에 펼쳐진 광경을 이해하기 위해 새로운 이야기를 만들어 왔다. 대부분의 사람들은 서로 다른 가스가 내는 다양한 색을 강조한 무지갯빛 가스 성운 사진을 보면서도, 정작 무엇을 보고 있는지는 알지 못한다. 그럼에도 그 아름다움만은 알아본다. 이러한 우주의 구름들에는 게 성운, 더듬이 은하, 솜브레로(챙이 넓은 모자 — 옮긴이) 은하처럼 친숙한 이름이 붙었다. 무엇이든 오래 바라볼수록 더 익숙해지고, 그만큼 그곳에 가 보고 싶은 마음도 커진다.

인간과 로봇의 탐사 범위는 모두 빠르게 확장되고 있다. 인류가 달에 발을 디딘 지 50년이 넘었고 아직은 그 너머로 직접 가 보지 못했지만, 화성은 이미 2.5센티미터 단위까지 정밀하게 촬영되어 상세한 지도까지 만들어졌다. 화성의 붉은 풍경은 호주 내륙이나 아타카마사막의 풍경만큼 친숙하게 느껴진다. 화성에 가는 일은 그만큼 현실적으로 느껴진다.

1960년대 이후 우주는 '인류 전체의 영역', 즉 전 지구적이자 더 나아가 지구를 초월한 공유지로 여겨져 왔다. 이론적으로는 누구나 우주를 탐험하고 그 열매를 누릴 권리가 있다. 1967년 이를 성문화한 우주조약이 체결되었을 때, 소련과 미국은 비교적 관대한 위치에 있었다. 그들만이 우주에 도달할 만큼 뛰어난 로켓을 보유하고 있었기 때문이었다. 그러나 이제 유럽, 중국, 인도가 가세하면서 그 균형이 달라지고 있다. 일론 머스크Elon Musk의 스페이스XSpaceX와 리처드 브랜슨Richard Branson의 버진 갤럭틱Virgin Galactic처럼, 민간 기업과 억만장자들도 이러한 움직임에 뛰어들었다. 이런 기업가들에게 우주는 채굴 가능한 천연 자원이 넘치는 새로운 개척지인 것이다. 마치 미국 개척 시대의 황량한 서부처럼, 우주는 자연 그대로의 모습이 훼손될 위험에 놓여 있다.

이 새로운 우주 경쟁에는 여러 이유가 있다. 그중 하나는 지정학적 요인이다. 1957년 소련이 최초의 궤도 위성인 스푸트니크Спутник를 발사하자, 미국은 큰 충격에 휩싸여 달 탐사를 본격화했다. 전 세계는 닐 암스트롱Neil Armstrong이 달 표면에 첫발을 내디디는 순간을 밤새우며 지켜보았다. 이는 역사상 가장 많은 사람이 함께 목격한 사건 중 하나였다. 이제 미국과 중국의 새로운 우주 비행사들은 향후 10년 안에 그 선율을 재현할 준비를 하고 있다.

우주 경제의 성장 또한 그 이유 중 하나다. 위성 발사 비용이 점점 낮아지면서, 대부분의 국가가 우주 진출을 모색하고 있다. 그다음에는 인간과 로봇이 달에서 작업할 수 있는 기지를 건설하거나, 소행성에서 귀중한 원소를 채취하는 탐사에 나설 수도 있다.

언젠가는 용감한 사람들이 화성으로 향할 것이다. 실제로 어떤 사람들은 인류의 미래를 '행성 간 종족interplanetary species'으로 본다. 그중 한 명인 머스크는 지구를 벗어나 먼 우주로 여행할 수 있는 우주선을 개발하는 가장 큰 이유가 바로 자신이 화성에서 죽고 싶기 때문이라고 말한다. 물론 불시착으로 죽는 건 고려 대상이 아니다.

하지만 우리는 그저 우주 탐사선이 보내온 행성의 풍경만을 간접적으로 볼 수 있을 뿐이다. 반세기 동안 탐사선은 수많은 사실을 밝혀냈고, 우리의 상상력에도 지대한 영향을 미쳤다. 1950년 이전까지만 해도 사람들은 금성과 화성에 실제로 외계인이 살고 있을 것이라고 믿었다. 그러나 탐사선이 전한 모습은 전혀 달랐다. 두 행성은 황량한 곳이었다. 이제 우리는 생명의 흔적을 찾기 위해 더 멀리, 목성과 토성의 위성들, 그리고 태양계 너머의 행성들을 향해 나아가고 있다.

우리는 무엇 때문에 우주에 끌리는 것일까? 지구 밖의 세계는 우리와 어떤 관계를 맺고 있을까? 우주가 전문가와 특권층만의 놀이터가 되는 것은 아닐까? 그렇다면 우리 모두는 어떻게 존재감을 느낄 수 있을까? 또 어떻게 하늘에 의미를 새길 수 있을까? 이 모든 물음이 내 머릿속을 떠나지 않는다. 오래되고도 깊은 뿌리를 지닌 질문들이다.

이 책은 그 중요한 질문들에 답하고자 했던 내 개인적인 여정을 담았다. 주제가 워낙 방대하다 보니 모든 것을 다루지는 못했다. 사실 겨우 겉만 들춰 본 수준에 불과하다. 하지만 새로운 이야기를 발견하는 즐거움이 있었고, 역사 속 인물들이 별과 광대한 우주라는 미지의 세계에 품었던 갈망과 두려움을 그들의 목소리로 접하는 기쁨도 누릴 수 있었다.

내가 선택한 이야기들은 다양한 사람과 시대, 장소를 아우른다. 이를 통해 사람들이 우주를 어떻게 느껴 왔는지 전하고, 우리를 둘러싼 실제 우주 공간의 감각을 느낄 수 있기를 바랐다. 이 책은 가까운 달에서 시작해 태양계를 거쳐 별과 은하, 그 너머까지 이어지는 여정을 다룬다.

각 장은 대체로 연대순으로 구성되어 있다. 전통적인 천문학 역사서는 아니지만, 끝까지 읽고 나면 인류가 우주를 어떻게 이해해 왔는지 그 흐름을 느낄 수 있을 것이다. 널리 알려진 과학적 일화는 피하고, 대신 그 기원을 살펴보고자 했다. 통념에 의문을 제기하려 노력했고, 종종 기존의 생각이 허술함을 발견하기도 했다. 또한 서구를 넘어 세계 각지의 이야기들도 함께 담아 보았다.

나는 장마다 특정 주제를 정했다. 달을 다룬 장에서는 시와 사진이 이 친숙한 천체를 더욱 가까이 느끼게 해 준 중요한 도구로 등장한다. 어쩌면 오랜 세월 동안 인류가 달에 그토록 끌렸던 이유는 결국 그 표면에 드리워진 그림자의 장난 때문일지도 모른다.

지구를 넘어 태양계의 다른 행성을 다룬 장에서는 낯선 행성들의 표면이 우리의 상상과 환상을 펼치는 무대가 된다. 공상과학 속에서 이러한 상상이 어떻게 그려지는지 살펴보고, 각 행성이 생명을 품을 수 있는 곳인지, 나아가 우주 어딘가에 생명이 존재할 수 있을지에 대한 생각이 어떻게 진화했지도 함께 탐구한다.

세 번째 장은 항해나 사회 통제 등 별의 실용적인 역할을 살펴보는 것으로 시작한다. 이어서 20세기 물리학이 어떻게 천문학을 변화시키고 추상적인 영역으로 이끌었는지 간략히 훑으며 마무리한다.

고대 바빌로니아와 중국에서는 별과 행성을 추적하며 권력을 행사하고 운명을 통제하려 했던 최초의 기록이 남아 있다. 20세기에는 화성 열풍과 외계 생명에 대한 믿음이 원자물리학의 눈부신 발전, 그리고 우주 전체 역사에 대한 이론적 연구와 함께 복잡다단하게 펼

모든 것은 별에서 시작되었다

쳐졌다. 나는 이러한 흐름 속에서 예상보다 더 많은 연속성의 실마리를 발견했다.

어떤 현대적 관점이든 그 뿌리는 인류 역사의 깊은 곳으로 거슬러 올라간다. 지식은 꾸준히 쌓여 가지만, 결국 우리는 늘 같은 난제로 되돌아간다. '물질의 본질은 무엇인가? 우주는 어떻게 시작되었는가? 인간은 왜 존재하는가?' 이 질문에 답을 찾으려 하는 욕망은 인간의 본성이다. 이 본성은 에베레스트와 달, 화성을 정복하려는 동기뿐 아니라, 우리가 살아가는 동안 다른 생명체와 함께 공유하는 이 희귀한 보석 같은 행성을 보호하고자 하는 열망도 일깨운다.

미약할지는 모르나 나는 이 책을 통해 달과 행성, 별이 우리의 삶뿐만 아니라 인류 역사 전반에 걸쳐 해 온 중요한 역할을 조명하고자 한다.

1.

달과 태양:
신들의 놀이터에서
인간의 공간으로

달이라는 강력한 이끌림

우리는 모두 운명적으로 달에 이끌린다. 그 끌림은 너무나 강렬해서, 인류는 온갖 기술을 개발하여 목숨을 걸고서라도 달에 발을 내딛으려 했다. 지금도 많은 사람이 달에 연구 기지를 세우고, 장기 체류하기를 꿈꾼다. 그게 아니더라도 적어도 한 번쯤은 달에 가 보고 싶어 한다.

그렇다면 도대체 무엇이 그렇게 우리를 사로잡는 걸까? 왜 달을 이해하려 하고, 직접 가 보고 싶어 하며, 심지어 소유하려 하는 걸까? 한 가지 분명한 사실은 인류가 오래전부터 그래왔다는 것이다. 하늘에서 가장 눈에 띄는 두 천체, 달과 태양은 수천 년 동안 무수한 방식으로 숭배되었다. 이들의 물리적 성질은 조석, 계절, 밤낮의 순환을 통해 오랫동안 인간과 지구 생명체의 삶을 규정해 왔다. 이러한

모든 것은 별에서 시작되었다

순환은 우리에게 시간과 자연을 통제한다는 감각을 심어 주었다. 물론 정서적 영향도 무시할 수 없다. 눈부신 햇빛은 삶을 비추며 진실을 밝힌다고 여겨졌고, 은은한 달빛은 어둠 속에 감춰져 있던 은밀한 행위를 드러낸다고 여겨졌다.

달과 태양을 둘러싼 생각들은 다양한 문화권에서 놀랄 만큼 닮아 있다. 조금만 살펴봐도 공통점이 드러난다. 강렬하고 남성적으로 묘사되는 태양과 달리 달은 부드럽고 여성적으로 그려지곤 한다. 바로 그 부드러움 덕분에 어떤 문화권에서는 달이 우위를 차지하기도 한다. 두 천체는 모두 숭배의 대상이었고, 신의 영역과 관련 있다고 여겨졌다. 그러나 이러한 신화와 이야기 속에서 인간도 빠지지 않았다. 많은 문화권에서는 달의 '표면'에서 인간의 형상을 발견하거나 상상했다. 달과 태양은 지상에서 벌어지는 생사의 전투를 상징하는 데 널리 사용되었다.

시대와 장소를 막론하고, 인류 사회에서 중요한 역할을 맡은 이들은 달과 태양의 주기를 더 깊이 이해하려 끊임없이 노력해 왔다. 하늘을 관측하는 이들이 그 주기에 대해 더 많은 사실을 밝혀낼수록 그 지식의 힘은 막강해졌고, 그 힘을 소유할 수 있는 사람들은 점점 줄어들었다. 일식이나 월식을 예측하는 일부터 블랙홀과 같은 심오한 현상을 이해하고 그 영광을 누리는 일까지, 천문학자들은 수 세기 동안 우주의 거대한 힘과 인간의 일상 사이를 잇는 숙련된 중재자의 역할을 해 왔다. 이렇게 사실을 탐구하는 사람 하나하나가 지식이라는 모래 언덕 위에 모래알을 하나씩 더해 왔다.

그러나 어떤 이들은 다른 방식으로 우주를 탐구하고자 했다. 시인, 공상과학 작가, 작곡가, 조각가와 같은 부류로 지식보다는 상상력을 쏟는 이들이었다. 우리 중 상당수도 아마 이쪽에 가까울 것이다. 우리는 로켓 발사나 우주 탐사, 우주 비행사의 무중력 모험에 관한 짜릿한 소식뿐 아니라 망원경이 포착한 장엄한 사진에서도 감명을 받는다. 나는 양쪽 모두에 발을 걸치며, 우주를 바라보는 이 양면의 시각을 함께 보여 주고자 한다.

이처럼 우주에 이끌리는 힘과 그 힘이 수천 년 동안 인류를 움직여 온 방식을 알아보기 위해, 가장 가까운 이웃인 달과 그 쌍둥이이자 경쟁자인 태양을 차례로 살펴보려 한다. 특히 달은 인간에게 특별한 매력을 지닌 존재처럼 느껴진다. 가장 가까운 곳에 있으며, 인류가 실제로 발을 디뎠고 또다시 발을 내디딜 가능성이 있는 유일한 세계이기 때문이다.

무중력 속에서 떠다니는 달은 지구의 영향에서 벗어난 듯 보인다. 하지만 그렇지 않다. 달은 중력이라는 무형의 끈으로 지구에 묶여 있다. 그러나 그 힘만이 전부는 아니다. 나는 달의 인력 너머에 서로 이어져 있으면서도 손에 닿지 않는 긴장감이 숨어 있다고 믿는다. 이 긴장은 인간이 달에 투영하는 일련의 감정 즉 사랑과 갈망, 상실과 외로움을 불러일으킨다.

그러나 현실 속이든 상상 속이든 달이라는 '장소'는 태양 빛과 완전히 떼어 놓고 생각할 수 없다. 태양과 달은 본질적으로 연결되어 있다. 태양 빛이 없다면 우리는 달의 존재를 알아차릴 수 없을 것이다. 그림자도 사라질 것이다. 태양의 빛이 꺼지면, 달은 얼굴을 잃고 텅 빈 껍데기만 남을 것이다.

모든 것은 별에서 시작되었다

앞으로 살펴보겠지만, 달의 주기와 위상(지구에서 볼 때 달 표면이 태양 빛을 받아 나타나는 겉보기 모양이 변하는 현상—옮긴이)을 이해하려는 인간의 열망은 태양과 달의 거리, 크기, 구성 성분에 이르기까지 수많은 과학적 발견으로 이어졌다. 달의 밝기 변화를 맨눈과 망원경으로 관측하고, 그림과 사진으로 기록하며, 직접 찾아가면서까지 연구한 결과 달의 풍경에 관해 훨씬 더 많은 사실이 밝혀졌다.

이제 우리가 왜, 어떻게 달에 발을 들이게 되었는지 그 긴 역사를 되짚기 전에 우선 달이 우리에게 어떤 경험을 남기고, 또 어떤 영향을 미쳤는지 살펴보려 한다. 결국 인류가 달에 헌사를 바치고 마침내 그 표면에 발을 내딛게 된 것은 바로 달의 바위와 산, 계곡이 만들어 내는 그림자 때문이었다.

우리 마음이 사로잡히는 순간

뛰어난 정원사라면 직감적으로 태양이 지나는 길을 안다. 하루 동안, 또 한 해 동안 그림자의 움직임을 관찰하면 그 궤적은 선명히 드러난다. 한겨울 고위도 지방에서 태양은 약하게 느껴지고, 지평선 위로 거의 떠오르지 않는다. 그러나 여름이 오면 더는 머뭇거리지 않고 점점 일찍 떠올라 하늘에 오래 머물다가, 낮이 가장 긴 하지가 지나면 다시 천천히 겨울잠에 든다.

태양이 매일 지나는 길은 내 정원에 빛과 그림자를 드리우며, 한편에서 다른 편으로 식물을 비추어 그 성장을 돕는다. 나는 더위가 심하지 않은 날이면 직사광선이 내리쬐는 곳에 앉아 있다가 화끈거리기 시작하면 그늘 속으로 몸을 숨긴다. 때로는 동틀 무렵 해가 떠오르는 광경을 지켜보기도 한다. 풍경과 바람은 고요하고, 새들은 함께 지저귀기 시작한다. 반대로 해가 지는 모습도 감상한다. 이상적인 모습은 깨끗한 수평선 위로 해가 살짝 비칠 때다. 이런 일몰은 하루의 끝자락에 또 다른 평온을 선사한다. 일몰 후에는 별들이 바늘꽂이의 바늘처럼 하나둘 박히고, 사람들은 보드라운 침대보 속에 지친 몸을 묻는다.

이렇게 태양을 바라보는 일은 대개 무의식 속에서 일어난다. 우리는 일상을 살아가다 문득 그 존재를 알아차린다. 너무 익숙한 나머지 태양은 우리의 몸과 마음에 깊숙이 스며 있다. 우리의 생체 시계는 태양의 주기에 맞춰 움직인다. 인간은 해가 뜨면 일어나고, 해가 지면 잠든다. 체내 화학 작용 역시 태양의 리듬에 영향을 받는다. 다른 시간대로 여행을 떠나면 낯설게 느껴지고 생체 시계가 뒤틀린다. 북반구와 남반구를 오가면 훨씬 심하며, 해가 '잘못된' 위치에 있다는 사실이 충격으로 다가온다. 내가 영국을 떠나 처음 호주로 갔을 때, 이런 느낌 때문에 불안했던 기억이 있다. 해가 남쪽이 아니라 북쪽에 있다는 사실에 도무지 익숙해지지 않아 거의 몇 달 동안 불안한 기분을 떨칠 수 없었다. 무엇인가가 계속 맞지 않는 느낌이 들었다.

태양은 내게 행복한 천체처럼 보인다. 가끔은 피곤해도 언제나 즐거워 보인다. 해를 그린 그림에서는 보통 따뜻한 햇살 가운데 웃는 얼굴이 그려져 있다.

하지만 달은 다르다. 훨씬 이해하기 어렵기 때문에 더욱 감성을 자극한다. 나를 비롯한 많은 이는 보름달을 바라본 순간을 유난히 강렬하게 기억한다. 보름달을 보면 등에 전율이 일고, 특히 지평선 바로 위에 걸려 가장 크게 보일 때는 눈을 뗄 수가 없다. 짙은 밤하늘 높이 밝고 초연히 떠 있을 때보다, 이렇게 가까이 있으면서 결코 닿을 수 없는 달이 오히려 더 강렬한 울림을 주는 듯하다.

나는 달, 그중에서도 특히 보름달에 마음이 끌린다. 런던에 살던 시절, 버스를 타고 다리를 건널 때면 템스강 진흙 위로 축축하고 끈적한 덩어리가 솟아오르는 모습을 자주 목격하곤 했다. 집에 뛰어들어 부엌 창문을 통해 그 극적인 광경을 바라보았고, 요리하는 동안에도 달이 점점 떠올라 창틀 위로 사라질 때까지 지켜보았다. 때로는 선명하고 깨끗하게 떠올랐지만, 어떤 날에는 먹빛 구름 사이를 뚫고 힘겹게 나타나기도 했다.

달의 순환을 관찰하는 일은 무척 흥미롭지만, 때로는 혼란스럽기도 하다. 하늘을 바라볼 시야가 막혀 있거나 동서남북 방향을 분간하기 힘든 도시에서는 더욱 그렇다. 어떤 밤에는 달이 어디 있는지, 심지어는 지붕들 틈에 숨어 있는지조차 알 수 없을 때도 있다. 그러나 매일 밤 같은 시각, 같은 장소에서 관찰하면 달의 패턴이 눈에 들어오기 시작한다. 코로나19로 이동이 어려웠던 동안, 나는 달을 관찰하며 시간을 보내곤 했다. 그 시절에는 시간이 흘러넘치는 듯했고, 변덕스러운 달의 모습은 내게 수수께끼 같았다.

처음 두 달 동안은 내 예상이 번번이 빗나갔다. '달이 어디 있지? 아, 저기 있네. 저번에는 저쪽이 아니었던 것 같은데. 왜 저기 있지?' 1년 동안 나는 달이 떠오르는 위치에 주목하기 시작했고, 계절이 바뛰는 동안 달이 움직이는 거리에 놀라곤 했다. 보름달은 같은 자리에 나타나는 법이 없었다. 한여름에는 훨씬 오른쪽에 있어 언덕 위를 굴러 올라 작은 나무에서 하늘로 뛰어오르는 듯했다. 그러고는 매달 왼쪽으로, 곧 비탈 아래로 슬금슬금 이동했다. 한겨울이 되면 환한 달이 한 그루 침엽수 뒤에 잠시 가려졌다가 늦은 밤에야 모습을 드러냈다. 이 변화는 결코 사소한 게 아니었다. 이전에는 왜 눈치채지 못했을까?

달이 천천히 차올랐다가 다시 이지러지는 모습, 그러니까 초승달에서 보름달로, 보름달에서 그믐달로 변하는 과정 또한 매혹적이다. 하루하루가 다르다. 어느 추운 겨울 저녁, 해가 진 직후 사무실 밖으로 나서자 서쪽 낮은 하늘에 떠 있는 가느다란 초승달 때문에 마음이 들떴던 기억이 있다. 달이 하늘에 너무나 날카롭고 선명하게 새겨져 있어 길을 지나던 행인들도 한 마디씩 감탄을 덧붙였다. 바로 오른쪽에는 또 다른 밝은 점, 아마도 금성이 있었다. 눈부신 한 쌍은 몇 시간 동안 호를 그리며 하늘을 가로지르다가 옥상 너머 지평선 아래로 사라졌다.

다음 날 밤, 나는 다시 달을 찾아보았다. 저 앞에 밝은 행성이 보였다. 하지만 이번에는 달이 훨씬 뒤처져 있었다. 게다가 모양도 달라졌다. 여전히 초승달이었지만, 유리로 된 자궁 속 배아인 듯 얼음처럼 반투명한 공 안에 담겨 있는 것 같았다. 그 역시 아름다웠지만, 완전히 다른 모습이었다. 정교한 도자기 조각이라기보다는 값싼 보석 같았다.

그다음 날 밤, 나는 어두운 건물들 사이에 숨어 네온사인 불빛

모든 것은 별에서 시작되었다

과 뒤섞인 달을 겨우 볼 수 있었다. 같이 있던 행성은 서쪽에 홀로 남아 달을 기다리고 있었다.

그 후 며칠은 구름 때문에 달을 볼 수 없었지만, 일주일쯤 지나자 맑은 밤하늘이 열렸다. 나는 다시 달을 찾아보았다. 어디 있을까? 고개를 들고 두리번거렸다. 마침내 내 머리 위, 약간 뒤편 높은 곳에 떠 있는 달을 발견했다. 이번에는 달의 배가 더욱 불룩했다. 여전히 뿌연 빛으로 가득 찬 풍선 속에 있는 것 같았다.

일주일이 지난 뒤, 달은 또 한 번 놀라움을 선사했다. 컴퓨터 화면에서 눈을 들어 사무실 창밖을 바라보니, 달이 요란하게 떠오르고 있었다. 이제 달은 태양과 정반대 편인 동쪽에 자리 잡고 있었다. 저녁 분홍빛 하늘을 배경으로 화려하고 충만하게, 당당히 빛나고 있었다. 마치 나를 놀리는 듯했다.

관찰을 시작한 지 한 달쯤 지나자, 현관 앞에서 초승달이 나를 반갑게 맞이했다. 초승달은 천상의 궤도를 한 바퀴 돌아 동행하던 금성 가까이에 있었다. 이제 달의 비밀이 모두 풀린 걸까? 적어도 내가 지켜보는 동안에는 그런 것 같았다. 하지만 달은 더 많은 비밀을 품고 있다. 잠시 시선을 거두면, 또다시 멀리 달아나 버린다.

과학적으로 설명하자면 이렇다. 달은 매일 전날 밤보다 50분 정도 늦게 뜬다. 지구와 달이 회전하기 때문에, 달은 매일 다른 시각에 나타나 다른 위치에 놓인다. 매일 밤 같은 시각에 달을 관찰하면, 동쪽으로 13도씩 이동하는 것을 볼 수 있다. 달이 모든 위상을 거쳐 하늘의 같은 자리로 돌아오는 데 걸리는 시간은 29.5일이다. 이를 '태음월太陰月' 또는 '삭망월朔望月'이라고 한다.

지구가 태양 주위를 공전하는 동안, 달도 지구와 함께 이동한다. 멀리 떨어진 별은 우리 눈에 거의 움직이지 않고 '배경'처럼 고정되어 있기 때문에, 천체의 상대적인 움직임과 무관하게 회전의 기준점으로 삼을 수 있다. 예를 들어 지구는 배경별을 기준으로 보면 1년에 한 바퀴를 더 자전한다(지구가 배경별을 기준으로 한 바퀴, 즉 정확히 360도를 자전하는 동안에도 태양 주위를 함께 공전하므로, 같은 시각, 같은 장소에서 태양이 다시 같은 위치에 돌아오려면 지구가 약 1도 정도 더 자전해야 한다. 이렇게 하루에 1도씩 더 도는 차이가 쌓이면 1년 동안 별을 기준으로는 한 바퀴를 더 자전한 셈이 된다―옮긴이). 이와 비슷하게 달도 지구에서 같은 위상으로 보이려면, 지구가 공전한 만큼 한 바퀴보다 조금 더 공전해야 한다. 배경별을 기준으로 달이 지구 주위를 한 바퀴 도는 데 걸리는 시간은 27.3일이다. 이 주기를 '항성월恒星月'이라고 한다.

달의 위상은 태양 빛이 비추는 부분이 달라지면서 발생한다. 삭朔(음력 초하루를 뜻하며, 달이 태양과 지구 사이에 위치해 보이지 않는 상태―옮긴이) 무렵의 달은 거의 보이지 않는다. 우리는 달의 그림자 부분만 볼 수 있어, 달이 밤하늘에 떠 있어도 너무 어두워서 보기가 어렵다. 이 시기 달은 태양과 지구 사이에 놓여 있다(그렇다고 매번 달이 태양을 가리는 것은 아니다. 달과 태양이 하늘에서 정확히 같은 경로를 따라 이동하는 것이 아니기 때문이다. 이 둘의 궤도는 약간 어긋나 있다).

달이 지구 주위를 돌면, 태양 빛을 받는 부분이 조금 더 드러난다. 삭이 지나자마자 가장 희미한 초승달이 살짝 모습을 드러낸다. 이후 달의 배가 점점 불러 차오른다. 나는 완벽주의적인 면모가 있어, 달이 정확히 반으로 나뉜 순간을 즐긴다. 그리고 2주가 지나면 우

모든 것은 별에서 시작되었다

리는 완전히 둥근 달을 보게 된다. 이제 달은 우리 뒤편에 있어 얼굴 전체가 태양 빛에 비친다.

이때 지구는 태양과 달 사이에 자리하지만, 약간 비껴 서 있다. 그러나 세 천체가 완벽히 일직선으로 늘어서 지구가 달 위에 그림자를 드리울 때, 우리는 월식을 볼 수 있다.

보름달이 지나면 달은 궤도를 따라 계속 공전하면서 위상이 역으로 변한다. 둥글던 달은 시들어 가듯 이지러지다 사라진다. 그리고 다시 삭이 되면 새로운 주기가 시작된다.

때로는 뮤즈로, 때로는 광기로

심리학적으로 볼 때 달의 반복적인 위상 변화는 우리에게 어느 정도 위안을 준다. 믿음직스럽고, 결코 시간을 어기지 않는다. 그러나 달은 변덕스럽기도 해서, 대기의 장막 속에 관능적으로 몸을 감추는 '드라마 퀸'이기도 하다. 밤에 짙어지는 어둠을 생각하면, 달이 시인들의 뮤즈로 사랑받는 것도 전혀 놀랍지 않다. 심지어 어떤 이들은 달 자체를 하나의 시라고 말하기도 한다. 햇빛이 감추어진 것을 드러내고 정화한다면, 달빛 아래 펼쳐지는 풍경은 훨씬 더 신비롭다. 햇빛은 투명하고, 달빛은 섬세하면서도 은밀하다.

시인들은 달의 이러한 특징을 포착해 감성적인 색채를 입혔다. 달빛이 기쁨과 희망을 불어넣거나, 낭만적인 밀회 주위에 맴돈다고 여겼다. 달은 그 자체로 장난스러워 보이기도 한다. 시인 T. E. 흄T.E.

Hulme은 달이 뒤얽힌 나뭇가지를 빠져나와 마치 '놀다가 잊어버린 어린아이의 풍선'처럼 하늘로 떠오른다고 표현했다. 또한 달은 4주에 걸친 숨바꼭질을 한다. 우리가 여행할 때면, 기차 옆 풍경을 스쳐 지나거나 비행기 창문 너머에 자리 잡으며 우리를 따라다닌다.

어떤 시인들은 달의 다양한 모습을 강렬하게 그려냈다. 오스카 와일드Oscar Wilde는 달이 안개 속에 감싸였을 때 부드럽게 번지는 노란빛 자취를 땅거미가 내린 하늘에 흩날리는 '시든 잎사귀'에 비유했다. 반면 미나 로이Mina Loy는 날카롭게 빛나는 하얀 달빛을 '풍요의 뿔에서 코카인을 내어놓는 은빛 루시퍼', '밤의 외눈박이, 수정 같은 첩'으로 묘사했다. 실로 신비로운 표현이 아닐 수 없다.

달빛에 슬픔의 기운이 깃들어 있다고 본 시인들도 있다. 윌리스 스티븐스Wallace Stevens에게 달은 '비애와 연민의 어머니'였다. 퍼시 비시 셸리Percy Bysshe Shelley는 '그대 창백한 것은 지쳐서일까?'라는 구절에서처럼 달이 느릿느릿 홀로 하늘을 서성인다고 생각했다. 월트 휘트먼Walt Whitman은 전쟁의 대학살 장면에 달빛을 드리우며 이렇게 적었다. '흉측하게 보랏빛으로 부어오른 얼굴 위로, 밤의 후광이 홍수처럼 쏟아진다.' 포드 매덕스 포드Ford Madox Ford는 '총성이 없는 달빛'을 상상하며 평화를 염원했다.

달은 서로 어긋난 연인들의 서사로도 가득하다. 기원전 약 630년에서 570년 사이에 활동한 고대 그리스 여류 시인 사포Sappho는 밤마다 달이 지나는 궤적을 보며, 죽음의 숙명과 이루지 못한 사랑을 떠올렸다. '이 밤, 달과 황소자리 별무리가 차례로 지는 모습을 지켜보았네. 이제 밤이 깊어가고 젊음도 스러지는데, 나는 홀로 잠에

드네.'

고대 그리스 신화에서 달의 여신 셀레네Selene는 죽음의 운명을 타고난 연인, 양치기 엔디미온Endymion이 영원한 잠에 빠져들자 끝없는 짝사랑에 시달렸다. 사냥의 여신 아르테미스Artemis 역시 달을 상징하는 그리스의 신이었다. 아르테미스는 진정한 연인이자 사냥의 동반자였던 오리온Orion을 죽인 죄책감으로 회한 속에서 순결을 지켰다. 로마 신화에서 달의 신으로 나오는 루나Luna, 디아나Diana, 유노Iuno 역시 사랑을 누리지 못했다.

그럼에도 아르테미스는 우울이나 결핍의 신은 아니었다. 오히려 빛을 가져오는 존재로 여겨졌다. 가로등이 없을 때, 밝은 달빛이 주는 축복을 떠올려 보라. 아르테미스는 출산의 순간 여인들을 지켜주는 신이기도 했다. 반대로 그리스 신화 속 태양의 신 헬리오스Helios는 황금 마차를 몰아 하늘을 가로지르며 낮과 밤, 진리와 시야를 관장하느라 늘 분주했다.

이런 예에서 알 수 있듯 태양은 대개 남성적으로 묘사된 반면, 달은 보통 여성성, 다산, 생명력과 연관되었다. 달이 차오르는 모습은 임산부의 배와 닮았고, 예로부터 달빛은 여성의 잉태를 돕는다고 여겨져 왔다. 고대인들은 달의 주기와 여성의 평균 월경 주기가 29.5일로 유사하다는 사실을 알아차렸다. 월경을 뜻하는 영단어 'menstruation'의 어원은 '월'을 의미하는 라틴어 'mensis'이며, 이 mensis는 다시 '달'을 의미하는 고대 그리스어 'mene'에서 비롯되었다. 심지어 월경을 하는 여신도 있었는데, 고대 메소포타미아의 여제사장 엔헤두안나Enheduanna는 달의 여신 닝갈Ningal의 월경을 기록했다. 많은 문화권에서 월경 중인 여성은 햇빛이나 공공장소를 피해야 했다. 이들은 달에서 위안을 찾았을 것이다.

그러나 달의 성별을 다르게 보는 문화도 많았다. 일본에서는 태양의 신 아마테라스天照가 여성이고, 달의 신 쓰쿠요미月讀는 남성이다. 북유럽 신화에서도 태양의 신 솔Sol은 여성, 달의 신 마니Mani가 남성이며, 두 신은 남매로 등장한다. 이처럼 태양과 달의 신 역할을 남녀로 각각 나눈 것은 태양과 달 모두 지구 생명체에 미치는 영향력이 워낙 크기에, 그 모든 특성을 어느 한쪽 성별에만 귀속시키기는 어려웠기 때문으로 보인다.

어떤 식물은 꽃을 피우거나 잎을 조절해 강한 태양 빛을 받아들인다. 해바라기가 낮 동안 태양의 움직임을 따라가는 것이 대표적이다. 그러나 어떤 동식물은 달에도 반응하는 것처럼 보인다. 흰 꽃잎을 가진 '문플라워'는 황혼 무렵이나 달빛 아래에서 더 뚜렷이 드러난다. 또 어떤 꽃들은 밤에 피어나 향기를 풍기며 특정 나방이나 곤충을 끌어들인다. 어떤 산호는 초승달이나 보름달이 뜬 직후 며칠 사이에 산란하여 생명을 품은 희뿌연 덩어리를 해류 속으로 내보낸다. 물고기나 게 가운데에는 산란이나 바다로 향하는 여정을 달의 주기에 맞추는 경우도 있다. 다만 바다 생물에게는 달의 영향만큼이나 밀물과 썰물의 편리성(물론 이 또한 달의 간접적인 영향이기도 하다)도 크게 작용했을 수 있다.

여기에서 우리는 달이 지구 생명체에 미치는 또 하나의 중요한 역할을 알 수 있다. 달의 인력은 우리를 땅으로 잡아당기는 강한 중력에 비하면 너무 약해 인간이나 물고기가 느끼기 어렵지만, 바다의

모든 것은 별에서 시작되었다

흐름을 움직이기에는 충분하다. 달은 바닷물을 끌어당겨 지구에서 가까운 쪽과 먼 쪽에서 불룩 솟게 만든다(달과 가까운 쪽 바닷물은 달의 중력 때문에 솟고, 달에서 먼 쪽 바닷물은 지구가 달과 함께 도는 과정에서 생기는 원심력 때문에 솟는다 — 옮긴이). 달의 자전과 공전으로 이 불룩한 물도 함께 이동하여, 하루 두 차례 바닷물이 차오르고 빠진다. 이와 유사하게 달의 형성 초기에는 지구의 조석력(한 천체가 다른 천체에 미치는 중력이 위치마다 달라 발생하는 힘 — 옮긴이) 때문에 달의 형태가 일그러져 약간 길쭉한 형태를 띠었다. 달은 형태가 변하면서 중력 에너지를 열로 방출했고, 수십억 년에 걸쳐 한쪽 면이 우리를 향하도록 고정되었다. 지구와 달은 이렇게 조석이라는 왈츠를 함께 추고 있다.

수 세기 동안 점성술사와 철학자, 작가들 또한 인간의 행복과 운명을 달의 주기와 연결 지었다. 태양이 직설적이고 외향적이라고 생각한 것에 비해 달은 수줍음 많고 무의식적 욕망을 대변한다고 보았다. 달은 은유적으로 우리의 본능과 불안, 두려움을 상징한다.

영원히 볼 수 없는 달의 뒷면은 미지의 내면세계를 상징한다. 마크 트웨인Mark Twain은 '인간은 달과 같아 어느 누구에게도 보이지 않는 어두운 면이 있다'고 말했다. 인류가 달의 뒷면을 처음 마주한 것은 20세기의 우주 탐사 이후였다. 2019년 중국 탐사선은 달의 뒷면에 무인 착륙선을 내려보냈다. 이 착륙선은 훗날 달 기지에 우주 비행사가 머물 것을 대비하여, 흙과 물, 공기를 담은 작은 용기에 목화씨를 싣고 싹을 틔우는 실험을 했다. 지구 관점에서 보면, 이 목화 싹은 다른 세계에서 자라난 최초의 식물이었다.

인도의 베다Veda 점성술사들은 달의 위상 변화가 반복적으로 오르내리는 인간의 기운을 반영한다고 믿었다. 개인의 성격은 태어날 당시의 달의 위상을 반영한다. 차오르는 달은 외향적인 기질을, 이지러지는 달은 사색적인 기질을 나타낸다고 보았다.

고대 로마 남성들은 머리숱을 풍성하게 유지하기 위해, 달이 차오를 때 머리칼을 잘랐다. 한편 달이 특정 질병, 특히 뇌전증의 갑작스러운 발작과도 관련 있다고 생각했다. 발작이 잦은 사람들은 달빛을 피하기 위해 얼굴을 가린 채 잠들었다. 달빛은 또한 광기를 유발한다고 여겨졌다. 광기를 뜻하는 영단어 'lunacy'는 달을 의미하는 라틴어 'luna'에서 유래했다.

이 모든 연상은 '달의 병'을 앓다가 늑대 인간으로 변한다는 로마의 전설로 이어진다. 희생자들은 경련을 일으키며 집 밖으로 뛰쳐나온다. 손은 발톱처럼 휘어지고, 길에서 울부짖으며 땅을 구른다. 그러나 다음 날이 되면 아무 일 없었다는 듯 평범한 모습으로 돌아온다.

로마의 소설가 페트로니우스Petronius는 소설 《사티리콘Satyricon》에서 이런 이야기를 전한다. 노예 니케로스Niceros는 어느 밝은 달밤, 한 군인과 함께 도시를 떠난다. 무덤들 옆 길가에서 쉬고 있을 때, 뜻밖에도 군인이 옷을 벗기 시작한다. 그는 늑대로 변하더니 울부짖으며 숲 속으로 달아났다.

아리스토텔레스Aristotle나 플리니우스Plinius와 같은 고대 그리스 철학자들은 예민한 기질의 사람들이 달빛 때문에 잠을 이루지 못해 정신 질환에 걸릴 수 있다고 믿었다. 16세기 스위스의 연금술사이자 의사였던 파라켈수스Paracelsus는 달의 위상에 따라 '정신 이상적 행동, 비이성적 태도, 끊임없는 부산스러움과 장난기'와 같은 증상이 나타났다 사라진다고 생각했다.

런던의 악명 높은 베들레헴 정신병원과 같은 시설에 수용된 환자들은 달이 특정 위상일 때 결박되어 매질을 당했으며, 이러한 관행은 1808년에 이르러서야 법으로 금지되었다. 19세기 프랑스의 의사장 에티엔 도미니크 에스퀴롤Jean-Étienne Dominique Esquirol은 달빛을 두고 '어떤 이에게는 공포를, 다른 이에게는 기쁨을, 모든 이에게는 불안을 준다'고 말했다.

많은 소설가와 극작가들도 이런 주제를 다루었다. 존 밀턴John Milton은 《실낙원Paradise Lost》에서 '악령의 광란, 음울한 슬픔, 달빛에 사로잡힌 광기'를 묘사했다. 셰익스피어Shakespeare는 《겨울 이야기The Winter's Tale》에서 달로 인한 광기 어린 정신 착란 발작을 언급했고, 《오셀로Othello》에서는 주인공이 "이게 바로 달 때문이야. 달이 평소보다 지구에 더 가까이 다가오면 사람들이 미치게 마련이지"라고 단언했다.

기원후 1세기 무렵 플리니우스는 그 원인을 체내 수분에서 찾았다. 그는 달밤에 내리는 짙은 이슬이 뇌를 축축하게 적신다고 생각했다. 신체 조직이 습기를 머금으면, 바닷물처럼 달의 인력에 쉽게 영향을 받을 것이라는 논리였다. 이러한 '생물학적 조수'에 관한 생각은 수 세기 동안 끊임없이 회자되었다.

달에 대한 우려는 오늘날에도 여전히 널리 퍼져 있다. 1985년 한 연구에 따르면, 인터뷰에 참여한 대학생의 절반이 보름달이 뜨면 사람들이 이상한 행동을 한다고 믿었다. 1995년에는 정신 건강 전문가 중 80퍼센트가 달이 사람들의 행동에 영향을 준다고 생각했다.

2007년 영국에서는 범죄 발생이 증가할 것을 대비해 보름달이 뜬 밤에 경찰을 더 많이 배치하기도 했다. 그러나 이러한 생각들을 뒷받침하는 통계적 근거는 없다. 달이 끌어당기는 힘은 위상에 따라 달라지지 않는다. 단지 밝기만 달라질 뿐이다.

물론 가로등이 없던 시절에는 거리의 밝기가 사람들의 안전에 중요한 역할을 했으리라는 생각도 충분히 일리가 있다. 예를 들어 18세기 영국에서는 어두운 밤길에서 웅덩이나 강도를 피하기 위해 정체불명의 지식인들이 매달 보름달이 뜬 밤에 모여 저녁을 함께하며 문학, 정치, 과학에 대해 토론했다. 과학자 조지프 프리스틀리Joseph Priestley와 이래즈머스 다윈Erasmus Darwin, 기업가 조시아 웨지우드Josiah Wedgwood, 공학자 제임스 와트James Watt를 비롯한 이 모임의 회원들은 스스로를 버밍엄 루나 소사이어티Lunar Society of Birmingham라고 불렀다.

현대의 도시도 어둠 속에서 다른 모습을 드러낸다. 주변을 멀리 볼 수 없을 때, 우리는 더욱 고립되어 자신의 세계 속 어둠에 갇힌 듯한 느낌을 받는다. 밤은 더 사적인 시간이다. 우리는 있는 그대로 있을 수도, 더 대담하게 차려입을 수도, 더 진하게 화장하거나 아예 하지 않을 수도 있다. 아무도 보는 사람이 없기 때문이다. 밤은 낮보다 느슨하고 더 자유롭다. 최소한 마지막 기차를 탈 때까지는 당장의 일만 중요하다. 야근을 하면 상사의 눈치를 보지 않아도 되고, 술집과 레스토랑에서는 의무보다 즐거움이 앞선다. 밤이 되면 우리는 술에 자제력을 잃고, 영화에 몰입하며, 마음껏 춤추고 웃으며 더 많이 먹는다. 매춘이나 마약 거래와 같은 위험한 행위는 어둠 속에 숨기를

모든 것은 별에서 시작되었다

좋아하지만, 어두울 때 범죄가 더 많이 발생한다는 이야기는 대부분 근거 없는 속설이다. 도둑들은 사람들이 외출해 있고 시야가 더 밝은 낮 시간대에도 똑같이 범행을 저지른다.

늑대 인간처럼 유령과 뱀파이어도 낮보다는 밤을 선호한다. 밤에 꾸는 꿈은 우리를 환각의 세계로 인도한다. 그곳에서는 하늘을 날 수도 있고 동물들이 말을 걸어오기도 한다. 이런 이유로 주술사들은 밤에 깨어 영혼이나 신들과 교류한다. 그들은 예민한 감각을 지닌 야행성 동물처럼, 우주의 에너지와 공동체를 연결하는 매개자 역할을 한다.

셰익스피어는《한여름 밤의 꿈A Midsummer Night's Dream》에서 어둠이라는 장막을 이용해 장난기 가득한 요정들의 세계를 펼쳐 보였다. 《로미오와 줄리엣Romeo and Juliet》에서 두 연인은 밤이 깊어진 후 혼란과 비극 속에서 도망친다. 빛과 어둠의 대비는 청춘의 사랑이 지닌 뜨겁게 타오르는 밝음과 그 사랑을 잃었을 때 찾아오는 절망이라는 어둠 사이의 충돌을 더욱 선명하게 드러낸다. 로미오는 '밤 속의 낮'이고, 줄리엣은 태양에 비유된다. 그러나 로미오가 '변덕스러운' 달을 두고 사랑을 맹세하자, 줄리엣은 '둥근 달은 매달 모습이 바뀌니 당신의 사랑 또한 달처럼 변하지 않도록' 달에 기대어 맹세하지 말라며 만류한다.

그러나 달의 위상은 변하더라도 그 본질은 변하지 않는다. 중력은 달이 지구 주위를 돌게 하며, 항상 우리를 똑바로 바라보게 한다. 이런 까닭에 달은 우리를 하나로 이어준다. 어디에 있든, 사랑하는 사람들과 같은 달빛을 바라볼 수 있다. 그 순간 우리는 동질감을 느끼면서도 서로 간의 거리를 깨닫게 된다.

중국 시에서는 오랫동안 향수를 불러일으키는 소재로 달을 사용해 왔다. 이 광활한 나라에서는 많은 사람이 친구와 가족을 방문하거나 일터에 가거나 무역을 하기 위해 멀리 여행하는 일이 잦았다. 8세기 당나라 시대, 그러한 여행자 가운데 한 사람이 바로 방랑 시인 이백李白이었다. 〈정야사靜夜思〉는 이백의 대표작으로, 오늘날에도 여전히 학교에서 가르치는 작품이다.

침상 앞에 비친 달빛
땅 위에 내린 서리인 듯
고개 들어 달을 보고
머리 숙여 고향을 그리네

이보라고도 알려진 이백은 하늘의 방랑자 금성(중국에서는 태백성으로 불림)에서 자신의 이름을 따왔다. 이백의 어머니는 하얀 별이 떨어지는 꿈을 꾼 뒤, 아들을 '태백'이라 불렀다. 이백의 가족은 실크로드 상인으로, 쓰촨성 청두 근처에 살았다.

이백은 도교 신자로, 자연의 힘을 주의 깊게 관찰했다. 애주가이기도 했고, 시와 술에 심취한 '대나무 시냇가의 여섯 선비'라는 모임의 일원이었다. 그답게도, 야사에 따르면 이백은 술에 취해 양쯔강에 비친 달빛을 향해 손을 뻗다가 물에 빠져 생을 마감했다고 전해진다.

달의 모습과 관련된 중국 설화는 오늘날에도 중국의 중추절마다 회자되고 있다. 9월 말에서 10월 초가 되면, 달은 지구에 가장 가까워져 유난히 크고 밝게 떠올라 풍요와 완전함을 상징한다. 중국을 비롯한 아시아 전역에서 가족들은 이 '수확의 달' 아래 모여 잔치를 벌인다.

아들딸과 형제자매들은 고향으로 돌아가 가족과 함께 저녁을 먹으며 별빛 아래에서 시간을 보낸다. 중국에서는 중추절에 '월병'을 주고받는데, 예쁘게 장식된 연꽃 씨 반죽에 싸인 노란 달걀노른자는 지구의 위성, 달을 상징한다. 연인은 달빛 아래를 거닐고, 종이 등은 높이 떠 있으며, 용들은 거리에서 춤을 춘다.

중추절의 기원은 불분명하다. 그 뿌리는 수천 년 전, 고대 중국의 황제들이 하늘의 만물을 숭배하며 가을에는 달에, 봄에는 태양에 제사를 지냈던 시절로 거슬러 올라간다. 이 오래된 이야기는 여러 전설로 전해 내려와 그 기원을 정확히 알 수는 없지만, 달에 대한 그리움이 사랑하는 사람과 이별할 때 느끼는 감정을 어떻게 반영하는지 보여 준다.

신화에 따르면 먼 옛날에는 열 개의 태양이 지구를 돌고 있었다. 그 뜨거운 열기가 땅을 말려 버려 사람들은 가난과 굶주림에 시달렸다. 이에 위대한 불멸의 궁수 후예后羿가 나섰다. 그는 활과 화살을 들고 산 정상에 올라 태양 아홉 개를 쏘아 떨어뜨렸다. 그러나 그 과정에서 옥황상제의 분노를 사게 되었고, 아내 창어嫦娥와 함께 평범한 인간으로 살아가게 되었다.

창어는 지상에서 고된 삶을 이어갔고, 후예는 다시 하늘로 돌아갈 방도를 찾기 시작했다. 천상의 여신은 후예에게 묘약이 들어 있는 작은 유리병을 건네며, 한 모금만 마셔도 두 부부가 다시 천상의 존재로 돌아갈 수 있다고 알려 주었다. 후예는 서둘러 집으로 돌아가 창어에게 병을 건넸고, 창어는 곧장 약을 마셨다. 그러자 창어는 순식간에 하늘로 날아올랐다. 후예는 아내가 사라진 것을 믿을 수 없었다. 그리고는 고개를 들어, 닿을 수 없는 환한 달 속에서 아내의 희미한 그림자를 바라보았다. 그 이후로 해마다 보름달이 유난히 맑고 아름답게 뜨는 날이면, 중국 사람들은 창어에게 사랑과 행운, 평화를 기원한다.

달 속의 아름다운 여인에 대한 중국인들의 애정은 지금도 여전하다. 중국 우주국은 2030년대에 이 전설 속 여인을 찾아 우주인을 보낼 계획이며, 이는 창어의 이름을 딴 일련의 달 탐사 계획의 정점이 될 것이다. 지금까지 두 대의 창어 탐사선이 창어의 흔적을 찾으려는 듯 달 표면을 촬영했다. 다른 탐사선들은 달 표면에 착륙하여 로버를 내려보냈다. 그중 한 대는 달의 암석을 채취해 지구로 가져왔다.

이 로버의 이름은 또 다른 신화 속 존재이자, 달에서 창어와 함께 산다고 전해지는 옥토끼 '위투玉兔'에서 따왔다. 이 이름은 온라인 대중 투표를 통해 선정되었다. 중국 사람들은 오랫동안 달 표면에서 웅크리고 있는 토끼의 모습을 상상해 왔고, 토끼의 긴 귀와 그림자는 달의 어두운 무늬에서 뚜렷하게 드러난다. 이 토끼는 절굿공이로 약초를 갈아 불로장생의 영약을 만들며, 창어가 자신을 지구로 돌려보내 주기를 기다린다고 전해진다.

이러한 이야기들은 적어도 기원전 3세기로 거슬러 올라가며, 《산해경山海經》에 수록된 신화와 초나라의 시를 모은 문집 《초사楚辭》와 같은 고대 중국 문헌에서 찾아볼 수 있다. 두꺼비, 원숭이, 수달, 여우

등도 중국과 동아시아의 민담에서 달에 사는 동물로 등장한다. 반면 까마귀는 주로 태양의 상징이었다.

달 속 토끼에 대한 민담은 세계 각국에서 놀라울 정도로 자주 등장한다. 단순한 우연일 수도 있다. 사람들은 달의 무늬 속에서 대체로 비슷한 형상을 발견했기 때문이다. 아니면 달이 다산의 상징으로 자주 여겨졌기 때문일 수도 있다.

마야 신화 속 달의 여신이자 사랑, 출산, 의술, 직물의 여신이며 태양의 신 키니치 아하우Kinich Ahau의 아내인 이시첼Ixchel은 종종 토끼와 함께 있는 모습으로 그려진다. 아즈텍 신화에서는 금성의 신 케찰코아틀Quetzalcohuātl에게 음식을 나눠 주어 긴 여정에서 굶주림을 면하게 해 준 토끼가 달로 올라가 그 모습이 빛으로 남았다고 전해진다. 캐나다와 미국 북부의 크리족 전설에는 달에 가고 싶어 했던 어린 토끼 이야기가 있다. 이 토끼는 날아가는 학의 다리에 매달려 달에 올라갔고, 그 과정에서 학의 다리가 길게 늘어났다고 한다.

유럽이나 미국에서는 '달 속 인물'에 대한 이야기가 더 흔하다. 대개 창어처럼 불운이나 잘못된 행동 때문에 달로 쫓겨난 인물이었다. 로마인들에게 이 인물은 양 도둑이었고, 게르만 문화권에서는 안식일에 일하던 나무꾼이었다. 캐나다 서부의 하이다족에게는 나뭇가지를 모으던 소년이었으며, 너무 게을러 밤에 땔감을 모으러 가지 않았다는 이유로 벌을 받았다고 전해진다.

달 속 인물은 조르주 멜리에스Georges Méliès의 1902년 무성영화 《달 세계 여행Le voyage dans la lune》에서처럼 우스꽝스럽게 그려지기도 한다. 이 영화에서는 로켓 캡슐이 달 속 인물의 얼굴을 정통으로 강타한다. SF 작가 쥘 베른Jules Verne의 1865년 소설 《지구에서 달까지 De la terre à la lune》에서 영감을 받은 이 영화는 실크해트와 연미복 차림의 탐험가들이 달로 향하는 여정을 그린다.

1929년 독일의 영화 촬영 기사 프리츠 랑Fritz Lang은 베를린에서 영화 《달의 여인Frau im Mond》을 공개했다. 그의 아내 테아 폰 하르보우Thea von Harbou가 각본을 쓴 이 영화는 사랑과 전리품에 대한 욕망이라는 오래된 주제를 다룬다. 어떤 면에서 남녀 한 쌍이 달에 갇히게 되는 이 이야기는 중국의 창어 전설을 변형한 것이라고 볼 수 있다. 영화가 끝날 무렵 두 사람은 서로를 쓰다듬고, 향수에 젖은 두 사람이 달의 얼굴 위에 자신의 흔적을 남긴다.

한편 해와 달의 순환을 살펴보면 그보다 훨씬 더 많은 것을 알 수 있다. 이러한 반복은 자연 세계뿐 아니라 전 세계 인류 문화에도 큰 영향을 주었다.

그들의 순환은 어떻게 그려졌는가

인간은 선사시대부터 달의 위상뿐 아니라 지평선을 기준으로 한 태양과 달의 움직임 또한 관찰하고, 기록해 왔다. 그 증거는 고고학적 기록만큼이나 오래전까지 거슬러 올라간다. 예로 기원전 15000년경 우크라이나 구석기 시대 정착지에서 발견된 매머드 상아에는 달의 위상 주기를 기록한 듯한 규칙적인 홈이 새겨져 있다.

해와 달이 뜨고 지는 위치, 특히 연중 낮이 가장 긴 하지와 가장

모든 것은 별에서 시작되었다

짧은 동지는 중요한 의미를 지닌다. 이러한 위치는 동서남북과 같은 기본 방위를 정하는 기준으로 자주 사용되었다. 풍경 속에서 해와 달이 떠오르고 사라지는 지점 역시 특별한 의미를 지녔다. 사람들은 이를 기준으로 주변 환경의 방향을 인식하고, 파종과 사냥, 제사, 의식 등을 계획하는 달력을 만드는 데 활용했다.

예로 미국 서부의 푸에블로족과 호피족은 태양을 기준으로 방위를 정하고 중요한 날을 기록했다. 아코마족은 해가 뜨는 방향을 기준으로 여섯 방향을 정했다. 최초의 인간이 저승에서 솟아올랐다고 여긴 동쪽을 앞으로 두고, 뒤를 서쪽, 왼쪽을 북쪽, 오른쪽을 남쪽으로 정했으며, 아래와 위까지 포함시켰다.

호피족의 체계는 하지나 동지의 일출 및 일몰 위치와 더욱 밀접하게 연결되어 있다. '태양 관찰자'들은 이러한 지점들이 지평선을 따라 시계 방향으로 이동하는 모습을 관찰했다. 낮이 길어지는 겨울부터 하지까지, 1년 중 절반 동안은 일출 위치를 기록했다. 그러다가 낮이 짧아지고 밤이 길어지면 일몰을 추적하기 시작했다. 여러 지도자나 부족이 태양 경로의 각기 다른 구간을 맡아 관찰했고, 햇빛이 바위 사이의 틈이나 벽의 구멍을 통과하는 시점을 기록하여 작물을 심거나 의식을 거행할 날짜를 정했다. 동시에 날짜도 세고 달도 관측했다.

고도가 높아 태양을 관찰하기 어려운 산악 지방에서는 일출과 일몰을 관찰하기가 훨씬 힘들다. 계곡 깊은 곳이든 언덕 위든, 관측 위치에 따라 일출과 일몰의 위치와 시각이 달라진다. 중부 유럽의 코카서스산맥에서는 마을 사람들이 돌로 만든 단, 즉 '태양 둥지'를 만들어 태양의 움직임을 일관되게 기록했다.

　수천 년 전, 유럽 전역에서는 동지의 일출을 기념하는 의식이 중요했다. 동지는 가장 추운 계절의 시작임과 동시에 낮이 점차 길어져 봄으로 이어지는 변화를 알리는 시점이었다. 아일랜드 미스주 뉴그레인지의 선사 시대 무덤은 너비 80미터, 높이 12미터의 커다란 원형 고분으로, 돌담과 잔디가 덮인 지붕이 있고 그 주변이 돌기둥으로 둘러싸여 있다. 기원전 3200년경에 세워진 것으로 추정되는 이 무덤에서는 인골과 봉헌물의 흔적이 발견되었다. 동지 무렵 무덤의 입구는 떠오르는 태양과 일직선을 이룬다. 동지의 첫 햇살은 지붕의 구멍을 통해 들어와 내부를 비춘다. 프랑스 브르타뉴, 스코틀랜드 오크니, 웨일스에서도 유사한 유적이 발견된다.

　또한 영국의 스톤헨지나 아르메니아의 카라훈지에서 볼 수 있는 여러 돌기둥들은, 그 배열이 특정 날짜의 태양 위치와 맞물린다. 이러한 점에서 고대의 태양 관측소로 보이기는 하지만, 이 장소들이 실제로 어떻게 사용되었는지는 거의 알려진 바가 없다. 돌 자체는 죽은 자의 영혼이 사후 세계로 떠나기 전 잠시 머무는 안식처를 상징했을 가능성이 있다. 해가 지는 서쪽은 종종 죽음과 연관되어, 영혼이 태양처럼 저승으로 내려간다고 여겨졌다.

　기독교 교회에서는 지금도 빛의 연출을 활용한다. 유럽 전역의 교회 문은 대체로 동쪽을 향하며, 건물은 동서축을 따라 배치된다. 특정 성인의 날에는 내부의 특정 그림이나 스테인드글라스 창에 빛이 드리워지기도 한다. 가우디가 설계한 바르셀로나의 사그라다 파밀리아 성당 내부는 일몰 무렵, 특히 동지에 눈부시게 빛나도록 고안

되었다.

　대부분의 고딕 양식 성당에서는 높은 스테인드글라스 창의 윗부분이 가장 밝고 색채가 화려하다. 햇살이 윗부분으로만 스며들고, 아랫부분은 바깥의 나무나 주변 건물에 가려질 수도 있기 때문이다. 가우디는 정반대의 방식을 추구하면서, '조약돌 위로 물이 흘러내리듯, 창문 위로 빛이 미끄러져 내리는 모습'을 상상했다. 가장 높은 창에는 질감이 있으면서도 투명한 유리를 사용해 무지개를 드리우게 했다. 아래쪽의 납유리는 일몰, 특히 동지 무렵의 석양에 인상적인 빛의 향연을 연출하도록 설계되었다.

　어느 가을 늦은 오후 사그라다 파밀리아를 찾았을 때 나는 서쪽 창이 붉은빛, 주황빛, 노란빛으로 강렬하면서도 따뜻하게 물든 광경을 보았다. 해가 지며 빛줄기가 수평에 가까워지자 먼저 바닥을 붉게 물들이더니, 이어 불꽃처럼 기둥 위로 치솟았다. 장미창의 무늬는 빛을 받아 석조 천장에 투영되었다. 불꽃 같은 빛은 신도석을 가로질러 번지다가 새벽녘 은은히 빛나는 동쪽 창의 차갑고 고요한 청록색 유리에 부딪혀 잦아들었다.

　태양과 달이 지닌 원형적인 힘도 상징으로 표현되어 왔다. 단순히 이들을 그리고, 만지고, 손에 쥐는 것만으로도 자연의 에너지 일부가 인간의 목적에 맞게 활용될 수 있다고 여겨졌다.

　달의 순환은 종종 나선형으로 묘사되며, 이는 끊임없이 반복되는 주기를 상징한다. 조개껍데기와 진주는 달을, 뿔 달린 동물은 초승달을 연상시킨다. 달팽이는 나선형 껍데기의 음문처럼 생긴 구멍 속에서 머리를 내민다. 뱀은 다산과 달을 상징하는 경우가 많고, 계절에 따라 나타났다가 사라지는 곰도 마찬가지다.

태양은 보통 하나의 원이나 여러 겹의 동심원으로 훨씬 더 단순하게 그려진다. 때로는 원 위에 수직 십자가를 그어 동서남북의 기본 방위를 나타내기도 한다. 아이들 만화에 등장하는 태양의 바퀴살처럼 직선 형태의 광선이 그려지기도 하고, 점선 형태의 고리들이 퍼져 나가기도 한다.

이러한 단순한 태양 문양은 서유럽에서 아메리카 대륙까지 전방위적으로 등장한다. 알프스의 일부 유적에서는 창을 든 인물과 달리는 사슴 옆에 태양을 나타내는 원이 새겨져 있으며, 이는 이 그림이 계절에 따른 사냥과 관련이 있음을 시사한다. 오늘날에도 우즈베키스탄에서는 둥글고 납작한 빵에 태양을 상징하는 네 갈래의 별과 동심원, 광선 무늬를 새긴다. 화려하게 장식된 이 빵은 신성하게 여겨진다. 손으로 떼어 나눠 먹으며, 특히 출산이나 결혼을 축하할 때는 식탁의 중심에 놓인다.

배는 하늘을 가로지르는 태양의 움직임을 상징하는 경우가 많다. 스칸디나비아의 암각화에는 뱃머리가 일출을 향한 배들이 묘사되어 있다. 유럽 반대편, 아제르바이잔 바쿠 남쪽의 고부스탄 고고학 보호구역에서도 암석 조각에서 비슷한 장면을 찾아볼 수 있다. 아마도 한때, 카스피해 위로 떠오르는 첫 햇살을 맞이하기 위해 의식용 배들이 출항했을 가능성이 있다.

태양과 달의 상징은 결합되기도 한다. 청동으로 만들어진 네브라 스카이 디스크에는 별을 상징하는 듯한 점들 사이에 태양 원반과 초승달이 금으로 새겨져 있다. 이 원반은 기원전 1600년경의 유물로,

1999년 독일 네브라 마을 인근에서 금속 탐지를 즐겨하던 두 사람에 의해 발견되었다.

눈 또한 흔히 발견되는 형태이다. 고대인들은 일식을 눈처럼 보거나, '만물을 꿰뚫어 보는' 신의 힘으로 생각했다. 루마니아의 많은 집에서는 이러한 태양의 눈 문양을 행운의 부적으로 장식한다. 여러 변형이 있지만, 대표적인 형태는 태양 원반을 나타내는 원을 중심으로 양쪽 가장자리를 두 개의 호가 교차하는 형태로 이는 달과 달의 위상을 나타낸다. 어떤 문양에는 속눈썹처럼 아래로 뻗어 있는 광선이 그려져 있기도 하고, 눈꺼풀이나 눈썹처럼 위로 휘어진 광선이 보이기도 한다. 트란실바니아, 크레타의 크노소스, 고대 메소포타미아(현재의 이라크)의 젬데트 나스르 시대(메소포타미아 문명의 한 시기로 기원전 3100년부터 기원전 2900년까지를 뜻함 — 옮긴이)의 6000년 전 점토판에서도 유사한 문양이 발견된다.

고대 메소포타미아에서는 흔히 태양과 달을 신의 눈으로 묘사했다. '악마의 눈'이라는 개념 또한 그리스 신화에서 자주 등장했으며, 이는 신이 언제나 인간을 지켜보고 있다는 의미였다. 이후 기독교에서는 이 눈의 상징을 여호와의 눈으로 변형하여, 광선으로 둘러싸인 삼각형 안에 원이 있는 형태로 표현했다.

동물들 역시 태양과 달의 상징적 힘을 지녔다고 생각했다. 예를 들어 중국을 비롯한 여러 아시아 문화권에서 까마귀는 태양을 상징하며 빛과 생명을 전달한다. 북극이나 아메리카 원주민 문화에서도 비슷한 의미를 지닌다. 캐나다 브리티시컬럼비아의 하이다족 신화에서는 까마귀가 세상을 창조하고 태양을 훔쳐 인류에게 건네준 존재로 그려진다.

이처럼 초기 문명에서는 자비롭고 수호적인 태양과 달의 힘을 이용하려 했다. 상징은 일종의 간결한 표현 수단이었다. 그러나 시간이 흐르며 이러한 연결과 서사는 종교 속에 녹아들고 문명 전체를 지배하게 되면서 훨씬 더 정교해졌다.

태양의 숭배자들

많은 문명에 태양신이 있었지만, 태양신을 종교의 중심으로 삼은 경우는 드물었다. 하지만 고대 이집트 문명은 예외였다. 이집트인들은 생명을 주는 태양의 힘을 숭배했다. 이집트 신화에 따르면 태양의 힘은 온갖 동식물을 창조했다. 해마다 반복되는 나일강의 범람이 사막에 풍요를 가져다주듯, 태양은 자연의 질서를 세우는 힘으로 여겨졌다. 고대 이집트인들은 새, 악어, 양서류가 나일강 주변 습지에서 태어나듯이 세계 또한 점액질 같은 우주에서 생겨났다고 믿었다.

태양신 '라Ra'는 알이나 연꽃에서 태어났거나 최초의 땅 위에 새처럼 내려앉았다. 최초의 빛은 하늘을 금빛으로, 태고의 물을 청금석처럼 선명한 푸른빛으로 물들였다. 첫 일출의 한 장면에는 태고의 바다 위로 솟아오른 푸른 연꽃이 있었다. 하루가 지나는 동안 태양신 라는 나이가 들어, 아침에는 아이였지만 정오에는 장성한 어른으로 자랐다. 오후 내내 점점 지쳐가다 마침내 저녁에는 노인이 되었다. 일몰은 죽음과 같아서 해가 지면 라는 지하 세계로 내려갔다. 새벽에 태양이 다시 태어날 때까지 그는 지하 동굴을 헤맸다. 이처럼 이집트 인들에게 매일의 일출은 곧 우주의 새로운 시작이었다.

초기 신화에서 라는 매일 저녁 하늘의 여신인 어머니에게 잡아 먹혔고, 그 자리는 수많은 별이 대신 채웠다. 아침이 되면 다시 태어 난 태양신이 별의 신들을 모두 먹어 치웠고, 그 피가 새벽을 붉게 물들였다. 생명은 죽음에서 탄생했다.

또 다른 이야기에서는 태양이 하늘을 가로질러 지구 아래로 이어지는 여정을 영원히 지속한다. 해가 지면 낮 동안 태양이 탔던 배는 상공을 떠나고, 대신 달과 별의 범선이 그 자리를 차지한다. 밤 동안 태양신을 태운 배는 지하 세계의 열두 구역을 따라 물과 모래 위를 이동하며, 태양신은 그곳에서 어둠과 혼돈을 상징하는 괴물들을 물리쳐야 했다.

이집트 신화의 또 다른 전승에서는 태양 원반이 여신으로, 때로는 우주의 창조신 '유일한 눈'으로 여겨졌다. 아툼Atum은 여성형 짝인 아투메트Aatumet와 함께 온 우주의 존재를 창조했다. 눈의 여신은 라의 딸로 묘사되기도 했으며 성격이 거칠고 사나웠다. 매의 머리를 한 하늘의 신 호루스의 눈 또한 태양과 달을 상징했다.

달의 주기는 또 다른 이집트 신 오시리스Osiris가 전투에서 죽음을 맞거나 부상당하는 신화와 연결되어 있었다. 보름달은 온전한 오시리스의 몸을 상징했다. 달이 이지러지면 악이 세력을 얻고, 차오르면 선이 다시 힘을 얻었다.

이집트 고왕국 시대(기원전 2700년에서 2200년경)와 같은 초기 시대에는 왕, 즉 파라오가 태양신 라의 지상 대리인으로 여겨졌다. 신들은 이집트의 지리적 환경을 그대로 반영한 신화 속 풍경에 거주했다. 신전은 이야기 속 의식이 재현될 수 있도록 무대 장치처럼 배치되었다. 권력이 가장 막강했던 파라오 쿠푸Khufu는 훨씬 더 큰 신전을 위해 거대한 피라미드를 세웠다. 이집트 기자에 있는 거대한 피라미드가 바로 쿠푸의 무덤이다.

신왕국 시대(기원전 1600년에서 1100년경)에는 이집트가 시리아, 팔레스타인, 누비아까지 세력을 확장하면서 새로운 형태의 태양 숭배가 등장했다. 테베에서는 창조신 아문Amun이 태양신과 결합해 최고의 지위를 가진 '신들의 왕' 아문-라Amun-Ra가 되었다. 파라오 아멘호테프 4세Amenhotep IV와 왕비 네페르티티Nefertiti는 태양 원반으로 묘사되는 태양신의 한 형태인 아텐Aten 숭배에 깊이 몰두했다. 한동안 다른 신들은 배제되었으나, 아멘호테프 4세의 아들 투탕카멘Tutankhamun은 이러한 변화를 뒤집고 아문-라를 다시 숭배의 중심으로 되돌렸다.

이집트는 이후 1000년 동안 리비아, 누비아, 아시리아, 페르시안, 그리스의 침략과 지배를 거치며 여러 대제국의 흥망성쇠를 겪었다. 새로운 통치자들은 지역 신화를 차용하고 재해석하여 백성을 다스렸다. 신화는 번역이 어려운 시보다 언어의 장벽을 훨씬 더 쉽게 넘어 전해진다. 전해지는 형식이 달라질지라도, 서사의 핵심은 변하지 않는다.

1세기에 이집트를 찾은 그리스의 수필가 플루타르코스Plutarch는 이러한 신화에 매료되었다. 그는 신화를 실제 사건의 기록이 아니라 보편적 진리로 보았다. 플루타르코스가 해석한 태양의 눈 신화에는 이집트 문화의 묘사뿐 아니라 그와 관련된 동물 우화까지 등장한다.

모든 것은 별에서 시작되었다

우리는 보통 이러한 우화를 보면 기원전 6세기 그리스의 노예 이솝을 떠올리지만, 비슷한 이야기들은 그보다 수천 년 앞선 여러 문화에서도 전해 내려왔다.

태양의 눈 신화는 우주에서 창조와 파괴의 힘이 균형을 이루어야 하는 이유를 보여 준다. 이야기는 우주가 창조된 직후, 눈의 여신이 흘린 눈물에서 인류가 탄생하는 장면으로 시작한다. 인간과 신은 태양신 라의 통치 아래 함께 살아갔다. 그러나 세월이 흐르며 노쇠한 라의 권위가 약해지자 불화가 일어났다. 태양신의 여성 짝, 눈의 여신은 이에 분노하여 암사자의 모습으로 변해 사막으로 떠나 버렸다. 이는 여성의 강력한 힘을 다룬 또 다른 고대 서사이기도 하다.

라는 다른 신들을 보내 눈의 여신을 찾아오게 했다. 그중 하나, 달의 신으로 알려진 토트Thoth는 분노한 여신이 눈과 콧구멍에서 불꽃을 내뿜는 모습을 보았다. 겁에 질린 토트는 사시나무 떨듯 떨었지만, 사자와 쥐 우화를 들려주며 눈의 여신을 설득했다.

우화의 내용은 이렇다. 어느 날 힘이 센 사자가 산을 거닐다 곤경에 빠진 표범을 만났다. '누가 네 털을 뽑은 거지?' 사자가 물었다. '인간이라네.' 표범이 대답했다. 사자는 인간에 대해 들어 본 적이 없었지만, 그게 무엇이든 찾아내 벌주기로 결심했다. 길을 걷던 사자는 쇠사슬에 묶인 말과 암소, 황소를 만났다. '누가 이런 짓을 했지?' 사자가 물었다. '인간이라네.' 그들이 대답했다. 그때 갑자기 쥐 한 마리가 사자의 발밑으로 뛰어들었다. 쥐는 사자에게 자신은 너무 작아 먹잇감이 될 만한 가치도 없다며 밟지 말아 달라고 간청했다. 대신 놓아준다면 언젠가 보답으로 사자를 돕겠다고 약속했다. 사자는 쥐를 놓아주고 다시 길을 떠났지만, 얼마 지나지 않아 구덩이에 빠져 버렸다. 인간이 쳐 놓은 그물에 갇힌 것이다. 사자는 몇 시간 동안 애를 썼지만, 밤이 되자 쥐가 나타나 그물과 밧줄을 갉아 사자를 풀어주었다. 쥐는 사자의 갈기에 올라탔고, 둘은 함께 산으로 돌아갔다.

여기서 무슨 교훈을 얻을 수 있을까? 태양의 눈이 보여 준 파괴적이고 무질서한 분노도, 우주의 질서를 지키기 위해서는 진리와 정의의 힘으로 균형을 이루어야 한다는 뜻이다. 결국 토트는 여신의 마음을 누그러뜨렸고, 음악과 춤으로 환영받은 여신은 차분함을 되찾아 '아름다운 얼굴'로 돌아왔다.

또 다른 신화에서는 라가 나이를 먹으며 여러 천체로 변한다. 동시에 죽은 자의 영혼과 황혼 속에 사는 신을 위해 '낙원의 들판'을 조성한다. 라는 달의 신 토트를 대리인으로 임명하여 하늘을 다스리게 한다.

이러한 신화를 통해 이집트인들은 자연 세계의 원리를 설명했다. 통치자들은 신화를 이용하여 태양과 달을 비롯한 여러 천체의 힘을 끌어들였다. 이집트 사회는 이러한 이야기를 중심으로 의식을 구성하여, 자연을 통제하면서도 조화를 이루려고 노력했다. 인간이 나이를 먹듯 우주도 그러했다. 인간이 죽어 사후 세계로 들어가듯 밤이 찾아오고 새로운 날이 밝았다.

모든 것은 별에서 시작되었다

달의 지배자들

고대 메소포타미아인들은 변함없이 타오르는 횃불 같은 태양보다 변화무쌍한 달의 주기에서 더 큰 힘을 느꼈다. 샤마쉬Shamash라고도 불리는 태양신 우투Utu는 위대하고 강력한 신으로, 전차를 타고 하늘을 달렸다. 그러나 신비로움은 부족했다. 낮 동안에는 자비롭게 세상을 비추고, 밤이 되면 칠흑 같이 어두운 터널 속으로 내려갔다가 새벽녘 다시 떠올랐다. 〈길가메시 서사시Epic of Gilgamesh〉에서 영웅 길가메시는 태양이 밤마다 어둠 속으로 잠기기 전에 터널 끝까지 있는 힘껏 달리지 않으면 '치명적인 불길을 피하지 못할 것'이라는 경고를 듣는다. 태양은 완전히 빛나거나 완전히 어둡게 하는 존재였다.

반면 달의 주기는 인간의 삶을 형성하는 자연의 상반된 힘, 즉 빛과 어둠의 싸움, 탄생과 죽음, 창조와 파괴의 서사를 훨씬 더 풍부하게 전한다. 메소포타미아인들은 여성성과 달 사이의 강한 연관성을 왕권 강화에 활용했다. 달은 메소포타미아 사회에서 매우 중요했기에 달의 신 난나Nanna를 섬기는 여제사장은 왕족 출신이었으며, 대개 왕의 딸이나 누이였다.

그러한 여제사장 중에서, 비록 최초는 아니지만 가장 널리 알려진 인물은 엔헤두안나였다. 그녀는 기원전 2300년경, 현재 이라크 지역에 해당하는 수메르의 도시국가 우르에서 제사장의 역할을 맡았다. 엔헤두안나 공주는 아카드 제국의 왕 사르곤Sargon의 딸로 사르곤은 북부 아카드와 남부 수메르를 통합하며 메소포타미아 전체, 즉 티그리스강과 유프라테스강 사이의 영토를 처음으로 통합하고 다스린 왕이었다. 그는 남부에서 권력을 확립하기 위해 우르에서 규모가 큰 신전 중 하나에 딸을 여제사장으로 보냈다.

엔헤두안나는 난나뿐만 아니라 여러 신들을 찬양하는 시와 찬가를 50편 가량 남겼다. 이 작품들은 그 시대에 높이 평가되었고, 후대에 수백 년 동안 필사되었다. 그녀는 이름이 알려진 가장 오래된 작가 중 하나로, 그 시구는 오늘날까지도 깊은 여운을 자아낸다.

엔헤두안나는 1920년대에 고고학자들이 우르 유적에서 수천 개의 점토판을 발굴하면서 알려지기 시작했다. 이 점토판들은 수천 년 동안 두꺼운 모래층 아래에 묻혀 있었다. 발굴은 고된 작업이었다. 고고학자들이 구역을 깨끗이 쓸자마자, 거센 모래 폭풍이 다시 묻어버리곤 했다. 폭우가 쏟아져 사막이 거대한 호수로 변해 야영지가 고립된 적도 있었다.

현장에 있었던 고고학자 맥스 맬로언Max Mallowan은 발굴 당시의 생생한 광경을 일기에 이렇게 남겼다. '음식과 음료, 씻을 물, 잠자리까지 모든 것이 모래로 뒤덮인 날들도 있었다.' 이곳의 환경은 분명 4000년 동안 변하지 않았을 것이다. 맬로언은 '종종 고대인의 치아가 모래를 씹어 닳아 있는 모습을 발견했다'라고 적었다.

엔헤두안나의 흔적은 시뿐만 아니라 형상으로도 남아 있다. 지름 26센티미터의 둥근 부조 석판에는 신전 행렬 한가운데 선 엔헤두안나의 옆모습이 새겨져 있다. 층층이 주름이 잡힌 드레스를 입고, 가장자리가 말린 원뿔형 관을 쓴 모습이다. 그녀는 자연스럽게 구불거리는 머리카락을 등 뒤로 늘어뜨리며, 손을 들어 인사를 하고 있다. 그 앞에는 두 명의 시녀가 있으며, 그중 한 명은 나체로 제단에 공

모든 것은 별에서 시작되었다

물을 바치고 있다. 뒤에는 또 다른 시녀 두 명이 따른다. 설화 석고로 조각된 이 원판은 보름달처럼 희다.

엔헤두안나는 매우 건조하고 폭풍이 휘몰아치는 땅에서, 거친 자연의 힘을 길들이기 위해 이러한 의식을 거행했다. 신전은 도시국가의 중심에 있었고, 대부분의 주민이 그곳에서 일했다. 엔헤두안나는 요리사, 제빵사, 대장장이, 가죽 세공인, 석공 등 다양한 인력을 관리하는 한편 재정도 맡아 물품 거래와 봉급 분배, 금전 대여와 회수까지 감독했다. 신전은 작물 재배와 수확, 가축 관리부터 어장과 저수지, 관개 시설 유지에 이르기까지 도시 주변 농경지의 운영을 책임졌다.

엔헤두안나는 초기 천문학자 중 한 명이기도 했다. 하루 동안 해시계를 따라 달과 태양, 별을 관찰하며 시간을 알렸다. 메소포타미아의 한 해는 낮과 밤의 길이가 같은 3월 21일 근처 춘분 이후, 처음으로 초승달이 관측된 날부터 시작한다. 매달 초승달이 뜰 때마다 의식을 올렸으며, 특히 추수기인 9월 말 추분 이후를 중요하게 여겼다.

메소포타미아인들은 작고 수많은 쐐기 모양의 설형 문자로 모든 것을 점토판에 꼼꼼히 기록했다. 달과 행성의 위치는 밀과 옥수수 가격, 날씨와 함께 매일 기록되었다. 이 천문 기록은 하늘을 연속적으로 관찰한 가장 오래된 기록이며, 쉬는 날 없이 600년 이상 이어졌다. 엔헤두안나 역시 하늘에서 특이한 사건을 발견하면 이를 징조로 여겨 왕에게 전했다.

달의 신 난나의 '지상 아내'였던 엔헤두안나는 몸으로 신의 뜻을 전했다. 수확이 끝난 뒤에는 난나와 '혼인' 의식을 치렀다. 신전의 다른 구역에서는 난나의 천상 아내인 달의 여신 닝갈과 금성으로 상징되는 그들의 딸이자 천상의 여왕 인안나Inanna(아카드어로는 이슈타르, 시리아어로는 아스타르테)를 섬겼다.

씬이라고도 알려진 난나는 세상에 대한 지혜, 특히 천문학과 연관이 있다. 우르에 있는 난나의 성역은 '위대한 빛의 집E-gish-shir-gal'으로 불린다. 난나는 종종 하늘을 상징하는 밝은 청색 돌인 청금석 수염을 기르고, 날개 달린 황소나 초승달 모양의 배를 타는 모습으로 묘사된다. 이라크에서 초승달은 하늘에 수평으로 놓여 있어 황소의 뿔이나 배처럼 보인다. 오늘날에도 이 지역의 습지에서는 여전히 이 초승달 모양의 배를 찾아볼 수 있다.

난나의 아내이자 갈대의 여신인 닝갈은 내면을 통찰하여 꿈을 해석하는 신이었다. 난나와 닝갈 사이에는 태양신 우투와 그의 누이 인안나가 있었다. 우투는 정의, 도덕, 진리의 신이었고, 가지치기 톱과 태양 원반으로 상징되었다. 이 원반은 중심의 원을 기준으로 동서남북 네 방향에 삼각형이 있고, 네 가닥의 물결선이 대각으로 뻗어 나온 형태였다. 우투는 마차를 타고 하늘을 가로지르며 그릇된 일을 바로잡고 고통받는 이들을 도왔다. 밤이 되면 지하 세계에서 죽은 자를 재판했다. 인안나는 사납고 위압적인 여신으로 성, 전쟁, 정의, 정치적 권력과 연관되었다.

이집트나 메소포타미아의 고대인들은 달과 태양의 물리적 존재와 그 안에 깃든 신의 성격을 구분하지 않았다. 사람이나 동물처럼 신들의 인격과 형상도 서로 밀접하게 연관되어 있었다. 그러나 유대교와 기독교 같은 일신교가 등장하면서, 종교 지도자들은 사람들이

모든 것은 별에서 시작되었다

더 이상 수많은 하늘의 신을 숭배하지 않기를 바랐다. 구약성서의 야훼처럼 모든 것을 포괄하는 신은 자연의 거친 힘에서 분리되어, 영적인 존재로서 형식적이고 제도화된 종교 속에 자리 잡았다. 이로 인해 태양과 달 같은 천체는 그 자체로 과학적인 탐구의 대상이 될 수 있었다.

가장 신비로운 현상, 일식과 월식

고대 그리스에서는 태양과 달의 물리적 존재를 그 안에 깃든 신과 분리하기 시작하면서, 오늘날 우리가 알고 있는 태양과 달의 여러 속성을 밝혀내기 시작했다. 그리스의 도시국가들은 독립적이어서 한 명의 왕이 통치하지 않았고, 그 덕분에 다양한 사상이 싹틀 수 있었다. 수학, 항해술, 공학, 천문학 등 다양한 사상과 학문이 오늘날의 터키 아나톨리아 지역을 포함한 그리스와 주변 지역에서 태동했다.

그리스 철학자들은 천체의 움직임과 같은 자연 현상을 신의 행위가 아닌 물리적 원리로 설명할 방법을 탐구했다. 기원전 620년경 서부 아나톨리아에서 태어난 밀레투스의 학자 탈레스Thales는 이러한 탐구를 일찍부터 시작한 인물 중 하나였다. 그의 저작은 남아 있지 않지만, 약 150년 후 헤로도토스Herodotus와 같은 연대기 작가들의 기록에 따르면 탈레스는 이집트에서 기하학을 익혀 춘분과 추분, 하지와 동지의 시기, 1년의 길이를 정확하게 계산할 수 있었다.

탈레스는 일식을 예측하기도 했다. 그는 바빌로니아인에게서 많은 것을 배웠으며, 바빌로니아에서 일식은 특히 왕에게 불길한 징조로 여겨졌다. 메소포타미아인들은 일식이 19년마다 반복되는 양상인 '사로스 주기Saros cycle(태양과 달, 지구의 상대적 위치가 같은 배열을 이루어 같은 형태의 일식이나 월식이 발생하는 주기―옮긴이)'를 알고 있었다. 그래서 일식이 예고되면 '가짜 왕'을 세웠다가 일식이 끝나고 안전하다고 여겨지면 원래 왕을 무사히 복위시켰다. 고대 중국에서도 일식을 알고 있었다. 기원전 2000년경, 전설적인 진나라 강황제는 술에 너무 취해 일식이 임박했음을 자신에게 알리지 못한 천문학자 두 명을 처형했다고 전해진다. 태양을 삼키는 용을 쫓아내기 위해 궁수나 북을 치는 일꾼을 불러내지 못했기 때문이다.

탈레스는 기원전 585년 5월 28일에 일어난 일식을 예측한 것으로 유명하다. 이 예측은 정확히 들어맞았고, 리디아와 메디아 사이에서 격렬한 전쟁이 벌어지고 있던 가운데, 고대 도시 프테리아(메데스가 아나톨리아에서 지배하던 중심 도시, 앙카라 동쪽 약 200킬로미터 지점에 위치한 오늘날의 소르군 근처) 앞 평원에서 병사들을 놀라게 했다. 탈레스의 예언대로 낮이 밤으로 바뀌자, 양측의 병사들은 두려움에 무기를 내려놓았다. 이어 평화 협정이 서둘러 체결되었고, 왕실의 정략 결혼으로 협정은 더욱 공고해졌다.

1년에 몇 차례, 달이 지구의 그림자 속으로 들어가면 다른 종류의 현상이 일어난다. 바로 '월식'이다. 지구 대기에서 산란된 빛만 닿는 달 표면은 어두워지고, 심지어 진홍빛을 띠기도 한다. 선조들에게 이 '블러드 문'은 불길한 징조였다. 신화 속 괴물이 달을 삼켜 버렸다고 생각한 고대인들은 이 짐승을 쫓기 위해 종을 울리거나 하늘에

모든 것은 별에서 시작되었다

돌을 던졌다. 마야와 잉카에서는 재규어가 달을 공격했다고 믿었고, 고대 이집트에서는 암돼지가 게걸스럽게 먹어치웠다고 생각했다. 중국에서는 두꺼비를 탓하며, 기근과 질병이 닥칠 것을 걱정했다.

고대 그리스인들은 월식이 계절과 그날의 시각에 따라 다양한 색을 띤다고 기록했다. 예를 들어 1세기의 수필가 플루타르코스는 저녁에 월식이 일어나면 달이 무섭도록 검게 보이지만, 자정에는 보랏빛의 불꽃이 타오르며, 아침에는 붉게 물든다고 묘사했다.

신을 떠나 생각한다면 태양과 달은 과연 무엇일까? 무엇으로 이루어져 있으며, 어떻게 별들과 함께 빛을 내는 것일까? 고대 그리스 철학자들은 2000년도 더 전부터 이러한 근본적인 질문들을 깊이 탐구하기 시작했고, 이는 이후 수 세기 동안 인류의 지성에 불을 지폈다.

먼저 사상가들은 우주의 만물이 반드시 어떤 근본 물질로 이루어져 있다고 생각했다. 기원전 600년경, 탈레스는 그 물질을 물이라고 보았다. 석회암과 같은 일부 암석 안에 조개껍데기가 존재한다는 사실은 이 암석이 바다에서 형성되었음을 시사했다. 육지는 토사가 쌓인 강과 하구에서 형성되었고, 산에서 피어오르는 안개는 비를 내리게 하는 구름을 만들었다. 따라서 탈레스는 바위와 흙, 공기를 비롯한 만물이 여러 형태의 물과 연결되어 있다고 생각했다.

한 세기가 지난 후, 다른 철학자들은 또 다른 원소들을 내세웠다. 어떤 이는 공기를, 다른 이는 불을, 또 다른 이는 물와 흙의 혼합물을 언급했다. 아낙시만드로스Anaximander는 뜨거움과 차가움, 습함과 건조함 같은 상반된 성질이 다양한 비율로 결합하여 질서 있는 세계가 만들어진다고 보았다. 엠페도클레스Empedocles는 모든 물질이 흙, 공기, 불, 물이라는 네 가지 핵심 요소로 이루어져 있으며, '사랑'으로 결합되고 '미움'으로 분리된다고 주장했다.

아낙시만드로스는 태양, 달, 별이 '마차 바퀴처럼' 지구를 도는 빈 고리 속 불꽃에서 흘러나오는 빛이라 여겼다. 풀무의 바람구멍처럼 바퀴 테두리마다 뚫린 작은 구멍에서 빛이 뿜어져 나온다는 것이다. 이 구멍들은 닫히기도 해서 월식, 일식이나 달의 위상 변화를 설명할 수 있었다.

반면 아낙사고라스Anaxagoras는 운석을 가리켜, 우주 전체가 지구와 유사한 물질로 이루어져 있음을 보여 주는 증거라고 주장했다. 그의 주장에 따르면, 이 '물질'은 원자처럼 작은 씨앗으로 구성된다. 이 씨앗들은 서로 결합하거나 분리되어 우리가 보는 세상을 빚어낸다. 따라서 태양은 '신'이 아니라 '뜨거운 암석', 어쩌면 녹은 금속 덩어리일 수 있었다. 반면 달은 '차가운 암석'이었다. 아낙사고라스의 추론은 맞는 방향이었다.

이런 합리적인 추론을 통해 고대 그리스인들은 지구와 달이 구형이라는 사실을 알아냈다. 달의 위상이 바뀔 때나 월식 때, 달에 드리우는 그림자가 둥글게 나타났기 때문이다. 또한 그리스의 항해사들은 배가 수평선 너머로 사라지는 현상을 알고 있었다. 배는 종종 돛대만 남긴 채 사라지기도 했지만, 높은 곳에 올라서면 배가 다시 모습을 드러내곤 했다.

고대 그리스의 여행자들도 북쪽으로 이동할수록 별이 높게, 남쪽으로 이동할수록 별이 낮게 뜬다는 사실을 알고 있었다. 뛰어난 기

모든 것은 별에서 시작되었다

하학자들은 이러한 정보를 활용해 태양이 지구보다 크고, 지구가 달보다 크다는 사실을 밝혀냈다. 또한 달과 태양까지의 거리를 현재 알려진 수치(달은 지구 반지름의 30배인 38만 4천 킬로미터, 태양은 1억 5천만 킬로미터)에 비해 각각 10퍼센트, 50퍼센트 이내의 오차 범위로 계산해 냈다.

이 모든 연구는 고대의 관념을 넘어서는 중대한 사고의 전환을 필요로 했다. 메소포타미아와 이집트에서는 밤하늘을 모든 천체가 같은 거리에 매달려 있는 장막이나 화면처럼 생각했지만, 기하학적 사고를 발전시킨 고대 그리스에서는 우주를 3차원 공간으로 이해했다. 천체를 단순히 우주 속을 움직이는 구체로 여기기 시작했다. 그러나 그 구체에서도 인간의 상상력은 여전히 수많은 이야기를 만들어냈다.

이러한 진전 이후 수백 년이 지나, 1세기 그리스 학자 플루타르코스는《모랄리아Moralia》, 즉 '관습과 규범'에 수록된 글에서 달 표면에 관한 고전적 사고의 흐름을 기록했다. 철학자들 사이의 지적 토론 형식으로 쓰인 이 글은 과학적 논의가 전개되는 방식을 묘사하고 있다. 또한 사물의 본질에 대한 형식적 고찰에도 문화적 영향이 어떻게 스며들 수 있는지 보여 준다. 인간은 자신의 신념을 뒷받침하고자 하며, 이 신념은 사물을 바라보는 방식에 영향을 미친다.

플루타르코스는 달 표면을 구성하는 밝은 부분과 어두운 부분이 뚜렷해 보이지만 결코 단순하지는 않다는 점을 지적하며 글을 시작한다. 자세히 살펴보면 두 영역이 곳곳에서 뒤섞이거나 겹치고, 잘리거나 서로 밀집해 있기도 하다.

당시에는 달의 무늬가 지구의 바다를 반사한 결과라는 주장도 있었지만, 보름달은 거울일 수 없었다. 그 무늬가 공기일 리도 없었다. 달은 불투명하기 때문이다. 실제로 뒤에 있는 별들을 가리고, 일식 중에는 태양까지 가려 버린다.

또한 플루타르코스는 달이 불로 이루어졌다는 가설도 배제했다. 달의 어두운 가장자리에서 숯불이나 불길이 보이지 않기 때문이다. 만약 실제로 불이 타고 있다면, 무엇이 타고 있을지도 생각해 보았다. 나무일까? 불에는 연료가 필요하다. 또 어떤 형태의 '공기' 속에서 불길이 일어나는 것일까? 게다가 달은 움직이고 있는데, 왜 달 뒤로 불꽃이 흘러나오지 않는 것일까?

달빛의 부드러운 성질에 주목하여 플루타르코스는 달빛이 약하게 느껴지는 이유가 일종의 반향이기 때문이라는 결론을 내렸다. 달에서 반사돼 햇빛은 '따뜻하지도, 눈부시지도 않게 우리에게 되돌아온다'. 이는 마치 메아리가 원래의 외침보다 희미하게 들리는 것과 같은 이치다.

플루타르코스는 그림자의 본질을 탐구하며, 오늘날에도 여전히 철학자들에게 깊은 울림을 주는 심오한 질문을 던졌다. '모든 광원은 그림자를 드리우는가?' 《모랄리아》에 등장하는 철학자 포시도니우스Posidonius는 별이 너무 멀리 있어 그림자를 만들지 못할 것이라고 생각했다. '빛은 본래 그림자를 만들어 낸다기보다, 오히려 없애 버린다.' 그렇다면 그림자는 그 자체로 실체인가? 어둠 속에서 존재할 수 있는가? 또 다른 화자인 아폴로니데스Apollonides는 그럴 수 없다고 생각했다. 그림자는 단지 빛이 닿지 않는 공간일 뿐이라는 것이다. 그러나 플루타르코스는 이러한 추론을 받아들이지 않았다. 달의 위상이 보여 주듯 그림자는 분명히 하늘을 가로지르고 있었다.

플루타르코스에 따르면, 우리가 달에 느끼는 경외심은 바로 이러한 대조에서 비롯한다. '차가운 것과 비교했을 때 뜨거운 것이 더 뜨겁게 느껴지고, 고통과 비교했을 때 기쁨이 더 강렬하게 다가오듯, 어둠과 비교했을 때 밝음이 더 선명하게 드러난다.'

플루타르코스의 논의는 달의 본질을 넘어, 달이 땅에 떨어지지 않고 하늘에 떠 있는 이유에까지 이른다. 그는 달이 움직이기 때문에 공중에 떠 있을 수 있다고 설명했다. '마치 투석구 줄을 돌릴 때, 매달린 돌이 떨어지지 않는 것과 같다.' 지구는 더 무겁기 때문에 움직이지 않는다.

한편 플루타르코스는 '중력'이라는 개념에 확신이 없었다. 당시 중력은 단순히 비슷한 물체끼리 서로 끌어당긴다는 의미였으며, 그는 이 개념이 과장되었다고 보았다. 만약 우주의 모든 것이 같은 물질로 이루어졌다면, 전부 지구로 끌려 들어가 한 점으로 모이지 않겠는가? 플루타르코스는 이런 생각을 옹호하는 수학자와 철학자들을 '모순을 또 다른 모순으로 옹호하는 자들'이라며 조롱했다. 그리고 그 모순이 '단순히 지갑 하나를 채우는 정도가 아니라, 곡예사의 온갖 도구와 가게 전체를 채울 만큼' 방대하다고 비유했다.

플루타르코스는 이에 반대하여 사물은 마땅히 있어야 할 '적절한' 자리에 있어야 한다고 생각했다. 비유하자면, 인체 내에서 각 기관은 저마다 정해진 자리에서 맡은 역할을 한다. 따라서 '태양은 심장이 있는 자리를 채우고, 피와 숨결처럼 자신에게서 열과 빛을 분배하고 퍼뜨린다'고 생각했다. 플루타르코스에게 달은 간이나 부드러운 내장과 같아 온기를 퍼뜨리고 소화하며 정화하는 역할을 한다.

그렇다면 달의 존재 이유는 무엇일까? 달은 분명 태양의 빛을 반사하고 퍼뜨리는 역할을 한다. 플루타르코스는 달이 습기와 서늘함으로 태양의 격렬함을 누그러뜨리고, 더 나아가 '별빛을 모으는 집결지' 역할을 한다고 보았다. 따라서 태양과 달, 별은 서로 떨어질 수 없는 관계에 있다.

그렇다면 생명체는 어떨까? 플루타르코스는 눈에 보이지 않더라도 달에 생명체가 존재할 가능성이 있다고 주장했다. 멀리서 바라본다면, 지구 역시 대부분 사람이 살 수 없는 환경처럼 보일 것이라고 생각했다. 또 사막의 식물처럼 비나 겨울이 없어도 덥고 건조한 환경에서 싹을 틔울 수 있는 뿌리나 씨앗, 나무가 있을 수도 있다고 덧붙였다.

달과 지구의 관계는 어떨까? 플루타르코스는 인간을 육체와 영혼, 정신으로 나누는 삼분설을 바탕으로 지구는 육체의 기원, 달은 영혼의 기원, 태양은 정신의 기원이라고 설명했다. 따라서 인간이 죽으면 육체는 지구에 남고, 영혼은 달로 올라가 정화된 뒤 정신을 해방하여 태양으로 보낸다. 월식이 일어나는 동안 영혼은 달의 그림자를 통해 올라가며 울부짖고 소리친다. 이 때문에 사람들은 놋쇠 그릇을 달그락거리고 박수를 치며 유령을 쫓아낸다.

결국 태양은 새로운 영혼을 창조하고, 지구는 그 영혼에 육체를 부여한다. 플루타르코스는 지구는 자신이 만든 것을 되찾고, 태양은 아무것도 받지 않으며, 달은 정신과 영혼, 육체를 주고받으면서 결합하고 분리한다고 생각했다. 전체적으로 태양, 달, 지구 사이에서 정신,

영혼, 육체가 활발히 순환한다고 정의한 것이다. 이러한 순환은 인간과 이 모든 천체를 잇는 심오한 연결 고리를 보여 준다. 달을 영혼의 안식처로 여기는 것처럼 이 연결 고리의 상당 부분은 오늘날까지도 지속되고 있다.

아리스토텔레스와 플라톤을 비롯한 여러 그리스 철학자들은 여기에 저마다의 해석을 더했다. 그러나 기원후 수 세기 무렵이 되자, 그리스와 로마에서는 달빛이 태양 빛을 반사한다는 사실이 받아들여졌고, 달의 위상과 월식이 그림자의 영향으로 생긴다는 점도 알려졌으며 지구, 달, 태양의 기본적인 크기 또한 밝혀졌다.

이 지식은 이후 1000년 동안 널리 전파되었고, 그 배경에는 고대 그리스 문헌을 아랍어와 라틴어로 번역한 이슬람 천문학자들의 역할이 있었다. 그러나 수백 년이 흐른 후에도 달의 본성은 여전히 사람들의 호기심을 자극했다. 사람들은 달에 더욱 가까이 다가가 그 흔적을 면밀히 관찰하고, 지도를 그리고자 했다. 이는 달의 신비를 밝히고, 식민지로 만들기 위한 여정의 시작이었다.

달은 무엇으로 이루어져 있는가

15세기 후반, 이탈리아 피렌체 근처 토스카나 언덕 마을 빈치에서 한 조각가의 견습생이 자연과 공학을 배우기 시작했다. 그는 분수와 운하, 고가다리를 설계했으며, 1482년에는 일터를 옮겨 밀라노의 공작 루도비코 스포르차Ludovico Sforza의 기술자 겸 화가로 일하기 시작했다.

이 견습생의 이름은 레오나르도 다 빈치Leonardo da Vinci였다. 정교한 인체 스케치에서 비행체 구상까지, 그가 남긴 수많은 그림 중에는 달을 그린 그림도 여러 점 있었다. 이 그림들은 1508년에서 1510년 사이 작성된 연구 자료집 《코덱스 레스터Codex Leicester》에 수록되어 있으며, 이 책은 주로 물의 흐름과 역학적 성질을 다루었다(1994년 빌 게이츠가 이 원본을 3천만 달러에 구입하며 책 판매 사상 최고가를 기록했다).

레오나르도는 광학 원리를 이용해 달이 빛나는 이유를 이해하고자 했다. 먼저 고대 그리스인들처럼 달이 태양보다 희미한 이유에 대해 의문을 품었다. 그는 달이 태양 빛을 반사한다는 사실을 알고 있었고, 달이 스스로 빛을 낸다고 믿는 이들의 주장은 받아들이지 않았다. 한편 돌과 대리석을 다루는 데 익숙한 조각가이기도 했던 레오나르도는 달의 질감과 형태에도 호기심을 품었다.

레오나르도는 맑은 밤하늘의 초승달에서 종종 달의 나머지 원반 부분이 희미하게 빛나는 이유를 궁금해했다. 그는 달이 지구, 아마도 바다에서 산란되는 빛을 받았을 것이라고 추측했다. 그리고 이 '지구의 반사광'을 설명하기 위해 지구와 달에서 반사되는 빛의 각도를 도식화했다. 《코덱스 레스터》에는 음영이 드리워진 영역과 밝게 빛나는 영역이 공존하는 둥근 달을 섬세한 빗금으로 표현한 아름다운 그림이 남아 있다.

달 표면에 대한 레오나르도의 생각은 플루타르코스와 크게 다르지 않았다. 그러나 그는 예술가의 시선으로 사물을 바라보았다. 빛은 사방으로 퍼져 나가지만, 관찰자는 자신이 선 자리에서 그림의 일

모든 것은 별에서 시작되었다

부만 볼 수 있을 뿐이었다. 달이 태양 빛을 잘 반사하려면 표면이 비교적 매끄러워야 하지만, 조각가의 눈에는 달 표면이 설화 석고나 수정처럼 아주 매끄러워 보이지는 않았다. 달 표면에는 그림자 속에서 빛이 일부 사라지는 듯한 질감이 있었다. 레오나르도의 그림에는 달 표면의 굴곡이 과장되어 있고, 빛줄기가 그 주름을 따라 반사되는 모습이 나타나 있다.

물의 역학에도 정통한 공학자였던 레오나르도는 이러한 달 표면의 주름이 실제로 물의 움직임을 반영한 것인지 궁금해했다. 달에도 지구처럼 자체 중력이 존재하므로, 물이 머물 수 있었다. 어쩌면 바다의 파도가 빛을 산란하는 것일 수도 있었다. 그는 폭풍이 일면 달이 훨씬 더 어두워질 것이라고 예상하며 이렇게 적었다.

달의 바다가 폭풍으로 뒤섞이면, 파도는 더 커지고 빛은 드문드문 비치며, 그림자가 파도 위에 흩어진 태양의 상을 집어삼킬 것이다.

《코덱스 레스터》의 나머지 부분에서는 파도가 장애물을 통과하며 퍼져나가는 모습부터 운하의 수문과 둑을 통과하는 흐름, 파도, 잔물결, 소용돌이에 이르기까지 물의 다양한 성질을 묘사하고 설명한다.

그러나 달빛에 대한 레오나르도의 가설은 세상에 알려지지 않았다. 기록을 비밀스럽게 보관했던 습관 때문이었을 것이다. 레오나르도는 거울 문자, 즉 오른쪽에서 왼쪽으로 뒤집어쓰는 방식으로 글을 남겼고, 이 글은 거울에 비추어야만 읽을 수 있었다.

그로부터 한 세기가 흐른 뒤, 달의 세부적인 모습이 드러나기 시작했다. 1609년경 네덜란드의 솜씨가 뛰어난 유리 장인들은 풍경을 몇 배 더 크게 보이게 하는 렌즈를 만들어 냈다. 르네상스 시대의 이탈리아 수학자 갈릴레오 갈릴레이Galileo Galilei는 이 소식을 듣고 안경 렌즈로 자신만의 작은 망원경을 제작하기 시작했다.

그해 말 갈릴레오는 스무 배에 가까운 배율을 구현하는 데 성공했다(이 망원경을 통해서 보면 사물이 실제보다 스무 배 더 크게 보인다). 130센티미터 길이의 나무 관 양쪽 끝에 두 개의 렌즈(하나는 확대용, 다른 하나는 초점 조절용)를 설치하고, 구리선으로 고정한 뒤 종이로 감쌌다. 이 도구는 '망원경telescope'이라 불렸다. '멀리'라는 뜻의 그리스어 'tele'와 '보다'라는 뜻의 그리스어 'scopeo'에서 유래한 이름이었다.

갈릴레오는 망원경으로 달을 바라봤고, 1609년 말 달이 여러 위상을 거치는 모습을 관찰하여 그림으로 남겼다. 여덟 점의 그림을 한 권의 책 《별의 전령Sidereus Nuncius》에 실으며 단번에 명성을 얻었다.

갈릴레오의 관측 결과 달은 완벽하고 매끄러운 구체가 아니었다. 레오나르도와 그 이전 시대의 사상가들이 추측했듯이 달의 표면은 불규칙하고 거칠며 움푹 팬 자국들로 뒤덮여 있었다. 달 표면에 어둠이 스며드는 가장자리, 즉 '명암 경계선'은 밝고 어두운 반점으로 나뉘어 '마치 공작 꼬리에 있는 짙푸른 눈'이나 따뜻한 유리잔을 차가운 물에 담갔을 때 생긴 균열처럼 보였다.

명암 경계선에는 고리와 호 모양이 나타났고, 그 두께는 태양의 각도에 따라 변했다. 밝은 반점들이 어두운 반구에 생겨나 자라나면서 초승달이 부풀어 오를 때 밝게 빛나는 측면과 합쳐졌다. 이 반점들의 경계는 태양을 향한 쪽에서 어둡게, 반대쪽은 밝게 보였다. 갈릴레오는 '태양이 높이 떠오를수록 계곡의 그림자가 옅어지듯, 달의 반점들도 밝은 부분이 커질수록 어둠을 잃는다'라고 기록했다.

갈릴레오는 그 이유를 이렇게 추론했다. '지구에서는 해가 뜨기 전, 가장 높은 산의 봉우리만 먼저 햇빛을 받아 빛나고, 평야는 여전히 그림자 속에 있지 않은가? 잠시 후 빛이 퍼지면서 산의 중턱과 주변 구간이 밝아지고, 마침내 해가 완전히 떠오르면 평야와 언덕의 빛이 함께 어우러지지 않는가?' 지구 표면처럼 달에는 산과 계곡이 있는 것처럼 보였다. 갈릴레오는 고대 그리스인들처럼, 달 표면의 크고 흐릿한 띠는 육지이고 어두운 부분은 바다라고 생각했다.

그렇다면 왜 달의 윤곽은 '톱니바퀴'처럼 울퉁불퉁하지 않고 매끈해 보이는 것일까? 갈릴레오는 수많은 산과 계곡의 봉우리와 골짜기가 바다 위 수많은 물결처럼 겹겹이 쌓여 있어, 눈으로는 가장자리가 매끈하게 보인다고 설명했다. 이 산의 높이를 계산해 본 결과, 몇 마일에 달하여 지구상 어떤 산보다도 높은 것으로 나타났다.

갈릴레오는 달이 빛나는 원리를 탐구한 끝에 달이 태양 빛을 반사한다는 사실을 다시 한번 확인했다. 레오나르도도 언급했듯이, 이 사실은 달 구체의 그늘진 쪽도 희미하게 빛나는 이유를 설명해 주었다. 월식이 일어나는 동안 달이 구릿빛을 띠는 현상은 지구에서 반사된 빛 때문이었다. '지구는 달에게서 받은 빛에 보답하듯, 한밤중 가장 깊은 어둠 속에서도 늘 그 빛과 맞먹는 빛을 달에 돌려준다.'

갈릴레오가 그린 흑백 그림은 예술적이기는 해도 예술 작품은 아니다. 그렇다고 위치를 정밀하게 측정한 과학적 도표도 아니다. 단지 보이는 그대로 밤에 뜬 달의 모습을 기억해 두기 위한 관찰 기록이었다. 갈릴레오는 능숙한 손놀림으로 여섯 가지의 회색 음영을 섞어 달의 빛과 그림자, 질감을 드러냈다. 희미한 배경 위에서 초승달의 어두운 원반을 강조하고, 뒤편 하늘을 검게 칠해 달의 그늘진 면이 완전히 검지 않고 어렴풋이 드러나는 모습을 기록했다. 또한 달 표면에서 회색의 얼룩진 무늬를 포착하여, 비스듬히 비친 빛 아래 드러난 충돌구와 언덕의 윤곽을 그렸다.

당시 갈릴레오는 몰랐지만, 그보다 몇 달 앞서 망원경으로 달을 관찰해 그림을 남긴 사람이 있었다. 1609년 8월 5일 영국의 수학자이자 측량사인 토머스 해리엇Thomas Harriot은 갈릴레오보다 작은 망원경을 사용해 달의 무늬를 기록했으나, 그 그림은 1965년에야 세상에 공개되었다.

해리엇의 흑백 펜화는 갈릴레오의 그림만큼 세밀하지는 않았다. 해리엇은 산이나 충돌구의 음영에는 관심이 없었다. 하지만 측량사답게 더 정확하고 지도에 가까운 그림을 그렸다. 그는 영국 귀족과 탐험가 월터 롤리Walter Raleigh가 북아메리카 대륙에 버지니아 식민지를 건설하는 데 관여했다. 해리엇이 그린 달 지형의 윤곽은 당시 지도에 그려진 해안선과 흡사했다.

태양도 망원경이 발명된 초기부터 관측의 대상이었다. 갈릴레오는 태양 표면의 검은 얼룩, 즉 흑점을 관찰하여 그림으로 남겼다. 태양이 너무 밝아 직접 볼 수는 없었기 때문에, 망원경으로 태양의 모습을 투사판에 비추어 확인했다. 갈릴레오는 이 얼룩이 무엇인지 확신하지 못했다. 달에서 본 어떤 것과도 달리, 얼룩은 태양 표면을 따라 움직이고 있었다. 갈릴레오는 이를 구름이라고 생각했다.

갈릴레오는 같은 현상을 관측한 예수회 천문학자 크리스토프 샤이너Christoph Scheiner와 이에 대해 서신을 주고받았다. 샤이너는 태양을 완전무결한 존재로 여겼기 때문에, 이 반점들은 결함이 아니라 금성과 같은 다른 행성의 그림자일 것이라고 주장했다. 그러나 갈릴레오는 이 점들이 태양의 표면이나 대기에 있는 것이 분명하다며 샤이너를 설득했다. 금성이 태양 원반 앞에 있을 수 없을 때에도 얼룩이 보였기 때문이었다. 그 크기 또한 금성의 지름보다 열 배나 작았다.

태양 흑점 연구는 1645년경까지 활발히 이어졌으나, 흑점이 사라지면서 관심도 사그라들었다. 1671년에 이르러서야 흑점이 다시 발견되어 큰 반향을 일으켰지만, 이후 흑점은 1715년까지도 거의 나타나지 않았다. 태양이 조용했던 이 시기는 오늘날 몬더 극소기Maunder Minimum로 알려져 있으며, 19세기 후반 이 현상을 연구한 천문학자 에드워드 월터Edward Walter와 애니 러셀 몬더Annie Russel Maunder의 이름에서 유래했다. 오늘날 우리는 태양이 일정한 활동 주기를 따른다는 사실을 알고 있다. 활동이 활발한 해에는 수백 개의 흑점이 태양 표면을 뒤덮고, 그 수는 11년을 주기로 증감한다. 이보다 더 긴 수십 년 규모의 주기가 중첩되어 17세기와 같은 극소기가 발생한 것이다.

레오나르도와 갈릴레오가 깊이 탐구하여 얻은 지식 덕분에, 달 표면은 산이나 바다 같은 지구의 지형처럼 언젠가 실제로 방문할 수 있는 장소가 되었다. 태양은 생명체가 살기에 적합하지 않았지만, 흑점의 발견은 더 많은 발견의 가능성을 암시했다. 그리고 이 발견을 위해서는 이러한 모든 특징을 아주 상세하게 지도로 옮겨야 했다.

달의 형상을 그리고 만들다

망원경으로 달을 관측하면서, 달 지도는 빠르게 정교해졌다. 그 작업의 목적 중 하나는 지리학자와 측량사들이 지구 지도를 제작하도록 돕는 것이었다. 17세기 유럽인들은 전 세계를 항해하며 새로운 대륙을 식민지로 삼는 데 열을 올렸다. 당시 망원경은 여전히 희귀한 물건이어서 왕과 귀족만이 소유할 수 있었다. 지도자와 권력자들은 자신들이 소유하거나 차지한 영토를 문서로 남기고 싶어 했다. 항해를 위한 정확한 지도도 필수적이었다.

적도를 기준으로 북쪽이나 남쪽으로 떨어진 거리, 즉 위도는 태양의 최고 고도를 이용하면 비교적 쉽게 측정할 수 있었다. 태양은 열대 지방에서 가장 높이 뜨고, 위도가 높을수록 더 낮게 뜨기 때문이다. 그러나 지구 둘레를 따라 측정하는 거리, 즉 경도는 정확하게 재기 어려웠다. 한 가지 방법은 시차를 이용하는 것으로, 서로 다른 장소에서 동일한 사건이 목격되는 현지 시각을 비교하는 방식이었다. 예를 들어 서쪽으로 갈수록 정오가 점점 더 늦게 찾아오는 현상을 활용하는 식이었다.

월식이 일어나는 동안 달의 특정 지형이 그림자에 들어갔다 나

모든 것은 별에서 시작되었다

오는 시점을 추적하는 것도 경도를 정확하게 측정하는 방법 중 하나였다. 1628년 프랑스 천문학자이자 사제였던 피에르 가상디Pierre Gassendi는 달의 지형을 조사하여 파리와 엑상프로방스의 동서 위치 차이를 추산했다. 또한 갈릴레오나 해리엇이 그린 단순한 그림보다 훨씬 선명하게 달의 모습을 그려냈다.

한편 단치히(현재 폴란드의 그단스크)의 부유한 양조업자 요하네스 헤벨리우스Johannes Hevelius는 천문학에 깊이 매료되어 뛰어난 망원경과 장비들을 갖추고 있었다. 게다가 천문 관측, 기구 설계와 제작, 지도 제작과 판각에 필요한 모든 기술에 능통했다. 1647년 헤벨리우스는 18개월 동안의 달 관측 기록을 담은 기념비적인 지도책《셀레노그래피아Selenographia》를 출간했다.

이 놀라운 책에는 달의 원반 전체를 세밀하게 담은 세 장의 지도가 실려 있다. 첫 번째 그림은 하늘에서 달이 어떻게 보이는지 시각적으로 보여 주고, 두 번째 그림은 지도 제작본으로 달의 주요 지형이 표시되어 있으며, 마지막 그림에는 각 지형의 이름이 붙어 있다. 이 밖에도 판각본에는 달의 40가지 위상과 태양 흑점, 일식과 월식 현상, 목성의 위성에 대한 관측 내용이 수록되었으며, 자신이 사용한 장비들을 정교하게 그린 삽화도 포함되었다.

아메리카 대륙에서 시작된 식민지 사업처럼, 이 미지의 달 영역에도 이름이 필요했다. 초기 지도 제작자들은 달 지형의 이름을 정하는 문제에서 다른 의견을 제기했다. 어떤 이들은 가장 두드러진 지형에 가톨릭 군주와 성인의 이름을 붙이고자 했다. 밝은 고원, 즉 '테라terra(라틴어로 '땅')'는 존엄, 명예, 정의와 같은 미덕과 연관되었다.

헤벨리우스는 달 지형에 지중해 주변이나 고대 그리스, 로마 시대 유적지처럼 지구상의 장소 이름을 붙이자고 제안했다. 훨씬 기억하기 쉬운 방식이었다. 헤벨리우스는 이 지명을 너무 문자 그대로 받아들이지 말라고 경고했지만, 정작 본인은 대륙, 바다, 섬, 만, 심지어 바위, 늪, 습지까지 이름을 붙이는 데 지나치게 열중했다.

오늘날까지 사용되는 달의 명명 체계는 헤벨리우스의 방식에서 더 나아간 것으로, 그로부터 약 40년 뒤 이탈리아 예수회 천문학자 조반니 바티스타 리치올리Giovanni Batista Riccioli와 프란체스코 그리말디Francesco Grimaldi가 이를 정리해 1651년 리치올리의 천문학 개론서 《신 알마게스트New Almagest》에 발표했다. 어두운 '바다'와 밝은 '평원'에는 인간의 건강, 기질, 날씨 등의 의미를 담은 이름이 붙었다. 위난의 바다Mare Crisium, 고요의 바다Mare Tranquillitatis, 평온의 바다Mare Serenitatis 등이 대표적이다. 이 밖에도 비의 바다Mare Imbrium, 구름의 바다Mare Nubium, 추위의 바다Mare Frigoris 등이 있었다.

충돌구, 즉 크레이터에는 천문학과 관련된 학자나 성인의 이름이 붙었다. 이름은 연대순으로 여덟 구역에 시계 방향으로 배열되었으며, 맨 위에는 고대 인물들이, 맨 아래에는 비교적 최근 인물들이 자리했다. 이와는 별개로 리치올리는 자신이 관찰한 달에는 사람이 살지 않는다는 점을 분명히 하며 이렇게 말했다. '달에는 사람이 살지 않으며, 영혼조차 이주하지 않는다.'

하지만 지도 말고도 달을 묘사하는 방법은 또 있었다. 구체 모형은 오랫동안 세상과 하늘을 표현하는 수단이었다. 예를 들어 현재 나폴리 박물관에 소장된 2세기 로마 조각상 파르네세 아틀라스

Farnese Atlas를 보면, 아틀라스 신이 들고 있는 구체에는 별자리가 새겨져 있다.

15세기 이전에는 지구본이 모두 개별적으로 제작되어 수작업으로 채색되었다. 그러나 인쇄술이 발명된 뒤에는 대량 생산이 가능해졌다. 대륙과 바다의 모양을 투사하여 인쇄한 지도를 잘라, 나무나 종이 죽으로 만든 구체에 붙이는 방식이었다.

이 기술은 달에도 적용될 수 있었다. 1661년 영국의 수학자이자 천문학자, 건축가였던 크리스토퍼 렌Christopher Wren은 옥스퍼드대학교 천문학과 교수로 재직하던 시절, 달을 관측하여 최초의 구체 모형을 만들었다. 렌의 달 구체 모형은 현재 남아 있지 않지만, 지름 25센티미터의 판지에 양각으로 주조하고 채색한 형태로 알려져 있다.

렌은 찰스 2세에게 깊은 인상을 주기 위해 이 모형을 설계했고, '하나의 세계만으로는 충분치 않으므로'라는 문구와 함께 헌정했다. 그는 국왕이 경험 과학, 즉 정교하게 설계된 실험으로 자연의 진리를 밝혀내는 연구를 후원해 주기를 바랐다. 망원경이나 현미경 같은 기구는 이전까지 볼 수 없었던 세계의 단면을 기계적으로, 따라서 객관적으로 보여 주었다. 인간의 눈이 쉽게 인지하지 못하는 세계였다.

현존하는 가장 오래된 달 구체 모형은 이보다 한 세기 후에 제작되었으며, 과학적이라기보다는 예술적인 성격이 강했다. 조지 3세와 다른 저명인사들의 파스텔 초상화로 유명한 영국 화가 존 러셀John Russell은 천문학에도 관심이 많아, 망원경 두 대로 1764년부터 본격적으로 달을 관측하며 그림을 그리기 시작했다. 30년 후 러셀은 그동안의 모든 그림을 모아 지름 30센티미터의 달 구체 모형을 제작했다.

이 모형은 교육용이자 예술품으로 달의 축이 기울고 흔들리는 모습을 모의 실험할 수 있는 틀에 장착되었다.

한 세기가 더 흐르면서 망원경은 더 커지고 지도책은 더 정교해졌으며, 달 구체 모형은 걸작으로 거듭났다. 독일에서는 J. F. 율리우스 슈미트J. F. Julius Schmidt가 1878년 지도책을 발간하며 정밀한 달 표면의 그림을 천 장 이상 실었다. 탁상용 모형으로는 세부 묘사가 어려웠기 때문에, 슈미트는 달의 관측 가능한 면을 지름 6미터의 거대한 석고 모형으로 제작하게 했다. 이 거대한 모형은 본과 뉴욕, 시카고에서 성대하게 전시되었으며, 현재는 런던 과학 박물관에 소장되어 있다.

지구본은 사람들의 상상력을 자극했다. 향신료와 목재, 은이 풍부하고 무역이 활발한 낯선 땅으로 향하는 긴 항해를 그리기가 한결 쉬워졌다. 나아가 지구 전체를 손에 넣고 통제하는 상상도 가능해졌다. 멀리서 바라본 작은 지구는 마치 손에 쥐고 조작할 수 있는 장난감 같은 존재가 되었다. 달도 마찬가지였다.

사진과 달, 운명의 시작

한편 또 하나의 새로운 도구가 등장하고 있었다. 사진은 달의 모습을 정확하게 포착할 수 있어, 이제 손으로 직접 그릴 필요가 없어졌다. 물론 복잡한 화학 반응과 까다로운 광학 기술을 충분히 익힌 뒤에야 가능한 일이었다.

모든 것은 별에서 시작되었다

1820년대 최초의 사진가들은 빛에 반응하는 화학 물질로 코팅한 유리판이나 금속판에 야외 풍경에서 들어오는 빛을 투영했다. 작은 구멍이 뚫린 가림막 안쪽의 렌즈를 통과한 빛은 어두운 상자 속에서 한데 모였다.

이는 오래된 방식이었다. '바늘구멍 사진기' 또는 '카메라 옵스큐라camera obscura'의 광학적 원리는 고대 중국과 그리스 시대부터 연구되어 왔다. 양초와 거울을 이용한 실험이나 태양, 일식과 월식 현상은 빛이 직선으로 나아간다는 사실을 보여 주었다. 작은 조리개는 마치 노걸이가 노를 붙잡듯 빛다발을 붙잡아, 광선이 닿는 화면에 선명하면서도 반전된 상을 만들어 낸다. 한 예로 아리스토텔레스는 부분일식 때 태양 빛을 손가락 사이의 작은 틈으로 통과시키면, 아래에 초승달 모양의 밝은 상이 나타나는 것을 발견했다.

레오나르도 다 빈치는 11세기 이슬람 학자 이븐 알하이삼Ibn al-Haytham(알하젠Alhazen으로도 알려짐)의 광학 관련 저술에서 카메라 옵스큐라에 대한 내용을 접했다. 이 이탈리아의 거장은 270개가 넘는 도해를 남겼고, 1502년에는 카메라 옵스큐라의 원리를 이렇게 설명했다.

어떤 건물이나 장소, 풍경이 태양 빛을 정면으로 받고, 이와 마주한 건물의 벽에 태양 빛이 직접 닿지 않는 작은 구멍을 뚫으면, 태양 빛을 받는 모든 물체는 이 구멍을 통해 반대편 벽에 거꾸로 된 상이 맺힌다.

레오나르도는 이 과정이 눈의 작동 원리와 유사하다는 점도 깨달았다. 눈에는 렌즈 역할을 하는 '동공'과, 상이 투영되는 표면에 해당하는 '망막'이 있다. 조리개가 좁을수록 상은 선명해지지만, 통과하는 빛의 양은 줄어든다. 따라서 균형을 맞춰야 한다. 구멍은 빛이 충분히 들어올 만큼 크되 상이 흐릿해질 정도로 커서는 안 된다. 레오나르도는 조리개의 모양, 크기, 개수를 달리하며 실험을 거듭했다. 그러나 이렇게 맺힌 상을 오래 보존하려면 화학적 지식이 뒷받침되어야 했다.

1820년대 프랑스 발명가 조제프 니세포어 니엡스Joseph Nicéphore Niépce는 카메라 옵스큐라를 이용해 프랑스 남부 자택에서 보이는 탑과 풍경을 역청으로 씻은 백랍판 위에 투사했다. 그 결과 현존하는 가장 오래된 자연 사진인 '르그라의 창문에서 바라본 조망'이 완성되었고, 촬영에는 최소 8시간이 소요되었다.

10년 뒤에는 더 반응성이 높은 코팅제, 특히 요오드화은 같은 은 화합물이 쓰이면서 니엡스처럼 몇 시간이 아니라 몇 분 만에 사진을 찍을 수 있게 되었다. 프랑스의 화가 루이 다게르Louis Daguerre는 상업적으로 가장 성공한 개발자 중 한 명이었다.

비슷한 시기에 영국의 발명가 윌리엄 헨리 폭스 탤벗William Henry Fox Talbot은 은염액으로 처리한 종이에 상을 인화하는 '칼로타입Calotype' 방식의 사진술을 개발했다. 사진술은 과학에 새로운 가능성을 열었다. 자연의 모습을 정확하게 찍어낼 수 있었기 때문이다. 프랑스 천문학자이자 파리 천문대장이었던 프랑수아 아라고François Arago는 프랑스 한림원에서 사진의 가치를 설득하려 애썼다. 사진술은 망원경처럼 연구자의 눈을 대신할 수 있는 새로운 도구로 세계를 조작하지 않고, 중립적으로 바라보는 방법을 제시했다. 일부 과학자들은 이 기술을 받아들였다. 동물이나 풍경을 촬영하고, 현미경으로 확대해서 보았다. 그러나 천문학자들은 사진 기술을 활용하기가 훨씬 더 어렵다는 사실을 깨달았다.

태양은 너무 밝아 직접 사진을 찍을 수는 없었지만, 그 원반을 감광판에 투사해 흑점을 기록할 수는 있었다. 반면 달은 너무 어두워 사진으로 담기 어려웠고, 별은 더더욱 불가능했다. 하늘에서 달의 크기는 너무 작아 표면을 선명하게 구분하기 어려웠다. 보름달일지라도 그 크기는 팔을 뻗었을 때의 엄지손톱 너비에 불과하다. 노출 시간을 늘리면 더 많은 빛을 받을 수 있지만, 달이 움직이기 때문에 상은 흐려진다. 망원경으로 달을 확대하면 빛이 감광판의 더 넓은 영역에 퍼지게 되지만, 그만큼 화학 반응도 약해진다. 또한 당시의 가장 큰 망원경조차 접안렌즈로는 달 전체가 아니라 일부만 볼 수 있었다.

1834년 프랑스의 위대한 작가 빅토르 위고Victor Hugo는 아라고의 안내를 받아 파리천문대에서 망원경으로 달을 관찰하려 애썼던 경험을 이렇게 적었다.

바라보던 어둠이 서서히 옅어지기 시작했다. 내가 본 것은 무엇이었을까? 도무지 형언할 수 없었다. 희미하고 덧없으며, 눈으로는 쉽게 이해할 수 없는 무엇이었다. 만약 세상에 형태 없는 것이 있다면, 바로 이런 모습일 터였다.

그러나 1839년 다게르는 여러 사진 건판 중 하나에 달빛의 흔적을 담는 데 성공했다. 그는 곧바로 병상에 누워 있던 아라고에게 달려가 그 사진을 보여 주었다. 한 기록에 따르면 사진 속 달은 혜성 꼬리처럼 흐릿한 형체였다. 그럼에도 파리를 방문 중이던 독일 과학자 알렉산더 폰 훔볼트Alexander von Humboldt는 이 '스스로 드러낸 달의 초상'에 대한 경이로움을 기록했다. 불행히도 다게르의 달 사진은 1839년 3월 8일 그의 연구실에서 발생한 화재로 소실되고 말았다.

다른 이들도 끈기 있게 시도했다. 탤벗은 1839년 11월 15일, 10분 만에 종이에 달의 '뚜렷한 자국'을 남겼다고 기록했다. 얼마 지나지 않아 1840년, 영국 태생으로 뉴욕에서 화학을 가르치던 교수이자 의사였던 존 윌리엄 드레이퍼John William Draper는 망원경을 이용해 20분간 노출하여 '다게레오타입Daguerreotype', 즉 다게르가 개발한 방식으로 선명한 달을 촬영하는 데 성공했다. 시간이 지나 얼룩지고 빛바랜 이 건판에는, 완전한 보름달이 아니라 어두운 가장자리가 잘려나간 듯한 달의 모습이 담겨 있다.

메사추세츠주 보스턴 해안가에서 화학자 존 애덤스 휘플John Adams Whipple은 사진 촬영에 필요한 화학 물질을 제조하고 있었다. 렌즈 대신 선글라스를, 카메라 몸통 대신 양초 상자를, 감광판 대신 은 숟가락 손잡이를 사용해 직접 다게레오타입 사진기를 만들고자 했다. 밤하늘에 대단히 관심이 많았던 휘플은 케임브리지 하버드대학교의 천문학자이자 시계 제작자였던 윌리엄 크랜치 본드William Cranch Bond와 협력하기 시작했다.

1843년 장관을 이루었던 혜성(1843년 대혜성, 태양에 매우 근접해 낮에

모든 것은 별에서 시작되었다

도 관측 가능했던 장주기 혜성—옮긴이)이 대중의 관심을 사로잡은 후, 본드는 상설 천문대 건설 자금을 모았다. 그는 당시 동종 망원경 중 가장 큰 망원경을 설치하기 위해 천문대를 설계했다. 이 망원경은 독일에서 제작된 직경 15인치의 '대굴절 망원경Great Refractor'으로 1847년에 설치되었다. 마호가니로 마감한 약 6미터 길이의 망원경 경통은 지금도 무게 11톤, 높이 약 3.4미터의 화강암 받침대 위에 놓여 있고, 이 받침대는 땅속 깊이 박힌 훨씬 더 큰 화강암 기둥 위에 세워져 있다. 관측실은 무게 14톤, 지름 9미터의 구리를 덮은 회전식 목조 돔으로 둘러싸여 있다.

　망원경이 너무 커서 천문학자들이 접안렌즈로 관측하기가 어려웠기 때문에, 본드는 움직이면서도 소파처럼 앉을 수 있는 특수 의자를 설계했다. 관측자는 작은 바퀴를 돌려 천을 덮은 의자를 올리거나 내릴 수 있었고, 이 의자는 레일과 도르래가 설치된 나무 틀 안에 놓여 있었다. 이 의자는 아직도 가동 중이어서, 내가 하버드대학교천문대를 방문했을 때 운 좋게 직접 체험해 볼 수 있었다. 도르래는 여전히 부드럽게 움직였고, 내가 경험한 여느 망원경들보다 앉아서 관측하기에 훨씬 호사스러운 환경이었다.

　1847년 6월 24일 망원경이 가동을 시작했을 때 첫 번째 임무는 달 관측이었지만, 곧 사진 촬영도 함께 진행되었다. 이후 몇 년 동안 휘플과 본드는 다양한 위상의 달 사진을 여러 장 촬영하여 식염지에 인화했다. 1850년에는 처음으로 별, 베가의 다게레오타입 사진도 촬영했다. 이들의 달 사진은 매우 뛰어나 1851년 런던 수정궁 박람회에서 사진 부문 기술 우수상을 받았다.

그럼에도 사진술이 천문학을 혁신하지는 못했다. 육안으로 제작한 달 지도가 여전히 다게레오타입 사진보다 더 세밀했기 때문이다. 베를린의 천문학자이자 달 지도 제작자인 요한 폰 메들러Johann von Mädler는 이 더딘 발전 속도를 조롱했다. '관측하고, 측정하고, 그리는 데 평생을 바치는 불운한 학자를 은퇴시킬 수 있을 것'이라거나 '7년의 시간을 들여 만든 달의 지형도보다 훨씬 더 뛰어난 지도를 7초 만에 만들어낼 것'이라는 다게르와 아라고의 약속은 지켜지지 못했다. 그러나 메들러는 새로운 기술의 장점도 인정했다. 당시 사진술이 천연색을 재현하지는 못했지만, '그림자와 빛'을 포착하는 방식에서는 그림보다 우월하다고 언급했다.

1863년 빅토르 위고는 달 표면에 해가 드리우는 장면을 망원경으로 관측한 경험에 대해 훨씬 더 호의적으로, 심지어 감탄에 가까운 어조로 글을 남겼다. 태양 빛이 달 표면을 타고 구불구불 뻗어 나가자, 위고는 충돌구와 경사면, 협곡이 드러나는 광경을 경외감에 차서 바라보며 이렇게 적었다. '거대한 어둠의 원뿔들이 투영되고, 그림자가 일렁이며, 빛의 줄무늬가 바위 턱 사이를 가로질러 마치 대들보처럼 이어졌다.' 그리고는 외쳤다. '장엄한 존재로다!'

평평한 종이에 인쇄하든 구체 모형에 붙이든, 아무리 정교하게 묘사하거나 사진을 찍어도 2차원 영상에서는 이처럼 세밀한 특징을 제대로 담기 어렵다. 위고가 보았듯, 달의 지형은 태양 빛이 여러 각도로 시시각각 변하며 비치기 때문에 제대로 파악하기 어렵다. 달이 정면으로 빛을 받으면 거대한 충돌구조차 얼룩처럼 보일 수 있다. 태양이 낮게 비칠 때, 산은 명암 경계선 가까이에 긴 그림자를 드리운다. 표면의 밝고 어두운 부분도 상황을 더 복잡하게 만든다. 어두운 부분은 단순히 검은 흙이 쌓인 곳일까, 아니면 그림자나 거친 표면 때문에 그렇게 보이는 것일까?

1896년에서 1910년 사이, 파리천문대의 모리스 로위Maurice Loewy 와 피에르 퓌조Pierre Puiseux가 사진으로 제작한 최초의 달 지도책을 출판하기까지는 30년이 더 걸렸다. 두 사람은 500일 밤 동안 약 6천 장의 달 사진을 찍기 위해 수년간 노력하여 선명한 사진을 확보했다. 감광액(현재는 젤라틴 기반), 유리 건판, 확대 및 복제 기술 모두 개선이 필요했다.

그렇다면 달 사진에서 실제로 무엇을 알아낼 수 있을까? 달의 지질과 지리 정보를 어떻게 읽어 내야 할까? 한 스코틀랜드 출신 공학자는 이 질문에 진지하게 몰두했고, 예술과 조각에 대한 깊은 이해를 바탕으로 그 방법을 개발했다.

꿈의 그곳으로 한 걸음 더 가까이

1840년대 초, 영국의 공학자 제임스 네이스미스James Nasmyth는 달 표면의 본질과 구조를 면밀히 탐구하기 시작했다. 망원경으로 들여다보는 것만으로는 충분치 않았다. 달 표면을 손에 잡힐 듯 생생하게 그려내고 이해하고자 했다.

네이스미스는 스코틀랜드의 화가 알렉산더 네이스미스Alexander Nasmyth의 아들로, 아버지에게서 풍경을 그리고 관찰하는 법을 배웠다. 그러나 그는 그림에만 머물고 싶지는 않았다. 어린 시절에는 기계 모형을 만들어 교수들에게 팔아 대학 학비를 마련했다. 이후 공학을 공부해 증기 해머를 비롯한 산업혁명을 이끈 기구들을 발명했다.

네이스미스는 손으로 직접 만지는 일을 좋아했다. 사물의 구조와 기계의 작동 원리에 매료되었고, 무엇보다 자신을 '정비공'이라 여겼다. 즉 종이에 그려진 형태를 읽고 옮기는 데 그치지 않고, 실제로 구현해 내는 손재주를 가진 사람이었다. 작업할 때는 장갑을 끼지 않았고, 눈과 손가락이야말로 공학의 열쇠라고 믿었다. 지적이고 논리적이었으며 자신의 기계를 평면, 원, 구와 같은 순수한 기하학적 형태로 분해해서 설계했다.

네이스미스는 달의 풍경을 바라보며, 모든 감각을 동원해 실제로 달에 있다면, 손으로 만져 본다면, 가까이서 마주한다면 어떤 기분일지 몹시 궁금해했다. 그리고 그 풍경이 어떻게 형성되었는지도 알고 싶었다. 어떤 지질학적 과정이 작용했을까? 네이스미스는 석고 모형으로 달의 풍경을 재현해 보기로 했다.

달의 특징을 이해하는 첫 번째 단서는 그림자였다. 달의 형태는 주로 그림자를 통해 드러났기 때문이다. 네이스미스는 그 형태들을 3차원으로 재구성했다. 빈틈은 상상력을 동원해 채워 넣었다. 달의 수많은 산과 충돌구의 원뿔 모양 경사면을 보며, 그는 이것이 지구 화산의 거대한 형태임을 확신하게 되었다.

네이스미스는 당시의 지구 형성 이론들을 잘 알고 있었고, 그중 하나는 지구가 태양 주위의 가스와 먼지 구름에서 응축되었다는 이론이었다. 영국의 지질학자 조지 스크로프George Scrope를 비롯한 학자들은 현무암과 같은 각종 지구 암석들이 화산 활동으로 지구 표면 아래에서 분출된 용암에서 비롯됐다고 주장했다. 네이스미스는 달도 비슷한 방식으로 형성되었을 가능성이 높다고 보았다. 달이 식으면서 표면이 수축하고, 그 과정에서 녹은 암석이 분출했을 것이라고 생각했다. 달의 충돌구는 이러한 화산 활동의 흔적이었다. 네이스미스는 종종 자신의 달 모형 옆에, 1822년 분화 이후 널리 연구된 이탈리아 베수비오산의 작은 그림을 함께 두었다.

네이스미스의 작품은 강렬했다. 2미터 너비의 달 지도에 사실적인 그림자를 그려 넣어 깊은 인상을 남겼고, 1851년 런던 수정궁에서 열린 만국박람회에서 상을 받았다. 휘플과 본드의 다게레오타입 사진 외에도, 달은 여러 전시에서 주요 소재로 등장했다. 디자이너 샬럿 리드하우스Charlotte Readhouse는 '충적토' 평원 주변에 '성곽처럼 솟아 있는 고리 모양의 산'과, '표면 전역에 움푹 팬 자국을 남긴 수백 개의 컵 모양 계곡'을 강조한 달 구체 모형을 선보였다. 화학자이자 천문학을 사랑한 화가였던 헨리 블런트Henry Blunt는 소형 목재 상자에 담긴 에라토스테네스 충돌구의 석고 모형을 전시했다.

빅토리아 여왕과 앨버트 공은 네이스미스의 작품에 깊은 인상을 받아 그를 저녁 식사에 초대했다. 여왕의 일기에는 작품을 감상한 기록이 남아 있으며, '완벽하게 둥근 달에는 거대한 화산과 충돌구가 있다'고 적혀 있다. 네이스미스의 달 풍경에는 '대기가 없어 완벽하게 검은 하늘, 식물 하나 없는 황량한 땅, 눈에 띄게 크고 거친 바위와 가장 강렬한 햇빛'이 존재했다. 여왕은 감격하며 '과학이 인간의 마음에 얼마나 넓은 세계를 열어주는지!'라고 적었다.

네이스미스는 손과 눈으로 달을 탐구하며 마음으로 달과 교감했다. 관찰, 그림 그리기, 모형 제작, 검토와 수정에 이르는 과정이 끊임없이 이어졌으며, 이는 단순한 관찰을 넘어선 일종의 대화였다. 그는 이렇게 썼다. '달과 나는 여전히 아주 친밀한 관계에 있고, 달은 내가 던진 수많은 진심 어린 질문에 답해 준다.'

네이스미스는 과거의 레오나르도 다 빈치처럼 자연 속에서 찾은 비유가 도움이 된다고 생각했다. 거대한 것과 작은 것, 거시 세계와 미시 세계 사이의 연관성을 발견했고, 이들의 근본 원리가 닮았을 수도 있다고 추론했다. 태양 흑점은 버드나무 잎사귀처럼 보였고, 밤하늘에서 발견한 나선형 성운은 구멍으로 빨려 들어가는 물의 회오리와 닮아 보였다.

네이스미스는 사진에도 큰 관심을 보였으며, 사진을 두고 '신성한 태양의 예술'이자 '빛과 어둠의 예술'이라고 언급했다. 하지만 사진을 촬영하는 방법은 알지 못해서, 맨체스터 출신의 친구 인쇄업자 조셉 사이드보텀Joseph Sidebotham에게 달 충돌구 모형 사진을 찍어 달라고 부탁했다. 네이스미스의 모형은 순백색이어서, 사진 촬영에 이상적이었다. '칼로타입' 사진 전문가 탤벗의 말처럼, 흰색 조각품 사진은 그림이나 일반 모형만으로는 알기 힘든 형태를 훨씬 효과적으로 드러낸다. 그림자를 정교하게 배치할 수 있기 때문이다.

1874년 네이스미스는 영국 천문학자 제임스 카펜터James Carpenter와 함께 자신의 모든 생각을 담은 책《달: 행성, 세계, 위성으로서의 고찰The Moon: Considered as a Planet, a World, and a Satellite》을 출간했다. 이 책에는 달과 그 풍경이 형성된 과정을 설명하는 네이스미스의 이론

모든 것은 별에서 시작되었다

을 담고 있으며, 달이 가스 구름에서 응축되어 냉각과 수축을 거치고, 화산 활동을 통해 현재의 모습을 갖추는 과정까지 상세히 다루었다. 또한 구형인 달의 모습, 크기와 질량에 대해서도 설명했다. 생생한 사진과 지질 도표는 이러한 진행 과정을 시각적으로 보여 주었다. 어떤 사진들은 특히 훌륭했는데, 네이스미스의 손등 주름과 쪼그라든 사과 껍질을 담은 고대비 사진은 달 산맥의 형성 과정을 아름답게 드러냈다.

네이스미스와 카펜터는 이 책에서 달 표면의 형태가 또렷하게 보이는 현상이 달에 대기나 물이 없다는 사실을 암시한다고 주장했다. 달의 '바다'는 단지 검은 흙일 뿐이라는 것이다. 달은 황량한 세계이며, 어떤 생명체도 살 수 없다. 비록 조감도에서 본 시점에 국한되어 있었지만, 그들은 마치 달 표면에 서 있는 듯한 상상을 해 보았다. 그 풍경은 분명 알프스나 히말라야가 선사하는 그 어떤 장엄함보다도 훨씬 강렬하고 인상적이었을 것이다.

저자들은 지름이 80킬로미터에 달하는 코페르니쿠스 충돌구의 거대한 분지 안에서 캠핑을 한다는 것은 좀처럼 상상하기 어려우며, '웬만한 잉글랜드 주 하나가 그 성벽 안에 자리할 수 있을 정도'라고 썼다. 전반적으로 황백색을 띠는 달에서 색을 띠는 작은 얼룩도 발견했다. 바다는 약간 초록빛을 띠었고, 일부 얼룩에는 붉은 기운이 돌았다. 몇몇 충돌구에서는 마치 '흰 물감을 잔뜩 머금은 거대한 붓으로 달 위를 쓸어 그은 듯한' 밝은 줄무늬가 뻗어나갔다.

달 표면에서 흐르는 시간도 한 가지 주제였다. 달에서의 하루는 길다. 해가 뜨고 지는 데까지 304시간이 걸리며, 이는 지구의 약

13일에 해당한다. 대기가 없어 장밋빛 새벽이나 황혼도, 푸른 하늘도 존재하지 않는다. 안개가 없어 거리를 가늠하기도 어렵다. 죽은 듯한 고요가 달을 지배한다. '공기가 없는 그 세계에서는 천 대의 대포를 쏘고 천 개의 북을 두드린다 해도, 아무런 소리가 나지 않을 것이다.'

낮이 시작되는 순간은 마치 전등 스위치를 켠 듯 갑작스럽다. '검은 지평선 너머에서 태양이 갑자기 밝고 강렬한 빛줄기를 산봉우리 위로 쏘아 올려, 눈부신 광채로 봉우리를 장식한다.' 밤도 마찬가지로 순식간에 찾아온다.

저자들은 지구에서보다 달에서 별과 행성이 더 밝게 빛나지만, 공기가 없어 깜빡이지는 않을 것이라고 생각했다. 별자리는 거의 비슷하게 보이겠지만, 다른 천구의 축을 중심으로 회전할 것이라고 했다. 무엇보다도 가장 놀라운 광경은 밝게 빛나는 지구가 달처럼 위상 변화를 겪으며 하늘을 가로지르는 모습이었다. 네이스미스와 카펜터는 달을 단순히 밝은 천체로 보는 사람들의 견해를 받아들이지 않았다. 달빛은 '변덕스럽고 덧없으며', 밤의 어둠을 거의 덜어주지 못한다. 대신 그들은 달의 '정화 작용'을 강조했다. 달빛이 없어도 인간은 살아갈 수 있지만, 밀물과 썰물은 자연 정화에 필수적이다.

태양이 바람을 통해 대기를 끊임없이 건강하게 순환시키듯, 달도 바닷물과 그 안으로 흘러드는 강물에 유사한 역할을 수행한다. 달이 강력한 자연의 정화자로서 기능하지 않으면, 강물이 흘러드는 해안에는 치명적인 오염이 쌓여 삼각주를 형성할 것이다.

저자들은 달의 세세한 부분까지 다루면서 '이들이 실제로 존재하는 것처럼 느껴지며, 단순한 공상에 그치지 않는다'고 보았다. 그러나 과학자로서 여전히 알아야 할 것이 훨씬 더 많다는 것도 인정했다. 진실은 '숨바꼭질'을 하듯 모습을 드러내며, '한 시대의 정설이 다음 시대에서는 엄청난 오류로 바뀌기도 한다'.

오늘날 과학자들은 달이 19세기 사람들의 상상과는 매우 다른 방식으로 형성되었다는 사실을 알고 있다. 태양계의 초기 형성 과정은 이미 널리 알려져 있었다. 행성들은 태양이 형성된 후 남은 거대한 잔해 구름 속 작은 물질 덩어리들이 뭉쳐 만들어졌다. 45억 년 전, 이 물질들은 토성의 고리처럼 원반 형태로 자리 잡았다. 여기에서 서로 뭉치면서 행성이나 소행성 같이 더 작은 천체들이 형성되기 시작했다. 그렇게 우리가 아는 태양계가 모습을 드러냈다.

한편 지구는 형성 직후 충돌을 겪었다. 과학자들이 테이아Theia라고 이름을 붙인 화성 크기의 천체가 지구로 돌진했다. 충돌 규모가 워낙 커서 지구와 테이아는 거의 전부 녹아 서로 합쳐져 버렸다. 이 과정에서 마그마 한 덩어리가 떨어져 나와 달이 되었다. 이 가설은 달의 크기와 거리, 궤도뿐 아니라 지구와 달의 조성이 아주 비슷하면서도 완전히 동일하지는 않은 이유까지 설명한다. 그러나 이 이론을 증명하기 위해서는 실제로 달에서 암석을 채집해야 했다. 먼저 달을 관찰하려면 더 가까이 다가가야 했다. 그 길은 자연스럽게 산으로 이어졌다.

천문대가 높은 곳에 있는 이유

네이스미스의 모형에 감명을 받아 달과 지구 풍경 사이의 연관성을 탐구한 또 한 명의 과학자가 있었다. 1846년에 스코틀랜드 왕립천문학자가 된 찰스 피아치 스미스Charles Piazzi Smyth였다. 해군 장교의 아들로 태어난 그는 남아프리카공화국 희망봉에서 천문학을 공부하며, 핼리 혜성과 1843년 대혜성을 관측했다. 피아치 스미스는 네이스미스와 많은 공통점이 있었는데, 그중 손재주와 수채화가로서의 예술적 재능이 돋보였다.

피아치 스미스는 개인용으로 정교한 맞춤 기구를 설계했고, 사진 촬영도 실험했다. 특히 입체 사진을 전문으로 다루었다. 약간 다른 방향에서 촬영한 두 장의 사진으로, 눈이 3차원을 감지하는 방식을 흉내 낼 수 있었다. 이 사진들을 나란히 놓고 집중해서 보면, 실제 풍경을 보는 듯한 감각을 느낄 수 있었다.

피아치 스미스는 태양 스펙트럼을 촬영한 사진으로 상을 받았으며, 이를 통해 태양의 화학 조성에 대한 몇 가지 단서를 밝혀냈다. 햇빛을 유리 프리즘에 통과시키면, 빛을 구성하는 무지개색으로 갈라진다. 그러나 자세히 들여다보면 어두운 줄무늬도 뚜렷하게 보인다. 특정 파장의 빛이 차단된 것이다. 이는 태양 바깥쪽의 차가운 가스가 내부의 더 뜨거운 가스에서 방출된 빛을 흡수하기 때문이다. 수소, 산소, 나트륨, 마그네슘, 철과 같은 기체 내의 다양한 원소들은 특정 주파수의 빛을 흡수한다. 각 화학 원소는 바코드처럼 고유한 줄무늬 '지문'을 남긴다.

모든 것은 별에서 시작되었다

천문학자들이 스펙트럼을 통해 태양의 구성 원소를 알아내는 데는 그 후 수십 년이 더 걸렸다. 1925년 하버드대학교천문대의 세실리아 페인가포슈킨Cecilia Payne-Gaposchkin은 태양과 별이 주로 수소와 헬륨으로 이루어져 있어 지구와는 매우 다르다는 사실을 밝혀냈다. 태양 질량의 4분의 3은 수소, 나머지는 대부분 헬륨이며, 산소, 탄소, 철과 같은 원소도 소량 포함되어 있다. 태양은 원자를 융합하여 빛을 낸다. 태양의 용광로에서는 매초 약 6억 톤의 수소가 헬륨으로 변한다. 또한 태양과 달, 별에서 나오는 빛은 지구 대기를 통과해야 하고, 대기에 있는 다른 원소들과 물 분자 등도 빛을 흡수한다.

1856년 피아치 스미스는 자신의 장비와 사진술을 한계까지 시험하기 위해, 영국 해군성을 설득하여 카나리아 제도 테네리페섬 탐험을 위한 자금을 지원 받았다. 그는 물리학자 아이작 뉴턴Isaac Newton이 1704년 저서 《광학Optics》에서 주장한 대로, 대기가 희박한 고지대에서 밤하늘이 더 선명하게 보인다는 가설을 검증하려 했다.

뉴턴은 망원경으로 완벽한 상을 얻을 수 없다는 사실을 알고 있었다. 대기의 흔들림으로 인해 상은 언제나 약간 퍼져 보였다. 오늘날 천문학자들은 별의 선명도를 나타내는 데 '시상seeing'이라는 용어를 사용한다. 뉴턴은 이러한 문제의 해답이 '짙은 구름 위 가장 높은 산 꼭대기에서 찾을 수 있을 고요하고 잔잔한 공기'에 있다고 적었다.

스미스는 요트를 빌려 망원경과 함께 지질학, 기상학 장비를 테네리페섬으로 옮겼다. 두 달 동안 스미스와 아내, 탐험대는 섬 한가운데에 캠프를 차렸다. 처음에는 해발 2700미터의 과하라산에, 그다음에는 그보다 약간 높은 해발 3300미터의 알타비스타에 자리를 잡았다. 그곳에서 날씨와 하늘의 상태를 기록하며, 뉴턴의 가설이 옳다는 사실을 입증했다. 실제로 높은 곳에서 천체를 관측할 때 더 선명하게 보였다.

피아치 스미스의 기록에 따르면, 탐험대는 현지 풍경에서 달과 닮은 특징에도 주목했다. 테네리페섬 전체는 휴화산으로 이루어져 있다. 과하라산에서는 섬의 주요 봉우리인 테이데산의 아름다운 전망을 감상할 수 있었다. 탐험대가 고원을 걸을 때 길게 드리워지는 그림자와 '대성당의 첨탑처럼 솟은 지형'은 '달을 망원경으로 관찰할 때 특정 시기의 햇빛 아래 드러나는 풍경'과 견줄 만했다. 피아치 스미스는 이러한 '달의 바위'를 사진으로 남기고 돌아와, 네이스미스가 제작해 준 과하라산의 석고 모형 옆에 전시했다.

피아치 스미스의 시도로 천문학자들은 산꼭대기의 높고 건조한 곳에 망원경을 설치하는 관행을 갖게 되었다. 천문학자들은 오늘날에도 그러하듯 우주를 가장 잘 볼 수 있는 곳이라면 어디든 찾아다녔다. 카나리아 제도는 북반구에서 천체를 관측하기에 최적의 장소로 손꼽힌다. 과하라산에는 여러 대의 망원경이 있지만, 라팔마섬에 있는 로크데로스무차초스천문대Roque de los Muchachos Observatory는 특히 더 좋은 조건을 자랑하며, 현재 열두 대 이상의 세계적인 망원경이 설치되어 있다. 2007년에 완공된 그랑 텔레스코피오 카나리아스Gran Telescopio Canarias는 지름 10미터가 넘는 거대 거울 망원경이다. 하와이의 마우나케아화산에는 직경 8미터의 거울을 가진 망원경 네대를 포함해 열세 대의 최상급 망원경이 모여 있다. 남반구에서는 칠레 안데스산맥과 아타카마사막 일부 지역에서 더욱 선명한 밤하늘

모든 것은 별에서 시작되었다

을 볼 수 있다.

일부 관측소는 고도가 너무 높아 천문학자들은 그곳에 오르기 위해 고산병을 견뎌야 한다. 마우나케아산은 해발 4,200미터로 너무 높아서 정상에서 일하는 천문학자들은 머무는 시간을 제한하고 낮은 고도로 내려가 휴식을 취해야 한다. 연구자들의 산소 포화도가 너무 낮아져 집중력이 떨어지면, 관측 오류가 생기거나 차량이 도로를 벗어나는 사고도 빈번히 발생한다.

높은 고도에서 일하는 천문학자들은 출발 전에 계획을 미리 작성하고 그대로 따르라는 권고를 받는다. 뇌에 산소가 부족하면 즉석에서 올바른 판단을 내릴 수 없기 때문에 주의하라는 경고도 함께 받는다. 그럼에도 천문학자들이 마음대로 새로운 아이디어나 운영 방식을 시험하다가 유용한 관측 자료를 얻지 못하는 밤도 있었고, 기지로 돌아와서야 이러한 시도가 잘 맞지 않았음을 깨닫기도 했다.

여기에 문화적 문제도 있었다. 천문학을 위해 높고 건조한 지역을 찾아 나선 피아치 스미스의 노력은 과학의 발전에 큰 도움이 되었다. 하지만 이러한 관행이 언제나 환영받는 것은 아니었고, 역사적으로 식민주의에 편승하기도 했다. 수백 년 전, 대부분의 천문대는 런던, 파리, 보스턴과 같은 주요 도시와 항구에만 위치해 있었고, 시간을 측정하거나 항해를 지원하기 위한 정부의 요구에 따라 운영되었다. 스페인 정부는 피아치 스미스의 테네리페 방문을 환영했고, 오늘날 대부분의 정부가 자국 영토 내 국제 천문대 건설을 지원하지만, 그렇다고 산 정상에 망원경이 들어서는 일이 항상 순조로운 것은 아니다.

예를 들어 천문학자들이 하와이 마우나케아산 정상을 활용하려는 시도에도 반발이 있었다. 하와이 원주민에게 마우나케아산은 신성한 공간으로 문화적 가치를 지닌다. 그곳에 건물을 세우는 일은 문화를 존중하지 않는 행위이며, 1898년 미국이 하와이를 합병하기 전후로 이어진 불평등의 오랜 역사를 되살린다. 마우나케아에 거대 망원경을 새로 짓는 문제로도 대립이 발생했다. 10억 달러 이상이 투입된 '30미터 망원경'은 거울이 지름 30미터로 현재 가장 큰 망원경보다 세 배 크며, 향후 세계 최대 망원경이 될 예정이었다. 하지만 이 건설 작업은 중단되었다. 공사가 시작될 때마다 시위대가 도로를 봉쇄했다. 마우나케아천문대의 미래는 긍정적이든 부정적이든 여전히 불확실하다.

이러한 정치적 문제는 다른 지역에서도 나타난다. 남극 대륙에서는 여전히 여러 국가들이 연구소를 건설하기 위해 경쟁하고, 귀중한 자원이 풍부한 이 대륙의 지분을 전략적으로 확보하려 한다. 칠레에서는 천문학자들이 오랜 세월 독재 정권과 혁명에 눈감으며 하늘을 관측해 왔다. 천문학은 언제나 권력과 맞닿아 있었고, 그 권력은 관측의 장을 산에서 우주 자체로 확장했다.

카메라를 든 우주 비행사들

천문학자들의 궁극적인 목표는 우주다. 20세기 중반, 미국과 소련은 냉전 우주 경쟁 속에서 과학보다는 정치·군사적 목적을 앞세워 사람을 달로 보내기 위한 경쟁을 벌였다. 이 사건의 전말은 많은 책에서 다루었으므로 여기서는 간략히 넘어가고자 한다. 한편, 1969년 7월 20일 일요일, 닐 암스트롱과 에드윈 "버즈" 올드린Edwin "Buzz" Aldrin은 인류의 거대한 도약을 만들어냈다.

달 표면을 밟은 사람은 열 명 남짓에 불과했지만, 이 경험은 모든 과학자, 작가, 예술가, 철학자, 시인, 공상가들이 수천 년 동안 상상해 왔던 일을 현실로 옮긴 사건이었다. 다행히 이들은 하셀블라드Hasselblads사의 카메라를 가져갈 수 있었다. 사진은 아폴로 계획의 핵심 요소였으며, 단순히 후세를 위한 것이 아니라 과학과 인류 모두에게 귀중한 기록을 남기는 수단이었다.

아폴로 계획의 우주 비행사들은 달을 처음으로 사진에 담았던 선구자들처럼 선명한 달빛과 길게 드리운 그림자, 산맥과 충돌구, 잿빛 평원을 카메라에 담았다. 여기에는 지구에서 가져온 다채로운 색이 더해졌다. 미국 성조기의 붉은색과 푸른색, 착륙선의 금박, 헬멧에 반사된 햇빛의 무지개색이 그것이었다. 아폴로 우주 비행사들이 훗날 남긴 인터뷰를 통해, 우리는 이들의 경험과 그 경험이 인간으로서 그들에게 어떤 의미였는지 엿볼 수 있다.

우주 비행사들이 달을 밟기 전인 1968년 12월 28일, 아폴로 8호에 있었던 윌리엄 앤더스William Anders는 달을 근접 통과하면서 최초로 지구를 촬영했다. '지구돋이Earthrise'라고 불리는 이 사진은 사진 역사의 명작이자 지구 환경 운동의 상징으로 지금도 사랑받고 있다.

앤더스는 그 여정에서 느꼈던 복잡한 감정을 다음과 같이 떠올렸다. 발사를 준비하며 그는 영화감독들이 수십 년 전부터 묘사했던 것처럼 달을 향해 날아가며 점점 커지는 달을 보게 되리라 기대했다. 그러나 막상 출발하고 보니 현실은 전혀 달랐다. 눈부신 태양이 달 바로 뒤에 있어서 우주 비행사들은 자신들이 어디로 가고 있는지 제대로 볼 수 없었다. 지상 관제소에서는 시력을 보호하기 위해 태양을 보지 말라고 경고했다.

캡슐이 목적지에 도착해 태양을 등지고 달 주위를 돌 때, 앤더슨은 저 멀리 어두운 밤 쪽을 비행하며 '매우 으스스한 느낌'을 받았다고 회상했다. 캡슐 한쪽 창에는 별이 너무 많아서 별자리를 알아보기 힘들 정도였다. 반대편 창에는 검은색만 가득했다. 바로 달이었다. 마치 거대한 블랙홀에 빠진 듯한 느낌이었다.

그때 갑자기 태양 빛이 다시 나타나 낮은 각도로 달 표면을 비추었다. 앤더슨이 회상했다. '달은 매우 황량하고, 색이 없으며, 단조롭고, 심지어 적대적으로 보였다.' 그러던 중 놀라운 장면이 펼쳐졌다. 달의 지평선 위로, 우리의 고향이자 진화의 터전인 지구가 서서히 모습을 드러낸 것이다. '거칠고, 울퉁불퉁하고, 낡아빠진' 달 표면과 달리, '화려하고, 아름답고, 우아한' 모습이었다. 실로 엄청난 충격이었다. '달을 보기 위해 39만 킬로미터를 달려왔지만, 정작 시선을 사로잡은 것은 지구였다는 사실에 모두가 놀랐다.'

아폴로 우주 비행사들 중 상당수는 열정적인 아마추어 사진가였다. 존 글렌John Glenn은 우주로 스틸 카메라를 가져간 최초의 인물이었다. 잡화점에서 구입한 값싼 35밀리미터 거리계 연동 카메라를 두꺼운 우주복 장갑을 끼고도 사용할 수 있도록 개조한 것이었다. 1962년 2월 20일, 머큐리 6호 임무 중 글렌은 38장의 사진을 찍었고, 그중 상당수는 자신이 늘 사랑했던 일몰 사진이었다. 그는 이렇게 말했다. '나는 일몰과 일출을 기억한다. 마치 다른 사람들이 렘브란트의 작품을 본 기억을 떠올리듯이.' 우주에서는 극적인 붉은 하늘을 볼 수 없다. 하지만 태양의 노란 원반이 지구 대기의 장막 뒤로 사라지면, 무지개가 드리워졌다. 굴절된 빛은 강렬했고, 붉은색과 금빛이 모닥불처럼 선명하게 빛났다.

일부 우주 비행사들은 전문적인 사진 기술을 갖추고 있었다. 월터 시라Walter Schirra는 1962년 6회 궤도 임무에 자신의 전문가용 카메라를 가져가겠다고 고집해 하셀블라드 열풍을 일으켰다. 70밀리미터 필름의 더 큰 정사각형 판형은 우주 사진 촬영에 더 적합했다.

어린 시절부터 사진작가로 활동했던 고든 쿠퍼Gordon Cooper는 사진 기술을 능숙하게 구사했다. NASA의 우주 비행사 지도관이었던 리처드 언더우드Richard Underwood는 쿠퍼의 사진을 자세히 살펴보고, 다른 우주 비행사들에게 우주에서의 카메라 사용법을 가르쳤다. 비행 전에 하셀블러드 카메라를 지급해 자유롭게 다뤄보도록 하고, 피사계 심도, 초점, 구도까지 지도했다.

하지만 정확한 색을 담아내는 일이 문제였다. 카메라 필름은 지구의 조명, 즉 대기를 통과한 햇빛에 맞춰 만들어졌다. 우주에서는 색의 균형이 다르다. 초기의 달 사진은 녹색이 너무 도드라져 NASA에서는 카메라 설정을 조정해야 했다.

언더우드는 우주 비행사들에게 촬영할 대상의 목록을 건넸다. 초기 임무에서는 지리적으로 관심이 있는 지역이나 지구의 특이한 기상 현상이 포함되어 있었다. 우주 비행사들은 휴식 시간에도 잠자리에 들지 않고 지구를 내려다보길 즐겼다. 그래서 언더우드는 '불면증에 시달리는 이들을 위한 촬영 목록'을 만들어 주었다. 비행 절차와 기동 장면도 촬영되었고, 그 사진들은 텅 빈 우주 속 작은 캡슐 안에서 느껴지는 외로움을 전한다.

사진은 아폴로 계획 전반에서 핵심적인 요소였다. 착륙 지점을 정하고, 달 표면을 직접 촬영한 사진을 가져오는 것이 가장 중요한 목표였다. 대원들은 파노라마 사진과 입체 사진을 촬영하도록 배정되었다. 이들은 사막에서 한 발씩 체중을 옮겨가며 입체 사진을 찍는 연습을 했다.

아폴로 계획은 점진적으로 한 걸음씩 발전했다. 아폴로 7호는 연속된 임무들 가운데 최초로 우주 비행사를 태워 보낸 임무였다. 대원들은 열흘 동안 지구 궤도를 163회 돌며 모듈을 시험했다. 아폴로 8호는 달로 향한 첫 여정으로, 달 표면과 지구돋이의 역사적인 근접 촬영을 남겼다. 아폴로 9호는 지구 궤도에서 시스템을 점검했다. 이어진 아폴로 10호는 착륙만 하지 않았을 뿐, 본격적인 리허설이었다. 우주선은 달 표면에서 14킬로미터 이내로 스치듯 접근했다.

아폴로 11호가 바로 실전이었다. 암스트롱과 올드린이 착륙선으로 내려간 동안, 모선에 머물던 마이클 콜린스Michael Collins는 자유 비행 중인 달 착륙선의 모습을 촬영했다. 그는 달 표면을 낯선 곳처럼 느꼈다. '정오 무렵의 달은 장밋빛을 띠며 유순한 모습을 하고, 새벽과 해질녘에는 검은색과 회색 위주로 단색조를 이루어, 사실상 흰빛은 거의 느껴지지 않는다.' 지형은 태양의 위치에 따라 달라 보였다. '태양이 낮은 각도로 비추면 이 충돌구들은 그림자를 길게 드리

모든 것은 별에서 시작되었다

우고, 달 표면은 충돌구들이 뒤섞여 유난히 거칠어 보인다. 그곳에 착륙할 수 있을 것이라고는 상상조차 할 수 없었다.'

하지만 암스트롱과 올드린은 착륙선에서 내려섰고, 카메라는 암스트롱만 들고 있었다. 흐릿한 텔레비전 송출 영상만이 암스트롱이 사다리를 내려왔다는 유일한 증거였다. 달에 서 있는 사진 속 인물은 암스트롱이 아니라 올드린이었다.

달 착륙선에는 다른 종류의 카메라, 즉 웨스팅하우스Westinghouse 사가 제작한 흑백 TV 카메라가 탑재되어 있었으며, 달의 높은 명암 대비를 처리할 수 있도록 조정되어 있었다. 달 착륙은 역사상 최대 규모의 TV 방송 중 하나로, 6억 5천만 명의 시청자를 기록했다. 암스트롱은 달 착륙선의 문에서 천천히 내리면서 카메라를 켰다. 카메라는 우산 모양의 송신기를 통해 25만 킬로미터 떨어진 지구로 영상과 소리를 전송했으며, 송신기에는 인간의 머리카락보다 가는 약 60킬로미터 길이의 금도금 전선이 연결되어 있었다.

아폴로 12호는 달에 착륙한 두 번째 우주선이었다. 피트 콘래드Pete Conrad는 극적인 파노라마 사진들을 촬영했으며, 그중에는 자신과 앨런 빈Alan Bean의 그림자가 길게 늘어진 모습이 담긴 사진도 있었다. 한 사진에서는 달 표면을 걷는 빈의 배낭 주변으로 수증기 기운이 감싼 듯한 광채가 비쳤다.

빈은 '초승달 모양의 지구'와 지구가 태양을 가린 일식 현상을 촬영했으며, 여기에는 무지갯빛이 드리워져 있었다. 가장 극적인 순간은 지구 한가운데서 밝은 흰빛이 바다를 가로질러 움직이는 것을 발견했을 때였다. 빈은 이렇게 말했다. '당시에는 그게 무엇인지 몰랐다.

지구로 돌아온 뒤, 러스티 슈바이카트Rusty Schweickart는 우리 바로 뒤에 있던 달이 지구에 반사된 것이라고 알려주었다.' 이는 고대인들이 반대로 달의 '바다'에서 보리라 기대했던 바로 그 반사광이었다.

아폴로 15호는 로버를 싣고 달에 도착했으며, 대원들은 이를 타고 해들리릴협곡과 아펜니노언덕을 탐험했다. 사령선 조종사 알프레드 워든Alfred Worden은 선내에서 우주 비행사들의 사진을 촬영했고, 그 척박한 환경에서도 대원들은 편안한 모습이었다. 일출과 일몰 무렵, 태양이 낮게 떠 있을 때 달 표면을 촬영하기도 했다. 비교적 높은 17도 각도에서는 '비의 바다'가 매끈하게 보였지만, 태양이 더 낮은 2도 각도에서는 그림자가 울퉁불퉁한 지형을 드러냈다.

1972년, 아폴로 16호는 다시 달의 고지대를 방문했고, 그곳에서 채취한 암석은 일부 지형이 화산 활동으로 형성되었음을 보여 주었다. 36세의 나이로 달에 발을 디딘 최연소 우주 비행사였던 달 착륙선 조종사 찰스 듀크Charles Duke는 마치 집에 온 듯한 기분을 느꼈다. 그는 '바위에 기대어 있는 갈퀴'와 같은 도구들의 사진을 찍었고, 가족사진 한 장을 달 표면에 남겨 두었다.

아폴로 17호는 마지막 임무였으며, 왕복 12일에 걸친 가장 긴 여정이었다. 사령선 조종사 로널드 에반스Ronald Evans는 148시간이라는 최장 시간 달 궤도 체류 기록을 보유하고 있다. 유진 서넌Eugene Cernan과 해리슨 슈미트Harrison Schmitt는 달에 자기장이 존재하던 시기에 형성된 오래된 암석과 흑요석이 섞인 '주황색 토양'을 채집했다. 서넌이 촬영한 사진들은 특히 인상적이다. 그는 카메라를 고정 장치에서 떼어 다리 사이에 끼운 채 슈미트와 성조기, 지구, 달의 산맥을

모든 것은 별에서 시작되었다

한 구도에 담는 데 성공했다. 서넌은 달에 마지막 발자국을 남긴 사람이었다.

아폴로 계획의 과학적 의의는 달의 충돌구가 지구의 관측자들이 오랫동안 상상해 온 것과는 달리 화산 폭발이 아니라 대부분 충돌로 형성되었다는 사실을 증명한 데 있다. 소행성과 운석은 달과 끊임없이 충돌했으며, 특히 태양계가 아직 안정되지 않고 암석 파편이 사방으로 튀어 오르던 초기 10억 년 동안에는 그 빈도가 더 높았다. 초기에는 약간의 화산 활동도 있었다. 달 내부의 일부가 여전히 녹아 있어 용암이 표면의 균열을 타고 흘러나왔을 것이다. 용암은 빠르게 흐르다가 급속히 식어 곱게 갈린 어두운 암석(현무암)으로 이루어진 평원, 즉 달의 '바다'를 형성했다.

아폴로 계획 이후, 유인 달 탐사는 중단되었다. 우주 비행사들은 스카이랩Skylab과 미르Mir 같은 우주정거장이나 우주왕복선에 탑승하여 지구 궤도 내에만 머물렀다. 그러나 우주에서 찍은 사진들은 선명하지 않았다. 두꺼워진 창과 심해진 대기 오염 탓에 지구와 별은 흐릿하게 보였다. 달 표면도 더 이상 보이지 않았다.

닐 암스트롱의 한 걸음은 단순한 기술적 성취에 그치지 않았다. 위대한 문화적 도약이기도 했으며, 현실과 상상 사이의 문턱을 넘어서는 일이었다.

암스트롱이 달에 발을 디딘 다음 날, 〈뉴욕타임스〉는 이 야심찬 계획의 성공 과정을 자세한 설명과 함께 그림을 곁들여 특별호로 다뤘다. 세계의 지도자들과 사상가들의 찬사가 지면을 가득 채웠다. 그러나 시인들에게 의뢰한 시들은 하나같이 쓸쓸한 정조를 띠었다. 그들에게 암스트롱의 달 착륙은 승리라기보다, 영감을 주던 존재에 대한 침범처럼 느껴졌던 것이다.

시인들의 저항

시인들이 노래하던 욕망의 달은 사라졌다. 인간의 손이 닿는 순간, 신들이 머물던 천상의 놀이터는 텅 빈 시대착오적 유물로 전락했다. 〈뉴욕타임스〉에 실린 축시들은 '낯선 백의 여신이 잿더미 속에 갇혔다'며 탄식했다. 죽은 자의 영혼은 이제 이 '지구를 도는 껍데기'에 머물지 않았다. 달은 그저 '우주의 차가운 존재'일 뿐이었고, 암스트롱과 버즈 올드린은 단지 '은가루를 찾는 영웅'에 지나지 않았다. 이런 반응은 어쩌면 너무나 인간적인 것이었다. 사랑하는 이의 불완전함을 깨닫는 순간 관계가 흔들리듯, 달에 대해 더 많이 알게 되면서 달과의 관계도 식어 버렸다.

아폴로 계획의 우주 비행사였던 앨런 빈은 이 계획이 인간적인 측면을 충분히 담지 못했다는 사실을 지적했다. '기념사진도 많이 남기지 않았고, 달에서 겪은 재미있는 일들도 보여 주지 못했다'고 말했다. 유진 서넌은 달에서의 경험을 온전히 전달하기 어렵다고 느꼈다. 사진은 달에 다녀왔다는 증거일 뿐, '역사적 사건의 정서적·정신적 측면을 제대로 담아내기에는 부족했다'.

우주 비행사들은 달의 모습을 각기 다르게 기억했다. 프랭크 보면Frank Borman을 비롯한 어떤 이들은 회색빛만 보았다. 반면 어떤 이들은 색을 인식했고, 앨 워든Al Worden은 갈색 빛깔의 달을 기억했다. NASA는 각자의 기억에 맞춰 사진의 색을 조정했다. 귀환 후 앨런 빈은 화가가 되어, 달의 잿빛 풍경에 상상력을 더해 무지개를 그려 넣기도 했다.

우주 비행사들은 자신들이 이룬 성과에 대해 특유의 겸손함을 보였다. 서넌은 그 여정이 풍요로웠으며, 자신을 바꾸어 놓았다고 말했다. 우주에 갔던 일을 '세상에서 가장 큰 행운'으로 여겼지만, 결국 현실을 마주하고 다시 삶을 이어가야 했다. 로널드 에반스는 이 경험을 국가적 자부심의 상징으로 보았다.

미국이 달을 정복한 것은 아니다. 그것이 우리의 목적은 아니었기 때문이다. 그러나 성조기를 달에 꽂으며, 세계에 미국이 달을 정복할 수 있다는 사실을 증명해 냈다.

하지만 달은 여전히 매력적인 공간이다. 중국의 창어 계획을 비롯해 인도와 일본도 최근 몇 년 사이 달에 탐사선을 보냈다. NASA와 유럽우주국ESA은 달에 전초기지를 건설하는 방안을 진지하게 검토하고 있다. 미국 대통령들이 제시한 구상에 따르면, 달 기지는 과학과 산업에 기여하는 한편, 우주인을 소행성이나 화성과 같은 심우주로 이끌 기술적 발판이 될 것이다.

ESA가 구상하는 '문 빌리지moon village'는 지구 밖에서 살아가려는 이들이 공동체의 성장을 위해 기술과 도구를 나누는 열린 공동체이다. 정치적으로 이상적이고 민주적이며, 마치 유럽연합의 이상을 달에 적용한 것과 같다. 지금까지 ESA의 노력은 주로 개념 수준에 머물렀다. ESA는 건물 건설에 대한 구체적인 계획을 수립하고 있지는 않지만, 달에서 실질적으로 활용할 수 있는 공정을 개발하고 있다. 임시 거주지나 도구는 달 토양을 사용해 3D 프린터로 제작할 수 있으며, 주거 공간은 재료 사용을 줄이기 위해 팽창식으로 설계할 수도 있다.

미국의 구상은 관리된 '골드러시Gold rush(금이 있는 곳으로 노동자들이 대거 이동하는 현상 — 옮긴이)'에 가깝다. 정부와 민간 기업이 공동으로 채굴 사업과 정착지를 설립할 것이다. NASA는 정치적 의지가 뒷받침된다면, 10년 안에 100억 달러 규모로 소규모 기지를 건설할 수 있다고 주장한다. 과학자들은 아마도 최초의 달 정착민이 될 것이다. 달의 뒷면은 지구의 전자기 간섭이 없어, 심우주를 들여다볼 수 있는 전파 망원경을 설치하기에 이상적인 장소다. 또한 달 기지 운영에 활용할 수 있는 얼음층부터 희귀 원소까지, 다양한 달 표면의 자원도 분석할 수 있다.

50년 후 달의 모습은 지금과 많이 달라질 수 있다. 하늘을 빠르게 가로지르며 반짝이는 위성들의 행렬은 이제 우리에게 익숙한 풍경이 되었다. 그러나 깨끗한 초승달 대신, 검은 우주 바다 속 현란한 산호섬처럼 훼손된 달을 우리는 과연 받아들일 수 있을까?

태양은 어떨까? 태양광 발전 수요가 늘어나면서 관심은 커졌지만, 기후 변화는 태양에게도 그리 달갑지 않다. 지구 온난화 속도를 늦추거나 밤에도 도시를 밝히기 위해 우주에 거대한 거울을 띄워 햇빛을 반사하려는 계획은 자연스러운 밤하늘의 풍경을 망가뜨릴 수도 있다. 또한 황산염 입자를 성층권에 살포하면 일시적으로 태양 빛을 차단해 대기의 온도를 낮추고 이산화탄소 농도 상승 효과를 완화할 수 있지만, 그 결과는 알 수 없으며 오존층 손상이나 지역별 강수량 변화 같은 부작용이 발생할 수도 있다.

달이 그저 또 하나의 산업 현장으로 변하고, 태양이 우리의 안락함을 위협할 정도로 지나치게 뜨거워진다면, 시인들은 새로운 은유를 찾아야 할 것이다. 인간이 거주하는 달과 그늘진 태양은 더 이상 진리와 정의, 낭만과 동경의 전령이 아니며, 화합과 평화, 사랑의 상징이라기보다 인간의 탐욕을 보여 주는 우울한 표본으로 남을 것이다. 이는 그리 터무니없는 이야기가 아니다. 닐 암스트롱이 말했듯, '우리는 마치 연어가 강을 거슬러 헤엄치듯, 본능적으로 그런 일을 선택하고야 만다.'

기업들이 우주여행을 민영화하기 시작하면서, 달은 이미 이들의 목표가 되었다. 한 민간 기업이 화장한 유해를 유료로 달 표면에 안치하겠다는 계획을 발표하자 큰 논란이 일었다. 이에 나바호족은 모든 원주민을 대표해, 달이 지닌 폭넓은 문화적 의미를 고려하여 달을 더 존중해 줄 것을 호소했다. 나를 비롯한 전 세계 많은 사람이 이에 전적으로 동의할 것이다. 과거부터 현재까지 수많은 사람에게 그토록 중요한 의미를 지닌 달을 왜 개발자들에게 내주어야 하는가? 지구는 달을 위해 목소리를 높여야 한다.

2.

화성과 태양계:

새로운 세상,
새로운 생명을 찾아

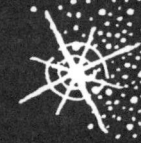

새로운 목적지, 화성

큐리오시티Curiosity(호기심), 스피릿Spirit(정신), 오퍼튜니티Opportunity(기회), 소저너Sojourner(체류자). 모두 화성 표면을 탐사한 NASA 로버들의 이름으로, 이름에서부터 기개와 도전 정신이 엿보인다. 미국 버지니아주 스프링필드에 사는 소년 알렉스 매더Alex Mather는 2021년 화성에 도착한 NASA 최신 로버의 이름 짓기 공모전에서 '퍼서비어런스(Perseverance, 불굴의 인내)'라는 이름으로 수상했다. 그는 당시 수상 에세이에서 이 이름들이 인간적 특성을 반영한다고 말했다.

매더는 그 에세이에서 탐험을 인류의 핵심 동력으로 생각한다고 밝혔다. 인류의 회복력을 고려할 때, 언젠가 인간이 화성에 발을 디디지 못할 이유가 없다고 보았다. '인류는 아무리 혹독한 상황에서도 적응하는 법을 배우는 생물로 진화했다. 우리는 탐험가의 피가 흐르는 종이다.' 사람들은 화성으로 가는 길에서 수많은 좌절을 겪겠지만, 결코 포기하지 않을 것이다. 매더는 '인류는 언제나 불굴의 인내를 보여 줄 것'이라고 적었다. 짧지만 강렬한 한마디였다.

우리는 왜 그토록 화성에 가고 싶어 할까? 왜 화성은 특히 억만장자 로켓 개발자들의 궁극적인 목표가 되었을까? 오늘날에는 달에 다시 가는 일조차, 수십 년 뒤 화성으로 향할 장기 유인 탐사를 위한 발판으로 여겨진다. 그 붉은 행성은 분명 우리의 상상력을 사로잡았다. 그리고 그 집착의 이면에는 언제나 오래된 이야기와 지식에 대한 탐구가 자리하고 있다.

화성과 다른 행성들을 더 깊이 이해하려는 노력이 이어지는 동안, 우리는 행성들의 배열과 움직임에서 태양계의 규모와 기원에 이르기까지 태양계를 더 많이 이해하게 되었다. 앞으로의 탐사와 관측을 통해 지구 생명이 어떻게 시작되었는지, 생명의 탄생이 우주 어디에서나 가능한 일인지 혹은 예외적인 사건인지 엿볼 수 있을 것이다. 그러나 이러한 모든 진전에도 불구하고, 우리는 여전히 천문학자와 철학자들이 오랜 세월 던져온 질문을 되묻고 있다.

문화 역시 천문학자들이 행성 과학을 이해하는 방식에 영향을 미쳤다. 다른 행성에서 생명체를 찾으려는 노력은 수백 년 동안 다양한 방식으로 이어져 왔고, 대중과 언론, 작가들의 상상력 속으로 퍼져 나갔다. 지구의 탐험가들이 외딴 섬부터 높은 산, 머나먼 대륙에 이르기까지 새로운 땅을 탐험해 왔듯이, 화성은 인류가 정복하고자 하는 새로운 전초 기지가 되었다. 화성 탐사는 단순한 과학적 연구를 넘어서는 의미를 지니고 있다.

달의 무늬가 인간에게 익숙한 산과 바다를 떠올리게 했던 것처럼, 지질학자들의 눈에 비친 화성 또한 친숙해 보이는 지형들로 가득하다. 어떤 면에서는 오히려 달보다 화성이 지구와 더 닮았다고 할 수도 있다.

위성사진을 보면, 석회암과 비슷한 탄산염 암석이 충돌구의 가장자리를 덮고 있다. 지구에서는 석회암 속 탄산염이 물에 녹아 있다가 침전되어 죽어가는 유기체를 천천히 감싸 화석으로 만든다. 이러한 암석에는 지구 생명체의 가장 오래된 흔적 중 일부가 남아 있으며, 그중에는 박테리아가 쌓여 만들어진 화석층인 '스트로마톨라이트stromatolite'도 있다. 서호주에서 발견된 가장 오래된 사례는 35억 년 전으로 거슬러 올라간다. 지질학자들은 화성에서도 이와 같은 증거가 발견되기를 고대하고 있다. 이를 통해 화성에 미생물이나 다른 유기체가 한때 존재했는지, 아니면 화성에는 생명체가 없었고 지구만이 생명을 품은 유일한 행성인지를 확인하려는 것이다.

지구와 닮은 다른 세계, 인간의 거주 가능성, 생명의 기원과 같은 심오한 질문들은 수년에 걸쳐 여러 국가가 수십 차례의 무인 화성 탐사에 나서게 만든 동력이 되었다. 정치적 요인도 작용했다. 심우주에 도달할 수 있다는 사실은 한 국가의 힘과 기술력을 보여 주는 신호이기 때문이다. 달은 이미 정복되었고, 여러 국가의 궤도선과 착륙선이 드나드는 놀이터가 되었다. 화성은 본격적으로 우주 탐사에 임하는 모든 국가들이 노리는 다음 목표다. 화성에 무언가를 착륙시키는 것만으로도 값진 성취로 여겨진다.

최근 몇 년간 수많은 임무가 성공을 거두면서, 화성 탐사는 일상

모든 것은 별에서 시작되었다

처럼 여겨지기도 한다. 그러나 결코 그렇지 않다. 달까지의 여정보다 천 배나 길고, 훨씬 더 위험하다. 화성은 달보다 표면 중력이 두 배나 강하고, 대기는 희박하면서도 폭풍이 자주 불어 계획된 경로대로 착륙하기가 어렵다. 날카로운 바위와 돌이 흩어진 표면에 크게 부딪치면 심각한 손상을 입을 수도 있다. 화성 탐사 임무의 절반 이상이 다양한 이유로 실패했다. 계산에서 단위를 잘못 사용한 경우부터, 무전기 오류, 명령 오류, 로켓 부스터 오작동, 연료 누출까지. 화성 탐사의 보상은 크지만 달성은 어렵다.

　모든 행성 중 화성은 가장 매혹적이었으며, 우리에게 다른 행성을 더 탐구하고 싶은 충동을 불러일으켰다. 강렬한 붉은빛, 하늘을 가로지르는 기묘한 움직임, 미묘한 특징들은 우리의 관심과 상상력을 사로잡았다. 화성 탐사는 태양계의 다른 지역과 생명의 기원 같은 중요한 질문을 들여다볼 창을 열어주었다. 하지만 연구가 진행되면서 우리는 몇 가지 놀라운 사실도 발견했다. 생명은 반드시 지구와 매우 비슷한 암석형 행성의 따뜻하고 작은 웅덩이나 물가에서만 시작되는 것은 아닐 수 있다. 목성이나 토성의 얼음 위성처럼 훨씬 더 낯선 환경에서도 생명이 탄생할 가능성은 있다.

거꾸로 가는 화성의 비밀

인류가 만든 탐사선이 화성을 직접 탐사한 지는 불과 60여 년밖에 되지 않았다. 하지만 화성에 대한 인간의 열망은 수천 년 동안 이어져 왔다. 때로는 그 관심이 오늘날보다 훨씬 뜨거워 '화성 열병'이라고 불릴 만큼 광풍이 일기도 했다. 이 매혹적인 행성을 더 잘 이해하고자 하는 인간의 열망은 지구와 태양의 상대적 위치부터 행성 궤도의 순서와 규모, 생명의 기원에 대한 이론, 외계 생명 탐사에 이르기까지 태양계에 관한 수많은 발견으로 이어졌다.

수천 년 전, 화성의 붉은 색조는 고대인들의 시선을 사로잡았다. 여러 문화권에서 이 진홍빛 행성을 피나 열과 연결 지었다. 동아시아 문화권에서 화성은 '불의 별'로 불리며, 불의 기운을 상징한다. 다른 문화권에서는 화성을 인간처럼 여기고, 거기에 사납고 불같은 성격까지 부여했다.

서양에서 이 행성의 이름은 고대 로마의 전쟁 신에서 유래했다. 이 신은 분노와 전사, 남성성, 젊음과 연관될 뿐 아니라 역병과 파괴를 가져오는 존재로 여겨졌으며, 이러한 특성들은 사람들로 하여금 화성에 주목하게 만들었다. 고대 로마의 신 마르스Mars는 바빌로니아의 저승의 신 네르갈Nergal과 많은 공통점이 있었으며, 네르갈 또한 전투와 질병, 폭풍과 관련되어 있었다. 고대 그리스인들도 화성을 전쟁의 신 아레스Ares와 연결 지었다.

기원전 1000년 중반에 편찬된 인도 베다 경전《브리하트 파라샤라 호라 샤스트라Brihat Parashara Hora Shastra》에서는 화성을 핏빛 눈에 마음이 변덕스럽고 자유분방하며, 쉽게 화를 내는 존재라고 전한다. 아랍 문헌에서는 분노에 차서 마구잡이로 공격하는 '눈먼 군주'로 묘사한다. 전사의 기량을 중시한 전 세계 여러 문화권, 예컨대 고대 그리스, 포니족, 토바족, 마오리족, 호주 원주민, 켈트족, 게르만족, 인도 문화에서는 이 붉은 행성을 '군사적martial 힘'의 원천으로 여겨 왔다. 긴 세월 동안 화성을 가리킬 때는 전쟁의 의미를 담은 'martial'이라는 단어가 널리 쓰였고, 최근 들어서야 화성 자체를 지칭하는 더 중립적인 용어로 'martian'을 사용하기 시작했다.

행성을 뜻하는 영단어 'planet'이 방랑자를 의미하는 그리스어 'planetes'에서 유래했듯이 여느 행성처럼 화성 역시 하늘을 떠도는 방랑자다. 별들 사이를 조용히 움직이며, 매일 밤 조금씩 다른 자리로 옮겨 간다. 어쩌면 이런 모습 때문에 고대 수메르인들이 행성을 '야생의 양'이라 불렀는지 모른다.

매일 밤 화성은 동쪽으로 조금씩 이동한다. 2년마다 이 지점들을 표시해 보면 놀라운 현상을 확인할 수 있다. 화성은 별자리 사이를 지나가다 멈추고 되돌아가는 것처럼 보인다. 잠시 서쪽으로 방향을 틀었다가 다시 동쪽으로 움직이기 시작한다. 이렇게 거꾸로 움직이는 듯한 움직임을 '역행'이라고 한다.

지금은 화성이 역행하는 이유가 알려져 있다. 지구가 태양을 두 바퀴 도는 동안 화성은 한 바퀴를 돈다. 이는 자전거 경주 트랙에서 안쪽 레인을 도는 선수가 더 빨리 달리는 모습과 비슷하다. 지구가 화성을 지날 때, 화성은 뒤로 물러나는 것처럼 보인다. 지구와 화성의 공전 궤도는 정확히 같은 평면에 있지 않고 화성의 궤도가 지구보다 더 타원에 가깝기 때문에, 화성은 하늘에서 약간 위아래로 움직이는 것처럼 보인다. 이런 이유로 역행 현상은 하늘에 고리나 지그재그 모양의 궤적을 그린다. 태양에서 지구보다 더 멀리 떨어진 행성들은 모두 마찬가지 현상을 보인다.

하지만 오래전 고대의 천문학자들은 이 기이한 현상에 당황했다. 달과 태양의 주기에 더해 이런 기이한 규칙성까지 발견하자, 이들은 하늘을 더욱 주의 깊게 관찰하게 되었을 것이다. 한 무덤 벽화는 기원전 1500년경 고대 이집트 천문학자들이 화성의 기묘한 역행 현상을 이미 목격했음을 시사한다. 이집트 유적 데이르 엘 바하리Deir el-Bahari에는 왕실 관리였던 세넨무트Senenmut라는 인물의 무덤과 무덤 천장화가 남아 있다. 천장화에는 여러 행성들의 배열 중 화성이 빠져 있다. 이에 대해 일부 학자들은 당시 화성이 역행 중이었고, 이것을 불길한 징조로 생각해 일부러 그리지 않았을 것이라고 분석했다.

고대 바빌로니아인들은 별들 사이를 떠도는 이 특별한 천체들의 움직임에 매료되었다. 그들은 맨눈으로 하늘을 관측하고, 물의 흐름으로 시간을 재는 단순한 시계를 이용해 하늘에 보이는 다섯 행성의 위치를 정확히 기록하려 했다. 그 과정에서 행성이 하늘에서 정확히 같은 위치에 돌아오기까지 걸리는 시간을 계산하고, 하늘의 움직임이 일정한 주기를 따르며 행성마다 그 주기가 다르다는 사실을 알아냈다. 이유는 알 수 없었지만, 그 패턴은 추적할 수 있었다. 이 지식은 심지어 국가를 운영하는 데에도 쓰였다.

고고학자들은 고대 바빌론에서 수많은 천문학 문서를 발굴했다. 일부는 고대 도시와 도서관의 유적지에서 출토되었고, 일부는 비공식적인 발굴품을 입수한 상인이나 거래상을 통해 전해졌다.《천문일지Astronomical Diaries》로 알려진 자료집에는 태양과 달, 별, 행성의 일일 관측 기록이 마치 날씨 일지처럼 적혀 있었다. 이 기록은 대부분 기원전 750년에서 기원후 75년 사이, 필경사들이 점토판에 설형 문자로 남긴 것이었다. 달에 관한 상세한 정보 덕분에 많은 기록의 날짜를 정확히 특정할 수 있어, 역사가들에게 매우 귀중한 자료로 사용된다. 6세기에 걸쳐 이렇게 방대한 기록이 꼼꼼하게 기록되어 있다는 사실만으로도 여전히 주목할 만하다.

각 천문 일지는 한 달 동안의 기록으로 이루어져 있다. 초승달이 가느다란 빛을 드러내는 순간부터 시작하여, 달이 떠 있는 높이와 해가 진 뒤 달이 질 때까지 걸린 시간 등이 함께 적혀 있다(바빌로니아에서는 하루를 4분 단위의 360개 구간으로 나누었다). 또한 달이 30여 개의 주요 별과 행성 사이를 이동한 경로와 함께 그들 사이의 거리나 지평선 위 높이까지 기록되어 있었다. 보름달의 밝기와 월식 관측 여부도 언급되어 있으며, 행성과 날씨, 무지개처럼 드물게 일어나는 기상 현상에 대한 기록도 남아 있다.

행성이 위치한 별자리뿐 아니라 유프라테스강의 수위도 함께 기록되었다. 화재와 도난 등 주목할 만한 사건들도 적혔다. 악천후 기록도 있었으며, 실제로 그런 날이 잦았다. 고대 천문학자들은 밤마다 구름과 비, 옅은 안개와 짙은 안개, 우박, 천둥, 번개, 폭풍과 같은 기상 현상을 기록했다. 아마도 이 험한 날씨 덕분에 바빌로니아인들이 수학에 능숙해졌을 것이다. 관측이 불가능할 때는 계산으로 빈틈을 메워야 했고, 그런 경우가 적지 않았다.

일지에는 보리, 대추야자, 양모 등 다양한 물품의 가격을 비롯한 경제 정보도 담겨 있었다. 가격이 요동칠 때는 아침, 정오, 오후 중 어느 시점에 올랐는지까지 세세히 기록했다. 천체의 규칙적인 움직임은 사회의 경제와 운영 전반에 긴밀히 맞물려 있었다.

바빌로니아인들은 한 걸음 더 나아갔다. 이 모든 정보를 분석하여 미래에 어떤 일이 일어날지 예측하려 했다. 행성이 같은 자리로 되돌아올 때, 예를 들어 금성이 8년마다 같은 자리로 되돌아오면 어떤 사건이 발생할지 궁금해했다. 어떤 징조를 유추할 수도 있었다. 예를 들자면 '태양이 빛나는 곳에 목성이 접근하면 보리와 참깨 수확이 늘어날 것'이라든지, '화성이 물고기자리에 가까워지면 뭍에서 물고기를 구하기 어려워질 것'과 같은 식이었다. 최악의 사태를 막고 물가를 안정시키기 위해 의식도 함께 거행되었다.

화성의 역행 운동은 이런 기록에 특히 자세히 언급되어 있다. 왕의 서기관은 왕의 전속 학자에게 보낸 한 통의 편지에서, 왕에게 어떤 징조를 전해야 할지 판단하기 위해 화성의 움직임을 물었다. 역행하는 화성이 전갈자리에 들어왔는지, 아니면 사자자리의 머리에 들어왔는지 확인해 달라며 간청했다. 해석을 정확히 해야 했다. 전갈자리라면 왕은 밖을 나서면 안 되었고, 사자자리라면 왕의 통치가 끝날 징조였다. 판단을 잘못하면 서기관의 경력이 끝날 수도 있었다.

이 일지를 기록한 바빌로니아 학자들은 소수의 고위 지식인 집단이었다. 일지에 남은 오류나 독특한 기록들은 이 문서가 공식적으로 발표된 자료가 아니라 개인적인 일지에 더 가깝다는 사실을 보여준다. 당시의 예측이나 징조에 대한 해석은 왕과 전문가만의 영역으로 여겨져 비밀로 유지되었다. 지식에 접근할 수 없었던 이들은 신들의 세계에서 내려오는 하늘의 숫자를 알 길이 없었다.

수 세기가 지나면서, 일반 사람들도 점차 이러한 지식에 접근하고자 했다. 후대 바빌로니아인들은 개인적인 점성술 체계를 만들어

모든 것은 별에서 시작되었다

나갔고, 이는 그리스를 거쳐 다른 지역으로 퍼져 나가 오늘날 우리가 알고 있는 별자리 운세의 토대가 되었다. 또한 바빌로니아 천문학자들은 현대까지 내려오는 각도와 시간의 구분 체계를 정립했다. 그들은 오늘날 우리가 사용하는 10의 배수가 아닌, 60의 배수에 기반한 60진법 체계를 사용했다. 이로부터 1분은 60초로, 1시간은 60분으로, 원은 360도로 나뉘게 되었다. 이는 분수를 표현하고 값을 계산하며 수학적 문제를 다루기에 유용했다.

바빌로니아의 수학자들은 대수학의 기틀을 마련하여, 천문학자들이 훨씬 더 정확한 예측을 할 수 있도록 크게 기여했다. 《천문 일지》 점토판에도 행성의 움직임을 계산하는 방정식이 실려 있어, 한 달 후 특정 행성의 출몰 시각 등을 예측할 수 있었다.

바빌로니아 천문학자들이 행성의 본질과 천구 전체가 이루는 조화를 어떻게 이해했는지 보여 주는 사료는 많지 않지만, 대체로 실용적인 관점에서 접근했던 것으로 보인다. 화성이 무엇인지, 얼마나 멀리 떨어져 있을지, 혹은 하늘의 순환에 어떤 깊은 의미가 있는지 궁금해했을까? 그들의 수학적 역량을 고려하면, 이러한 질문을 품었을 가능성이 있다. 그러나 바빌로니아 천문학자들은 밤하늘을 2차원 평면으로 인식했다. 이 사고방식은 오늘날 태양계와 별을 3차원으로 이해하는 현대적 관점과는 상당히 달랐다.

바빌로니아인들은 행성을 시간에 따라 움직이는 존재로 인식하지 않았던 것으로 보인다. 그들에게 행성이 특정 위치나 상태로 돌아오는 일들은 본질적으로 동일한 사건이었다. 바빌로니아 천문학자들은 일지에 가장 중요한 위치들만 기록하고, 행성이 다시 그 특정 위치에 도달할 시점을 예측했다.

그들은 '궤도'라는 개념을 생각하지 않았고, 계산할 때 힘이나 질량처럼 우리가 물리적 기원으로 여기는 요소는 고려하지 않았다. 단순히 산술 연산에만 의존해 사칙연산으로 숫자를 다루는 데 집중했다. 이러한 접근은 물리 이론이라기보다 초기 컴퓨터 코드에 가까웠다. 요컨대 바빌로니아의 천문학은 실용성은 뛰어났지만 학문적 깊이는 제한적이었다.

그럼에도 바빌로니아의 행성 운행표는 중동 전역의 천문학자들에게 전파되었다. 기록이 어떻게 공유되었는지는 역사가들이 거의 알지 못하지만, 당시 천문학자들은 중요한 문제들을 더 깊이 이해하고 의견을 나누기 위해 활발히 이동했던 것으로 보인다. 어쨌든 모두를 괴롭혔던 문제는 하나였다. 화성 같은 행성은 왜 역행 운동을 하는가? 이러한 특이한 움직임을 해석해야만 모든 행성의 운행 방식과 태양계의 본질을 이해할 수 있었다.

지식의 용광로 천문학

천 년이 넘는 세월 동안, 전 세계 천문학자들은 행성의 운동을 수학적으로 정확히 설명하고자 노력했다. 어떤 이는 호기심에서, 어떤 이는 권력자를 위해 연구했다. 하지만 이 시기에 다양한 문화가 융합되면서 지식이 눈에 띄게 쌓이고 널리 퍼졌다고 해도 과언이 아니다. 특히 고대 그리스, 중동, 중앙아시아, 중국에서는 뛰어난 천문학자들

모든 것은 별에서 시작되었다

이 후학을 길러냈다.

이러한 시도의 중심에는 행성이 완벽한 원 궤도를 따라 움직여야 한다는 고대 그리스의 철학 사상이 있었다. 완벽한 기하학적 형태는 높이 평가되었고, 이러한 이상적인 형태만이 우주의 역학에 적합하다고 여겨졌다. 예를 들어 기원전 4세기 자연철학자 아리스토텔레스는 달, 태양, 행성, 별이 어떤 물질로 이루어진 구체에 고정되어 지구 주위를 돌고 있다고 생각했다. 고대 수학자들은 이러한 설명을 하늘에서 관측한 현상과 정확히 맞추려고 애썼고, 그 과정에서 이론은 훨씬 더 정교하게 발전했다.

행성의 운동을 수학적으로 설명하는 일은 너무 복잡해서, 세계에서 가장 뛰어난 천문학자들만이 다룰 수 있었다. 그리스의 수학자이자 철학자 에우독소스Eudoxus는 화성과 같은 행성의 역행 현상을 점, 선, 면, 입체의 수학인 기하학의 원리로 설명하고자 했다. 그는 행성을 고정된 배경 위에서 자유롭게 회전할 수 있는 구면 위의 점으로 보았다. 이 구의 회전으로 하늘을 가로지르는 화성의 움직임을 설명할 수 있었다. 만약 누군가 반대 방향으로 회전하는 또 다른 구 위에서 바라본다면, 화성은 때때로 멈춰 있는 것처럼 보일 수도 있었다.

이는 그럴듯한 발상이었고, 행성이 서로를 기준으로 거의 원 궤도를 그리며 움직인다는 개념도 맞는 방향이었다. 하지만 세부적인 부분에서는 실제 관측된 화성의 모습과 일치하지 않았다. 화성은 여러 날에 걸쳐 하늘에서 8자나 Z자 모양을 그리며 흔들렸다. 또한 화성이 얼마나 자주 역행하는지, 왜 하늘의 같은 지점으로 돌아오는 데 30년이나 걸리는지 설명할 수 없었다.

그래서 그리스인들은 여기에 회전하는 구를 덧붙여, 일련의 복잡한 '톱니바퀴'로 구성된 일종의 3차원 장치로 세부적인 움직임을 설명하고자 했다. 그들은 점처럼 보이는 행성이 단순히 회전하는 구의 표면에 가만히 놓여 있는 것이 아니라, 그 지점을 중심으로 원을 그리며 돈다고 상상했다. 큰 구가 회전하는 동안 행성은 더 작은 구의 표면을 따라 빙글빙글 도는 것이다. 이렇게 하면 행성의 경로에 S자 모양의 곡선이 생겨날 수 있었다.

이렇게 추가된 작은 원들은 '주전원epicycle'이라고 불렸다. 이러한 모형의 기원은 불분명하며, 파피루스 문서에 기록되어 있었으나 현재는 대부분 소실되었다. 그러나 기원후 150년경, 로마가 지배하던 알렉산드리아(현재의 이집트)에서 다방면에 정통한 학자 프톨레마이오스Ptolemy가 한 가지 주목할 만한 설명을 제시하고 정리했다. 프톨레마이오스는 천문학과 점성술, 지리학, 심지어 음악에 이르기까지 다양한 분야에서 다작한 학자이자 작가였다. 가장 유명한 저서《수학적 체계에 관한 논고The Mathematical Systematic Treatise》는 오늘날《알마게스트Almagest》로 더 잘 알려져 있으며, 이는 아랍어로 '가장 위대한' 논문을 뜻하는 'almajisti'에서 유래했다. 이 책은 총 13장으로 구성되어 있으며, 마지막 다섯 장에서는 행성을 다루었다.

《알마게스트》에서 프톨레마이오스는 초기 주전원 모형을 발전시켜, 행성의 운동을 상당히 정확하게 설명할 수 있었다. 가장 두드러진 변화는 큰 구의 중심이 아니라 중심에서 약간 벗어난 지점을 기준으로 계산했다는 점이다. 여기에 몇 가지 흔들림을 더해, 하늘에서

모든 것은 별에서 시작되었다

행성이 약간 느려지거나 빨라지는 등의 실제 움직임을 더욱 자연스럽게 재현해 냈다.

이어서 프톨레마이오스는 각 행성이 하늘을 가로지르는 시간을 바탕으로, 지구까지의 상대적 거리를 추정했다. 이후 여기에 대략적인 실제 거리를 덧붙였고, 이는 우리가 현재 알고 있는 거리와 매우 다르기는 하지만 100배 정도의 차이에 불과했다. 수백만 킬로미터의 규모를 다룬다는 점을 고려하면, 나쁘지 않은 수치였다. 프톨레마이오스는 달 다음으로 수성, 금성, 태양, 화성, 목성, 토성이 차례로 자리하고, 맨 바깥에는 별들의 외피가 있다고 믿었다. 지구를 기준으로 본다면, 나쁘지 않은 모형이었다. 바빌로니아인들이 단순히 주기적인 패턴을 예측했던 것과 달리 프톨레마이오스는 질문의 방향을 바꾸어 오늘날에도 여전히 유효한 물음을 던졌다. '특정 시점에 각 행성은 어디에 있을까?' 이 물음에 대한 답은 《알마게스트》에 표로 제시되어 있다.

《알마게스트》는 천문학자들이 수 세기 동안 참고하고 수정하려 했던 획기적인 저작이었다. 비잔틴의 필경사들은 파피루스에 기록된 내용을 오래 보존할 수 있는 양피지로 옮겨 필사했다. 이렇게 만들어진 사본과 번역본은 이슬람 세계를 거쳐 중세와 르네상스 시대 유럽으로 전파되었다. 이슬람 천문학자들은 태양의 경로를 맞추는 등 책의 내용을 한층 정교하게 다듬었고, 이는 오늘날 알려진 대로 지구 자전축이 천천히 요동친다는 사실을 반영한 것이었다.

이러한 연구가 활발히 이루어진 곳 중 하나는 이란 북서부의 마라게천문대Maragheh Observatory였다. 이 천문대는 1259년, 저술 활동이 활발한 페르시아의 과학자이자 천문학자인 나시르 알딘 알 투시Nasir al-Din al-Tusi가 천문대장으로서 설립하고 운영한 곳이었다. 투시는 행성의 운동을 상세히 설명하고 별들을 목록으로 정리한 천문학 안내서를 저술했고, 그중에는 12년간의 관측을 바탕으로 만든 지으이 일카니Zij-i ilkhani, 즉 일칸표도 있었다. 삼각법에 능했던 그는 천문학을 넘어 사인, 코사인, 탄젠트 계산법을 발전시켰다.

투시는 혼란스러운 시대 속에서 개인적인 위험을 무릅쓰고 이 모든 일을 해냈다. 그의 삶을 들여다보면, 당시 권력자들에게 천문학자가 얼마나 중요한 존재였는지 알 수 있다. 하늘의 복잡한 움직임을 읽어낼 수 있었던 사람은 오직 천문학자뿐이었다.

투시는 1201년 이란 북동부 마슈하드 근처의 투스에서 태어났다. 당시 중앙아시아는 칭기즈 칸Genghis Khan이 이끄는 몽골군의 정복과 학살로 혼란에 빠져 있었다. 1220년 몽골군이 투스 지역에 도착하자 투시는 산으로 피신했다. 그러던 중 1256년 투시가 머물던 성이 칭기즈 칸의 손자이자 또 다른 몽골 지도자인 훌라구Hulagu Khan의 공격으로 파괴되었다. 다행히 훌라구는 과학에 깊은 관심이 있었고, 천문학자였던 투시를 보호해 자신의 과학 고문으로 삼았다. 역사가들 사이에서는 투시가 자발적으로 몽골의 편에 섰는지, 아니면 단지 살아남기 위해 협력했던 것인지에 대해 의견이 분분하다. 어찌 되었든 1258년 훌라구가 바그다드를 성공적으로 침공했을 때, 투시는 그의 편에 서 있었다.

정복에 성공한 훌라구는 새로운 수도 마라게에 투시를 위한 훌륭한 천문대를 건설하게 했다. 마라게천문대의 흔적은 오늘날까지 남아 있다. 천문대에는 지평선과 별, 행성 사이의 정확한 각도를 측정할 수 있는 4미터 높이의 사분의(0도에서 90도까지의 눈금이 새겨진 사분원의 금속 고리를 이용해 천체의 고도를 측정하는 기구—옮긴이)를 비롯해 당시 최고의 천문 장비들이 갖춰져 있었고, 훌륭한 도서관도 함께 자리했다.

마라게는 전 세계 천문학자들이 모여드는 중심지가 되었다. 학생들은 한 공간에서 여러 스승의 지도로 천문학의 다양한 측면을 배울 수 있었다. 지식은 활발히 공유되었다. 출신과 신분에 상관없이, 천문학자들은 심지어 노예나 외국인일지라도 몽골 통치자에게 충성을 다하면 높은 지위에 오를 수 있었다. 그러나 실수를 저지르면 결과는 참혹했다. 예를 들어 훌라구의 바그다드 침공에 반대 의견을 냈던 천문학자 후삼 알딘Husam al-Din은 그 침략이 성공하자 처형되었다.

중국, 티베트, 인도 등 먼 지역에서 온 학자들도 마라게에서 연구에 참여했다. 이들은 헝가리에서 한국에 이르는 몽골 제국 전역에서 모여든 인재들이었다. 몽골이 천문학에 그토록 몰두한 이유는 무엇일까? 몽골인들은 군사적 성공이 주로 숭배하던 신이자 우주의 창조주인 텡그리Tengri의 뜻에 달려 있다고 믿었다. 텡그리는 무한하며 시간을 초월한 존재였다. 몽골 통치자들은 자신들의 지위가 개인의 용기나 힘이 아니라 텡그리의 은총 덕분이라고 생각했다. 그래서 천문학자들을 고용해 텡그리의 신성한 뜻을 헤아리려 했다. 텡그리의 기대에 미치지 못한 통치자는 결국 몰락했다.

몽골 지도자들은 왕의 즉위 시기부터 약의 복용 시기, 왕자의 탄생을 예고하는 별자리의 징조까지 모든 일을 천문학자들과 상의했다. 칭기즈 칸은 원정길에 천문학자 옐뤼 추차이Yelü Chucai를 동행했다. 추차이는 동북아시아의 유목 민족인 거란족 출신이었다. 칭기즈 칸의 후계자인 몽케 칸Möngke Khan은 이슬람 천문학자들이 일할 수 있는 천문대 설립을 구상했지만, 그 계획을 실제로 실현하고 더욱 발전시킨 것은 그의 형제들이었다.

1259년 몽케 칸은 후계자를 남기지 않은 채 사망했다. 그의 형제와 사촌들은 누가 새로운 칸의 자리에 오를지를 두고 다투었다. 결국 내전이 벌어졌고, 광대한 제국은 네 지역으로 분열되었다. 훌라구는 서남아시아의 일 칸국을 다스리며 그곳에 마라게천문대를 세웠다. 그의 형 쿠빌라이 칸Khublai khan은 중국에서 왕위를 이었고, 나머지 지역은 다른 일족들이 차지했다.

중국에서도 천문학이 굉장히 발달해 있었다. 황제들은 천체의 움직임과 규칙, 징조를 국가 통치에 활용했다. 하늘의 뜻을 받들기 위해서는 천문 현상을 관측하고 예측할 수 있도록 정확한 역법이 필요했으며, 이 중요한 지식은 궁정 내 극소수 전문가들만 다루어야 했다. 쿠빌라이 칸은 중국의 새로운 통치차로 자리 잡으면서 이러한 체계를 받아들이고 개혁을 단행했다. 중국 전역에서 천문학자를 모집해 신원을 기록하고, 학교나 관청에서 훈련을 받도록 하여 정확한 역법을 편찬할 수 있는 전문가 집단을 양성했다. 다른 사람들이 역법을 편찬하거나 징조를 해석하는 행위는 엄격히 금지되었다. 당시의 '수시력(쿠빌라이 칸의 명으로 편찬된 원나라의 역법으로, 1년을 365.2425일로 계산하는 등 오늘날 역법과 비슷한 수준의 정밀도를 지닌다 — 옮긴이)'은 이후 360년간 사용되었다.

이 전문가 집단에는 중국 외부 출신의 천문학자들도 포함되었으며, 때로는 원치 않게 동원되기도 했다. 몽골의 지배층이 새로운 땅을 정복하면, 현지 천문학자들을 붙잡거나 다른 지역에서 천문학자들을 불러들였다. 그들은 천문학자들을 자신뿐만 아니라 가족, 지인들을 위해 일하게 했고, 전문가들을 개인 소유물처럼 취급했다.

중국의 조정은 매우 관료적이었다. 1271년 쿠빌라이는 기존의 중국 천문국과 더불어 비중국계 천문학자들을 위한 기관인 이슬람 천문국을 설립했다. 또한 역법 편찬을 담당할 점성술 위원회도 만들었다. 이슬람 천문국의 초대 국장인 자말 알딘Jamal al-Din은 수십 년 동안 쿠빌라이를 위해 일하며 이슬람식 지도 제작법을 중국에 전파했다. 쿠빌라이 칸의 직속 천문학자 리우빙충劉秉忠도 원나라 조정에서 중요한 역할을 했다. 한동안 이슬람 천문학자들은 중국 천문학자들과 긴밀히 협력했지만, 서로 평행선을 달리며 일정 부분 경쟁 관계를 유지하기도 했다.

일부 이슬람 천문학자들은 중국어를 전혀 구사하지 못했다. 이슬람 과학자들은 중국에서 거의 아무것도 얻지 못했고, 몽골에서도 쿠빌라이가 추진한 중국식 역법을 받아들이지 않았다. 그럼에도 몽골의 포용적인 통치 아래 여러 체계가 동시에 발전할 수 있었다.

이 시기에는 사람과 문헌이 널리 퍼지며, 다양한 지식이 교류되었다. 천문학적 사고와 관측 결과들이 서로 융합되면서 우주에서 인간이 차지하는 위치에 대한 생각이 점차 뒤집히고 의문이 제기되기 시작했다.

지구에서 태양으로
새로운 중심을 찾아서

학자들의 교류를 통해 이슬람, 중국, 그리스를 비롯한 고대 천문학자들의 지식은 꾸준히 전해지며 조금씩 발전해 나갔다. 15세기에 들어서자 유럽의 천문학자들 또한 이슬람 학자들의 복잡한 저작을 이해하려 애쓰며 태양계의 기하학적 구조를 탐구하기 시작했다. 행성의 운동을 관측하는 기술이 발전하면서 새로운 해석이 잇따랐고, 다양한 인물과 몇 가지 우연한 사건들이 맞물리며 마침내 태양을 중심으로 행성들이 공전하는, 오늘날 우리가 알고 있는 태양계 모형에 이르게 되었다.

주목할 만한 인물 중 하나는 폴란드의 천문학자 니콜라우스 코페르니쿠스Nicolaus Copernicus로 그는 1473년 폴란드 북부 도시 토룬에서 태어났다. 코페르니쿠스의 아버지가 살던 구시가지의 저택은 웅장한 창문과 벽돌 장식이 돋보이는 고딕 양식의 높은 건물로, 지금은 역사에 이름을 남긴 아들을 기념하는 박물관으로 사용되고 있다.

코페르니쿠스는 크라쿠프대학교에서 수학, 천문학, 지리학, 철학을 공부하며 그리스의 우주관을 접했다. 당시 이러한 학문은 교회력을 제작하거나 별자리 운세를 보고 항해를 하는 데 활용되었다. 코페르니쿠스가 읽은 고전 중 하나는 《스파에라 논고Tractatus de Sphaera》로, 아랍식 산술과 대수법을 사용했던 옥스퍼드대학교 출신 영국 학자 요하네스 데 사크로보스코Johannes de Sacrobosco가 1220년에 출간한 책이었다. 이 책은 당시 유럽 천문학의 대표 교재였으며, 17세기까지 그 자리를 지켰다. 여기에서는 지구를 구형 우주의 중심에 두고 다양한 위치에서 바라본 천체의 출몰, 프톨레마이오스의 행성과 식 현상 이론을 설명했다.

코페르니쿠스는 그 후 이탈리아에서 수련을 거쳐 1497년 프라 우엔부르크 대성당의 성직자로 임명되었다. 이 직위 덕분에 안정적인 수입과 함께 학업에 전념할 시간을 확보할 수 있었으며, 대성당 부지 에 천문대도 세웠다. 볼로냐, 로마, 파도바에서는 천문학과 의학 지식 을 폭넓게 익혔다. 당시 의사들은 질병을 설명하기 위해 점성술을 활 용하곤 했다.

1514년, 코페르니쿠스는 손으로 직접 쓴 소책자《짧은 해설서 Little Commentary》를 발표했다. 소박한 제목과 달리 책에 담긴 내용은 방대했다. 이 책은 우주의 중심이 지구가 아니라 사실 태양 근처에 있다는 대담한 가설을 제시했다. 코페르니쿠스는 별들이 태양보다 훨씬 멀리 있으며, 지구의 자전 때문에 별들이 하늘에서 움직이는 것 처럼 보이고, 태양의 위치가 주기적으로 변하는 이유는 지구가 태양 주위를 공전하고 있기 때문이라고 설명했다.

마지막으로 아주 놀라운 주장을 밝혔는데, 행성의 역행 운동이 관측자의 위치, 즉 지구의 움직임 때문에 발생한다고 했다. 이전 학 자들도 이런 주장들을 여러모로 제기했지만, 지금까지 알려진 바로 는 이를 모두 하나로 엮어 제시한 사람은 없었다.

코페르니쿠스는 즉시 모든 수학적 설명까지 담은 훨씬 방대한 책을 집필하기 시작했다. 자신의 책이 논란을 일으킬 수 있음을 우 려한 그는, 출간 전에 모든 내용이 정확한지 확인하고 싶어 했다.

그리고 남은 생애를 이 기념비적인 저작 《천구의 회전에 관하여De Revolutionibus Orbium Coelestium》를 다듬는 데 바쳤다. 이 책은 1543년에야 출간되었으며, 이는 젊은 동료 게오르크 요아힘 레티쿠스Georg Joachim Rheticus가 코페르니쿠스에게 그의 사상을 세상에 전할 수 있도록 간곡히 부탁한 덕분이었다. 코페르니쿠스는 이 책에 자신의 추론을 이렇게 적었다.

> 만물의 중심에는 태양이 있다. 이 우주 속 빛나는 존재이자 가장 아름다운 신전이 자리하기에, 모든 것을 동시에 밝힐 수 있는 중심보다 더 나은 곳이 또 어디 있겠는가? 따라서 태양이 우주의 등불이자 정신, 지배자라 불리는 것도 결코 이상한 일이 아니다.

레티쿠스는 코페르니쿠스의 저작을 소개하면서, 그가 모든 시대의 관측 결과를 나열하고 상충하는 부분을 찾아내는 과정을 통해 얼마나 객관적이고 꼼꼼하게 작업했는지 설명했다. 코페르니쿠스의 200쪽 분량 원고를 뉘른베르크의 인쇄소로 가져간 것도 레티쿠스였다. 그러나 그는 인쇄 과정을 끝까지 지켜볼 수 없었고, 수학 관련 책을 인쇄한 경험이 있는 신학자 안드레아스 오시안더Andreas Osiander에게 감독을 맡겼다. 그러나 오시안더는 약간의 수정을 더했다.

오시안더는 코페르니쿠스의 서문을 자신이 쓴 '독자에게 보내는 편지'로 바꾸면서, 당시 널리 퍼진 신념과 종교 교리에 어긋나는 태양 중심 사상의 영향력을 누그러뜨렸다. 태양을 우주의 중심에 두는 것은 인간, 나아가 신을 최고의 자리에서 밀어내는 것과 다름없었다. 이러한 개념은 고대 그리스 사상과 프톨레마이오스의 모형에 근거한 교회의 공식 견해, 즉 모든 천체가 지구를 중심으로 돈다는 관점과 충돌했다. 수십 년 뒤, 갈릴레오는 코페르니쿠스의 태양중심설을 지지했다는 이유로 재판을 받고 이단으로 가택 연금에 처해졌다. 오시안더는 코페르니쿠스를 보호하기 위해 이 책은 이러한 천체의 배열을 사실이라고 주장한 것이 아니라 단지 행성의 운동을 정확히 계산하기 위한 수단으로 제시한 것이라고 적었다. 레티쿠스는 경악했다. 하지만 오히려 오시안더의 개입 덕분에 이 책이 외면당하거나 금서로 분류되지 않고 널리 읽힐 수 있었다고 보는 시각도 있다.

코페르니쿠스의 위대한 업적에도 한계가 있었다. 프톨레마이오스와 마찬가지로, 코페르니쿠스도 여전히 천체가 원운동을 한다고 가정했으며 세부적인 부분을 맞추기 위해 주전원을 사용하기도 했다. 이후 수 세기 동안 많은 천문학자는 이 책을 프톨레마이오스 이후 오랜 세월 이어져 온 또 하나의 터무니없는 가설에 불과하다고 여겼다. 코페르니쿠스는 이런 비판을 예견했다. 실제로 원래 서문에는 그 내용이 언급되어 있었으며, '나는 그들의 비판을 근거 없는 것으로 여기며 경멸할 정도로 무시한다'라고 덧붙였다. 그러나 안타깝게도 코페르니쿠스는 오시안더의 왜곡을 바로잡지 못했다. 임종 직전에야 한 권의 인쇄본을 받아 볼 수 있었을 뿐이었다.

몇 년 후 코페르니쿠스의 연구를 새로운 차원으로 끌어올린 덴마크 귀족 티코 브라헤Tycho Brahe가 태어났다. 티코는 특이하게도 어린 시절 부모와 떨어져 부유한 삼촌 요르겐 브라헤Jørgen Brahe 밑에서

자랐다. 요르겐 브라헤는 스웨덴 남부의 토스테루프성과 덴마크 코
펜하겐 남부의 보르딩보르성을 관리했다. 어린 티코는 이곳에서 유
복한 환경 속에 성장했다. 1559년 코펜하겐대학교에 입학해 법학을
공부하던 중, 천문학에 매료되었다. 1560년 8월 그는 일식이 정확히
예측대로 일어나는 것에 깊은 감명을 받아 직접 관측에 나서기 시작
했다.

몇 년 뒤 라이프치히대학교로 옮긴 티코는 관측 기록을 남기기
시작했다. 또 다른 천문 현상, 목성과 토성이 거의 일직선으로 접근하
는 사건은 그에게 새로운 도전 과제였다. 코페르니쿠스의 방법으로
만든 표에 따르면, 날짜는 며칠씩 어긋났다. 프톨레마이오스의 예측
은 거의 한 달이나 차이가 났다. 이 젊은 천문학자가 이보다 더 정확
하게 계산할 수 있었을까?

티코는 행성의 경로를 더 정확하게 측정하기 위해 정교한 관측
장비를 제작하는 기술을 배웠다. 또한 다른 천문학자들과 의견을 나
누며 그 일대를 여행하기도 했다. 독일 로스토크에서는 한 학생과 언
쟁을 벌이다 검투를 벌였고, 이 과정에서 코의 일부가 잘려 나갔다.
그는 상처를 가리기 위해 은과 금으로 만든 인조 코를 새로 만들어
붙였다. 티코는 여행을 이어가며 자신의 관측 장비를 개발했다. 그는
거대한 사분의를 제작할 자금을 가까스로 마련했다. 사분의는 각도
와 구분선이 표시된 90도의 호로 지평선 위 천체의 높이를 측정하
는 도구였다. 장비가 워낙 커서 관측 준비에 여러 하인을 동원해야
했고, 그 때문에 하룻밤에 한 번만 관측할 수 있었다. 또한 티코는 거
대한 목재 천구 모형도 제작했다. 실험실에서는 연금술에도 많은 관

모든 것은 별에서 시작되었다

심을 기울였다.

1572년 또 다른 천문학적 사건이 티코에게 새로운 길을 열어주었다. 어느 날 밤, 어둠 속에서 연구실을 나서던 그는 놀랍게도 머리 위에서 새로운 별을 발견했다. 관측을 시작한 결과, 다른 별들과 비교했을 때 이 별은 제자리에 머물며 혜성과 같은 움직임은 보이지 않는다는 사실이 밝혀졌다. 현재 우리는 그 별이 초신성, 즉 수명이 다한 별이 폭발하여 밝아졌다가 다시 잔해처럼 사라지는 현상임을 알고 있다.

1575년 덴마크의 국왕 프레데리크 2세Frederick II는 티코에게 코펜하겐 해협의 벤섬에 천문대를 세우도록 자금을 지원했다. 우라니보르그Uraniborg로 알려진 이 천문대의 유적은 오늘날까지 남아 있다. 티코는 중앙에 돔과 탑을 세우고 정원으로 둘러싼 이탈리아 양식의 천문대를 설계했으며, 후원자의 지원으로 마련할 수 있는 최고의 장비들로 내부를 채웠다. 티코는 이 장비들을 능숙하게 다루었다. 그는 그곳에서 혜성이 금성보다 더 멀리 떨어져 있음을 밝혀냈고, 혜성이 지구 대기에서 일어나는 현상이 아니라 실제 천체라는 사실을 보여 주었다.

티코의 장비들은 매우 정밀해서 코페르니쿠스의 모형을 검증할 수 있었다. 지구가 태양 주위를 공전하면서 1년 동안 궤도의 양쪽 끝을 오가면, 멀리 있는 별은 하늘에서 약간 움직이는 것처럼 보일 것이다(이는 하나의 물체를 두 눈으로 번갈아 볼 때 위치가 달라 보이는 것처럼, 가까운 별을 6개월 간격으로 관측할 때 겉보기 위치가 달라지는 현상을 말한다—옮긴이). 이런 현상을 연주 시차라고 한다. 하지만 티코는 그러한 움직임을 관측하지 못했고, 코페르니쿠스보다 훨씬 더 복잡하게 행성을 배치했다. 지구는 우주의 중심에 고정되어 있고 달은 그 주위를 돌지만, 다른 행성은 태양을 중심으로 공전한다는 것이다. 오늘날 우리는 티코가 연주 시차를 확인하지 못한 이유를 알고 있다. 별들이 너무 멀리 떨어져 있어, 연주 시차의 크기가 그의 장비로 측정할 수 있는 범위보다 100배나 작았기 때문이다. 실제로 연주 시차가 처음 관측된 것은 1838년에 이르러서였다.

왕을 비롯한 관리인들과 여러 차례 마찰을 겪은 후, 티코는 우라니보르그를 떠나 다시 여행길에 올랐다. 1599년에는 프라하로 이주하여 신성 로마 제국의 황제 루돌프 2세Rudolf II의 궁정 수학자가 되었다. 이때 새로운 조수가 합류했는데, 훗날 천문학사에 이름을 남긴 요하네스 케플러Johannes Kepler였다. 티코는 1601년 한 만찬에서 지나치게 예절을 지키다 불행을 맞았다. 식사 자리에서 주인보다 먼저 자리를 뜨는 것은 무례한 행동으로 여겨졌고, 안타깝게도 술을 잔뜩 마신 티코는 소변을 보러 자리를 뜰 수 없어 방광이 부풀어 올랐다. 결국 그는 극심한 고통 속에서 열병과 섬망을 겪으며 세상을 떠나고 말았다.

케플러가 티코의 뒤를 이었다. 그는 평범한 가문 출신으로 1571년 지금의 독일 슈투트가르트 근처에서 태어나 군인이었던 아버지와 여관을 운영하던 어머니 사이에서 자랐다. 케플러는 매우 신앙심이 깊어 사제가 되기 위한 교육을 받았다. 그는 플라톤이나 피타고라스 같은 고대 그리스인들처럼 신이 우주를 수학적 원리에 따라 창조했다고 믿었다. 신의 형상으로 창조된 인간이라면, 수학을 통해

모든 것은 별에서 시작되었다

분명히 이 질서를 이해할 수 있다고 생각했다.

케플러는 튀빙겐대학교에서 신학과 함께 수학을 공부했으며, 당대 최고의 천문학자 중 하나인 미하엘 매스틀린Michael Mästlin에게서 천문학을 배웠다. 당시에는 대부분 행성 운동에 관해 프톨레마이오스의 오래된 지구 중심 모형을 중점적으로 가르치고 있었다. 그러나 매스틀린은 케플러에게 코페르니쿠스의 태양 중심 우주론을 소개하고,《천구의 회전에 관하여》에 실리지 못한 서문에 대해서도 이야기해 주었다.

케플러는 깊은 신앙심을 지녔음에도 교리의 틀에 얽매이지 않았고, 물질과 정신에 대해서도 통념에 구애받지 않는 관점을 갖고 있었다. 또한 오시안더가 신중하게 다루었던 태양 중심 모형이 실제일 가능성을 진지하게 고려했다. 매스틀린은 케플러의 개방적이고 자유로운 사고방식을 높이 평가하며, 그에게 사제가 되기보다 그라츠에서 수학을 가르치도록 권유했다. 케플러는 사제의 길을 포기한 뒤, 1612년 루터 교회에서 파문당했다. 이는 그에게 큰 고통이었지만, 궁정 수학자라는 높은 지위 덕분에 생활은 안정적으로 유지되었다.

달을 행성이 아닌 위성으로 분류한 케플러는 코페르니쿠스의 이론을 바탕으로 당시 알려진 여섯 행성까지의 거리를 계산하기 시작했다. 그는 행성들 사이에 넓은 간격이 존재하며, 그 거리가 일정하지 않다는 사실을 발견했다. 특히 토성과 목성 사이의 간격은 지구와 화성 사이보다 훨씬 넓었다. 왜 그럴까? 케플러는 기하학을 활용해 설명하려 했고, 러시아 인형처럼 여러 개의 3차원 도형이 서로 겹겹이 쌓인 모습을 상상했다.

토성의 궤도를 나타내는 천구가 가장 바깥에 있고, 그 안에 정육면체가 있다고 생각해 보자. 그 정육면체 안에 들어맞는 구가 목성의 궤도다. 그 구 안에 정사면체를 넣고, 다시 그 안의 구를 상상하면 바로 화성의 궤도가 된다. 케플러는 이와 같은 방식으로 태양에서 지구, 금성, 수성까지의 거리를 나타내기 위해 변의 개수가 점점 늘어나는 다양한 정다면체들을 차례로 배치했다.

과거와는 확실히 다른 개념이었지만, 케플러의 이 '다면체 중첩 모형'은 제법 잘 맞아떨어졌다. 하지만 여전히 충분하지는 않았다. 티코가 정밀하게 측정한 행성 운동 자료와 완전히 일치하지는 않았기 때문이다. 티코는 화성에 대해 방대한 자료를 남겼는데, 케플러는 여기에서 화성이 원운동을 한다는 가정이 문제라는 것을 깨달았다. 실제로 화성은 태양이 중심에서 약간 벗어난 타원 궤도를 따라 움직이는 것처럼 보였다. 케플러는 티코가 남긴 자료에 압도되었다. 역사 기록에 따르면 거의 1000장에 달하는 계산 기록을 남겼으며, 이 고된 작업을 '화성과의 전쟁'이라고 표현했다.

케플러는 다른 행성들도 화성처럼 타원 궤도를 따라 움직인다는 사실을 밝혀냈다. 이 발견은 케플러의 제1법칙으로 알려져 있다. 이어서 그는 행성이 궤도를 따라 공전할 때, 같은 시간 동안 같은 면적을 휩쓸고 지나간다는 제2법칙도 도출했다. 즉 행성이 태양에 가까울 때는 더 빠르게, 멀어질수록 더 느리게 움직인다는 것이다. 케플러는 이러한 연구 결과를 1609년 《신 천문학Astronomia nova》에 발표했다. 나아가 제3법칙도 정리했으며, 이는 행성과 태양 사이의 거리가 주어졌을 때, 행성이 태양을 공전하는 데 걸리는 시간을 예측하는 방정식이었다. 케플러의 세 가지 법칙은 오늘날에도 유효하다.

　신앙심이 깊었던 케플러는 기하학의 힘에 깊이 매료되어, 이를 신이 세상과 소통하는 신성한 언어로 여겼다. 그는 자신의 다면체 중첩 모형으로 행성 궤도의 독특한 비율을 설명했고, 이 비율이 천상의 화음, 즉 아름다운 음악적 조화를 이룬다고 생각했다. 음악과 물리적 세계가 조화를 이루며 행성들이 '천구의 음악'을 연주한다는 발상은 프톨레마이오스, 피타고라스, 투시 등 선대 학자들에게도 익숙한 개념이었고, 자연의 아름다움과 신성을 드러내는 방식으로 여겨졌다. 케플러는 여기에 자신의 수학적 통찰을 더해 우주가 노래하는 '음악'을 포착할 수 있었다.

　1619년 케플러는《세계의 조화Harmonices Mundi》에서 행성들이 태양을 공전하며 조화로운 음들을 낸다고 주장했다. 그는 각 행성이 젖은 손으로 와인 잔을 문지를 때 나는 맑은 울림처럼, 한 쌍의 완벽한 음을 낸다고 생각했다. 그러나 그 완전한 비율을 찾기 위해서는 깊은 탐구가 필요했다. 궤도 자체가 단순한 규칙으로 배열되어 있지 않았기 때문이다. 그럼에도 케플러는 몇몇 행성의 최대 속도와 최소 속도 사이에서 수학적 관계를 찾아냈고, 이 발견만으로도 자신의 생각을 뒷받침하기에 충분하다고 생각했다.

　토성의 속도 범위는 4:5 비율에 부합하며, 이는 고전 음계에서 반음 네 개 간격의 장3도에 해당한다. 목성의 속도 비율은 5:6으로 반음 세 개 간격의 단3도와 같다. 화성과 금성의 비율은 각각 2:3, 24:25이다. 지구의 비율은 15:16으로, 케플러는 자신이 찾아낸 조화에 스스로 감탄하며 '지구는 미, 파, 미를 연주한다'고 말했다. 그는 오직 창조의 순간에만 모든 행성이 함께 천상의 합창을 울렸을 것이라 믿었다. 오늘날의 과학 체계와는 전혀 다른 이러한 미적 사고방식이 케플러의 세 가지 법칙을 뒷받침하는 토대가 되었다.

수십 년 후, 행성이 수학적 규칙에 따라 움직인다는 사실은 영국의 수학자 아이작 뉴턴의 관심을 끌었지만, 뉴턴의 방식은 좀 더 전통적이었다. 케플러처럼 뉴턴도 세 가지 법칙을 제시했지만, 그는 질량을 가진 물체가 힘을 받을 때 움직이는 방식을 설명하고자 했다. 첫째, 힘이 작용하지 않으면 물체는 정지 상태를 유지하거나 일정한 속도로 움직인다. 둘째, 힘이 가해지면 물체는 그 방향으로 힘의 크기에 비례해 가속한다. 셋째, 모든 작용에는 반작용이 있다. 뉴턴의 표현을 빌리면 손가락으로 돌을 누르면 돌도 같은 힘으로 손가락을 밀어낸다.

첫 번째 법칙을 생각해 보면, 행성의 궤도가 직선이 아니라 곡선을 그린다는 것은 여기에 어떤 힘이 작용하고 있음을 뜻한다. 뉴턴은 우주로 날아갈 만큼 빠른 속도로 발사된 대포알에 달을 비유했다. 실제 대포알은 공중으로 호를 그리며 날아가다 다시 지면으로 떨어진다. 여기에서 뉴턴은 지구가 대포알을 끌어당긴다고 생각했다. 그렇지 않다면 대포알은 곧장 직선으로 날아가 버렸을 것이다. 만약 발사 속도가 충분히 크고 지구가 적절한 힘으로 끌어당긴다면, 어쩌면 대포알은 지구 주위를 영원히 돌 수도 있을 것이다. 뉴턴은 달이 궤도를 유지하는 것도 이러한 힘의 균형 덕분이라고 설명하며, 이 인력을 지구의 '중력'이라 불렀다. 그는 물체가 지구에서 멀어질수록 중력의 세기는 거리의 제곱에 반비례해 약해진다고 계산했다.

모든 것은 별에서 시작되었다

뉴턴의 수학적 가설은 기발하면서도 심오했다. 천체가 지구상의 물체와 동일한 운동 법칙을 따른다는 사실을 보여 준 것이다. 화성과 달은 대포알은 물론, 나무에서 떨어지는 사과와도 같은 원리로 움직였다. 뉴턴은 더 나아가 이러한 물리 법칙이 우주 전체에 적용되어야 한다고 주장했다.

뉴턴은 1687년 저서 《프린키피아Principia》에 '같은 자연 현상에는 가능한 한 동일한 원인을 부여해야 한다'고 썼다. 질량을 지닌 천체는 모두 중력을 타고난다. 태양은 태양계에서 가장 큰 질량을 가진 천체이며, 행성들은 태양의 중력에 붙잡혀 그 주위를 공전한다. 뉴턴은 달 또한 지구에 중력을 행사해 밀물과 썰물을 일으킨다고 보았다. 그리고 이렇게 덧붙였다. '지구의 바다는 달을 향해 끌리고, 모든 행성은 서로를 향해 끌리며, 혜성도 마찬가지로 태양을 향해 끌린다.' 우주는 마치 정교한 시계 장치처럼 작동한다.

수학자들이 행성 운동의 주기를 계산하는 동안 다른 이들은 당시 새롭게 등장한 망원경으로 이를 자세히 관측하고자 했다. 케플러의 《신 천문학》이 출판되던 무렵, 이탈리아의 천문학자 갈릴레오 갈릴레이는 작은 망원경으로 화성을 바라보았다. 밝은 원반 이외에는 특별한 것이 보이지 않았다. 그러나 금성을 관측하자 놀라운 사실이 드러났다. 달처럼 밤마다 위상 변화를 보였던 것이다. 이는 금성이 지구보다 태양에 더 가까운 궤도를 돌고 있다는 의미였다.

목성에서는 더 놀라운 모습을 볼 수 있었다. 목성의 앞뒤로 네 개의 점이 줄지어 천천히 움직이고 있었다. 갈릴레오는 이 점들을 별이 아니라 목성을 공전하는 위성이라고 정확하게 추측했으며, 이는 태양계에서 태양과 지구만이 다른 천체를 거느린 존재가 아니라는 의미였다. 당시 유럽의 관례에 따라, 갈릴레오는 이 위성들에 자신의 후원자인 메디치 가문의 이름을 붙이자고 제안하며, 단순히 I, II, III, IV번 위성이라고 불렀다. 이후 독일의 천문학자 시몬 마리우스 Simon Marius가 목성의 위성들에 오늘날 우리가 사용하는 이름을 붙였지만, 이 이름이 받아들여지기까지는 오랜 시간이 걸렸다.

마리우스는 1614년 목성과 그 위성들에 대한 관측 결과를 발표하면서 자신이 갈릴레오보다 먼저 이들을 발견했다고 주장했다. 이탈리아의 위대한 천문학자는 이에 격분했고, 두 사람은 결국 치열한 경쟁자가 되었다. 마리우스의 명성은 수 세기 동안 실추되었지만, 네덜란드의 역사가들이 그의 독자적 발견 가능성을 인정하면서 1903년에야 비로소 재평가되었다. 그럼에도 마리우스가 위성에 붙인 이름은 이미 널리 쓰이고 있었다. 이오Io, 에우로파Europa, 가니메데 Ganymede, 칼리스토Callisto 모두 그리스 신화 속 제우스Zeus의 연인들이었다. 목성의 이름이 유래한 유피테르Jupiter 신은 로마 신화에서 제우스와 동등한 존재로, 모든 신의 왕이자 하늘과 천둥, 날씨, 율법, 운명의 신이었다. 오늘날까지도 우리는 이 네 개의 위성을 '갈릴레오 위성'이라고 부른다.

토성에도 위성이 있는 것처럼 보였고, 갈릴레오도 그렇게 생각했다. 그는 토성 양옆에 있는 두 개의 흐릿한 형체를 간신히 알아볼 수 있었지만, 이 형체들이 나타났다 사라지기를 반복해 의아해했다. 1659년 네덜란드 천문학자 크리스티안 하위헌스Christiaan Huygens가 그 수수께끼를 풀었다. 이 형체는 위성이 아니라 행성을 둘러싼 넓은

모든 것은 별에서 시작되었다

원반이었다. 그 고리는 분명 접시처럼 얇았다. 옆에서 보면 사라지는 듯 보였기 때문이다.

하위헌스는 토성의 확실한 위성인 타이탄Titan도 발견했다. 몇 년 후, 이탈리아계 프랑스 천문학자 장 도미니크 카시니Jean-Dominique Cassini는 네 개의 위성을 더 발견하고, 이들에게 이아페투스Iapetus, 레아Rhea, 테티스Tethys, 디오네라Dione는 이름을 붙였다. 그는 왕의 환심을 사기 위해, 프랑스 루이 14세의 이름을 따서 이 위성들을 라틴어로 '시데라 로도이케아Sidera Lodoicea', 즉 '루이의 별들'이라고 불렀다. 카시니는 또한 토성의 고리가 둘로 갈라져 있다는 사실을 발견했으며, 이 틈은 오늘날 카시니 간극으로 알려져 있다. 현대 천문학자들은 토성의 고리가 수백 개의 좁은 고리로 이루어져 있으며, 각 고리에서 얼음 덩어리들이 궤도를 돌고 있다는 사실을 알고 있다. 150개가 넘는 작은 위성들도 발견되었고, 그중 상당수가 고리 안이나 근처에 있었다.

이처럼 행성들은 단순히 하늘을 떠도는 별 이상의 존재임이 밝혀졌다. 이후 수 세기에 걸쳐 망원경이 발전하면서, 천문학자들은 행성들을 더욱 선명하게 관찰할 수 있게 되었다. 화성의 자세한 모습도 점점 드러나기 시작했다. 1659년 하위헌스는 화성 표면의 어두운 반점들을 발견했고, 그중 하나는 약 24시간만에 원래 위치로 돌아왔다. 이는 화성이 지구와 거의 같은 속도로 자전축을 중심으로 회전하고 있음을 암시했다. 10년 후 하위헌스는 화성 남극이 하얗게 덮여 있는 모습을 관찰했다. 이 붉은 행성은 지구처럼 극지방에 영구적인 얼음층이 있는 것처럼 보였다. 목성에서도 희미한 반점이 관찰되었지만, 화성과 다르게 원반 중앙에 자리해 있었다. 카시니는 이 반점이 눈 덮인 산봉우리일 가능성이 있다고 추론했다. 금성은 마치 지구의 하늘처럼 파랗게 빛났으며, 옅은 구름이 줄무늬처럼 드리워진 모습이었다.

이 머나먼 세계들에는 우리에게 익숙한 면이 많았다. 이러한 익숙함은 수 세기 동안 행성의 본질과 목적, 그곳에 생명이 존재할 가능성에 대한 생각에 영향을 미쳤다.

또 다른 세계, 그 가능성을 논하다

우리 태양계의 다른 행성들이 지구와 비슷하다는 생각에 고무된 천문학자들은 상상의 나래를 펼쳤다. 어떤 이들은 밤하늘의 모든 별이 태양과 같다면, 분명 각각의 별 주위에도 행성들이 돌고 있을 것으로 추측했다. 지구에 생명체가 존재하는 것처럼 다른 행성에도 있지 않을까 상상하기도 했다.

그러다가도 혼란스러웠다. 단순히 우주 어딘가에 존재할지도 모르는 수많은 행성 때문만이 아니라, 이 사실이 뜻하는 바 때문이었다. 그 행성의 존재가 지구상의 사건과 생명을 더 의미 있게 만드는 것일까, 아니면 그 반대일까? 우주는 어떻게, 그리고 무엇을 위해 탄생한 것일까? 이러한 질문에 대한 답은 그 질문을 던진 사람의 수만큼이나 많았다.

1584년 초 이탈리아의 철학자이자 사제였던 조르다노 브루노

Giordano Bruno는 우주가 무한하고 그 안에 존재하는 별과 행성의 수도 무한하며, 모든 것을 포괄한다고 주장했다. 즉 모든 것은 우주의 일부이며, 그 범위는 영원히 확장될 수 있다고 보았다. '우리는 가장 큰 별들, 즉 거대한 천체만 알아본다. 지구는 훨씬 작아서 눈에 보이지 않기 때문에 수많은 행성은 알아볼 수 없는 것이다.' 브루노는 지구와 같은 물의 행성들이 멀리 떨어진 별들을 공전하고 있을 것이라고 생각했다.

브루노의 견해는 타당해 보이고 오늘날 이를 뒷받침하는 증거도 많지만, 당시에는 주류에서 크게 벗어난 생각이었다. 지구가 우주의 중심이라는 통념을 코페르니쿠스가 뒤집은 지 수십 년이 지났지만, 여전히 많은 가톨릭 신자와 학자는 자신의 믿음을 고수했다. 하물며 다른 별에 또 다른 지구가 돌고 있다는 생각은 더욱 받아들이기 어려웠다. 브루노는 프톨레마이오스의 주전원을 '근거 없는 망상'이라 부르며 교회의 심기를 건드렸고, 격렬한 비판을 피하기 위해 이탈리아를 떠났다. 그러나 끝내 그는 1600년 로마의 한 광장에서 이단자로 몰려 화형을 당했다.

반세기 후, 프랑스의 사상가 르네 데카르트René Descartes 역시 우주에 수많은 행성이 존재할 수 있다고 믿었다. 다만 그는 훨씬 더 신중한 태도를 보였다. 1644년 《철학의 원리Principles of Philosophy》에서 데카르트는 특유의 논리로 다른 별을 도는 행성의 존재 여부에 대해서는 교묘히 언급을 피했다. 그러나 여기서 제시한 개념 중 일부는 오늘날에도 행성과 그 형성 과정을 이해하는 데 여전히 유효하다.

데카르트는 당시 사람들이 말하던 '세계의 복수성(조르다노 브루노의 주장처럼, 무한한 우주에 무수한 태양과 지구 같은 세계들이 존재할 수 있다는 개념— 옮긴이)' 개념을 받아들이지 않았다. 다른 별들도 분명 태양과 같겠지만, 그렇다고 해서 모두가 행성을 거느릴 필요는 없다고 보았다. 예를 들어 멀리 있는 별 중 일부는 물질의 소용돌이에 둘러싸여 있을 수 있다고 생각했다. 마치 인도 위에서 바람에 휘말려 빙글빙글 도는 낙엽처럼, 물질이 소용돌이 속에 갇혀 돌고 있다는 것이다. 그러나 그렇다고 해서 멀리 있는 별들 주위에 우리가 아는 형태의 행성이 전혀 없다는 뜻은 아니라고 인정했다. 그 문제는 열어둔 채로 남겨 두었다. 또한 하늘과 지구를 이루는 모든 것이 같은 성분으로 이루어져 있으며, 서로 이어진 하나의 거대한 연속체라고 주장했다. 어디에 있든, 모든 물질은 비슷하다는 것이다.

멀리 있는 별 주위에 물질의 소용돌이가 존재한다는 데카르트의 주장은 행성이 가스와 잔해로 이루어진 원반에서 응축되어 형성된다는 현대 천문학의 관점을 떠올리게 한다. 태양계의 행성들도 암석과 가스 구름이 서로 뭉치고, 수십억 년에 걸쳐 주변의 가스를 계속 끌어모으며 형성되었을 것이다. 또한 가까운 곳이나 먼 곳이나 우주의 구성 성분이 동일하다고 가정한 점도 현재까지 알려진 관점과 일치한다. 원자라는 기본 입자들은 어디에나 존재한다. 그렇다고 해서 이러한 넓은 시각이 전적으로 새로운 것은 아니었다. 일부 고대 그리스 철학자들도 비슷한 주장을 했지만, 전혀 다른 맥락이었고 17세기처럼 견고한 과학적 근거는 없었다. 데카르트는 여러 가능성을 열어두고 신중한 태도를 보였다.

행성의 보편성에 대한 철학적 논의는 작가들의 상상력도 사로잡았다. 프랑스 작가 베르나르 르 보비에 드 퐁트넬Bernard Le Bovier de Fontenelle은 1686년 저서 《세계의 복수성에 관한 대화Conversations on the Plurality of Worlds》에서 이 주제를 문학적으로 풀어냈다. 프랑스어로 쓰인 이 책은 100판 이상 거듭 출간되며 여러 언어로 번역되었으며, 새롭게 부상하던 분야인 천문학을 교양 있는 일반 독자에게 소개한 최초의 대중 과학서 가운데 하나였다.

퐁트넬의 책은 철학자와 귀부인이 달빛 아래 성의 정원을 함께 거닐며 별을 바라보던 저녁 시간 동안 나눈 열정적인 대화를 그리고 있다. 첫째 날 저녁, 철학자는 부인에게 지구가 태양을 중심으로 돌고 있다는 코페르니쿠스의 발견을 이야기해 준다. 그 뒤로 이어진 밤산책에서 두 사람은 태양계의 다른 행성들, 나아가 다른 별 주위를 도는 행성들에 생명이 존재할 가능성에 대해 열정적으로 이야기를 나눈다.

두 사람의 대화는 마치 황홀한 사랑 속을 거니는 듯하다. 귀부인이 말했다. '별을 바라보는 걸 참 좋아해요. 해가 그 별들을 가려버리는 게 원망스러울 정도랍니다.' 철학자는 외쳤다. '정말 그렇습니다! 제 눈앞에서 그렇게 수많은 세계를 숨겨 버리는 태양을 도무지 용서할 수가 없어요.' 이 말에 부인이 놀라 되물었다. '세계라니요?' 철학자는 자신의 엉뚱한 생각을 고백했다. '별 하나하나가 하나의 세계일지도 모른다는 생각을 하게 되었답니다. 이런 상상을 하면 즐겁지요. 진리를 향하는 길에는 이런 즐거움이 꼭 필요한 법입니다.'

당시에는 서로 다른 행성들이 각기 어떤 방식으로 다른 형태의 생명체를 품을 수 있을지에 관한 글이 많았다. 천문학자들은 지구

밖의 생명체가 지구보다 훨씬 극단적인 온도나 중력 환경에 어떻게 적응했을지에 대해 다양한 가설을 세웠다. 이러한 가능성을 탐구하는 일은, 지구와 인간이 왜 지금과 같은 모습으로 존재하는지, 즉 너무 덥지도, 너무 춥지도 않으며 태양으로부터 적당한 거리에 자리한 이유를 설명하는 하나의 방법이기도 했다.

이러한 논의를 바탕으로 퐁트넬이 창조한 두 인물은 이렇게 말한다. '태양까지의 거리 차이를 고려하면, 토성의 생명체는 모두 느리고 수성의 생명체는 모두 빠를 거예요.' 지구에 사는 생명체는 그 중간쯤에 있을 테지만, '우리가 이렇게나 제각각인 걸 보면, 어쩌면 각자 다른 세계에서 온 존재일지도 모르겠어요'라고 덧붙인다.

일부 천문학자들, 특히 갈릴레오는 이런 사고 실험을 받아들이지 않았다. 그는 외계 생명체가 존재할 가능성이 거의 없다고 보았다. 달을 관측하면서 물이나 공기, 바다를 전혀 발견하지 못했기 때문에 생명체의 구성 요소 역시 찾아볼 수 없다고 주장했다. 1613년 다른 천문학자에게 보낸 편지에서 갈릴레오는 목성, 금성, 토성, 혹은 우리의 달에 생명체가 존재한다는 생각은 '거짓이며 저주받을 만한 것'이라고 말했다.

하지만 만약 먼 행성들이 지구와 같은 물질로 이루어져 있다면, 그곳에도 생명체가 존재할 수 있지 않을까? 하위헌스는 1698년 저서 《코스모테오로스Cosmotheoros》에서 이렇게 주장했다. 브루노와 퐁트넬처럼 하위헌스도 다른 별들에 지구처럼 생명체가 거주하는 아름답고 풍요로운 행성이 존재하지 않을 이유가 없다고 생각했다. 그를 비롯한 여러 철학자들은 별과 행성으로 뒤덮인 이 광활한 우주 속에서 우리의 존재 의미를 밝혀내고자 했다.

다른 세계는 왜 창조주와 관계를 맺을 어떤 동물도 없이, 오직 바위와 돌로만 가득한 생명 없는 사막이어야 할까? 하위헌스는 이런 의문을 품으며, 외계 생명이 존재할 가능성을 자신의 기독교적 세계관과 연결 지어 생각하려 했다. 만약 동물이 존재한다면 당연히 그들이 먹을 식물과 마실 물도 있을 것이다. 지구처럼 다른 행성에도 소리를 전달하는 공기가 존재하고, 그곳의 동물들도 미각, 후각, 촉각과 같은 감각을 즐길 수 있을 것이다. 하위헌스는 그 행성에 이성적인 존재가 있다면 우리처럼 글과 과학을 발전시키고, 별을 관측하며, 집을 짓고, 음악과 금속, 발명품을 만들어낼 것이라고 상상했다.

다른 행성에 생명체가 존재할 가능성이 매우 컸기 때문에 작가들은 풍부한 소재를 얻을 수 있었다. 1752년 중편소설 《미크로메가스Micromégas》에서 프랑스 작가이자 풍자 작가인 볼테르Voltaire는 크기의 개념을 재치 있게 활용하여, 당시 천문학자와 수학자들이 물리법칙을 적용한다는 명목으로 외계 생명체의 기이한 크기와 특성을 추정하던 방식을 풍자했다. 또한 한 세기 전에 발명된 현미경을 활용한 과학에 대해서도 새로운 관점을 제시했다.

이 이야기의 주인공은 시리우스별을 공전하는 행성에 사는 외계인이다. 이름은 미크로메가스로 '거대한 인물에게 더할 나위 없이 잘 어울리는 이름'이며 키는 약 35킬로미터에 달한다. 그는 혜성을 타고 행성에서 행성으로 이동하며 여행을 이어간다. 토성에 도착한 그는 키가 2킬로미터에 불과한 '난쟁이' 토성 거주민과 친구가 된다. 이후 목성을 거쳐 화성으로 향하는데 화성은 너무 작아 간신히 누울 수 있을 정도였다. 마지막으로 지구에 도착하지만 지구에 사는 사람들은 너무 작아 알아볼 수조차 없었다. 그나마 눈에 띄는 존재는 대화를 나눌 수 없는 고래와 배뿐이었다.

미크로메가스는 지구에 아주 작은 생명체들이 있다는 사실을 알아차렸다. 그는 이 '작디작은 지성체들' 중 철학자들에게 정중히 말을 건넸다. 그 철학자들은 고개를 떨군 채 인간이 '비열하고, 어리석으며, 비참한 존재'라며 한탄한다. 심지어 그들이 하는 일조차 초라해 보였다. '우리는 파리를 해부하고, 선의 길이를 재고, 계산을 합니다. 이해할 수 있는 두세 가지 문제에 대해서는 합의하지만, 이해할 수 없는 수천 가지 문제들로는 끝없이 논쟁을 벌인답니다.'

미크로메가스는 그들에게 사물의 진정한 본질을 담은 책을 건네주었다. 그 책은 파리 왕립과학원에 전달되었지만, 모든 페이지가 텅 비어 있었다. 과학원의 서기가 고개를 끄덕이며 말했다. '음, 역시 제가 생각했던 대로네요.' 이런 식으로 볼테르는 과학계를 향한 훈계 섞인 일침을 즐겼다. 나는 볼테르가 오늘날의 과학자들, 초월적 지성이나 디지털 의식, 시간여행 같은 혼란스러운 이야기를 장황하게 늘어놓으며 자신의 전문성과 과학의 힘을 과시하는 이들에게도 똑같이 날카로운 펜 끝을 겨누는 모습을 상상해 본다.

일부 철학자들은 외계 생명체의 지능이 얼마나 높을지 궁금해했다. 1755년 독일의 학자 임마누엘 칸트Immanuel Kant는 《보편적 자연사와 천체 이론Universal Natural History and Theory of the Heavens》에서 태양에서 멀어질수록 지능이 더욱 발달하고 완전해진다고 주장했다. 수성인과 금성인은 지구인만큼 지능이 높지 않으며, 지구인은 목성인과 토성인보다 열등하다고 보았다.

칸트는 우주에 우리 이외의 수많은 생명체가 존재할 가능성 앞에서 겸허해졌다. 그는 1788년 저서 《실천이성비판Critique of Practical Reason》에서 이렇게 적었다. '무수히 많은 세계를 바라보자니, 말하자면 동물적 존재로서의 나의 중요성이 사라지는 듯하다.' 지구는 '우주 속의 작은 점'에 불과했다. 우주의 광대함을 마주할 때 스스로가 작고 무력한 존재임을 깨닫는 것은 흔한 일이었다.

왜 행성은 존재하는 것일까

그렇다면 이 모든 행성은 무엇을 위해, 왜 존재하는 것일까? 과학자와 철학자들이 행성의 본질을 두고 논의해 온 것처럼 종교학자들 역시 오랫동안 이 주제에 관심을 가져왔다. 결국 어떤 신이 모든 것을 창조했다면, 거기에는 분명한 이유가 있었을 것이다. 외계 행성의 존재는 지구에 사는 우리에게 윤리적 교훈을 일깨워 준다.

17세기의 논쟁이 벌어지기 훨씬 전부터 모든 문화권의 철학자와 천문학자, 신학자들은 우리가 살고 있는 세계와 분리된 또 다른 세계를 상상해 왔다. 예를 들어 코란의 구절에는 알라가 창조한 '여러 세계'가 등장한다. 고대 인도의 베다 학자들은 기원전 1500년에서 500년 사이에 저술한 글에서 우주를 행성들이 섬처럼 흩어져 있는 공간의 바다로 묘사했다. 그들은 수백만 종의 생명체가 존재할 수 있다고 생각했으며, 그중 많은 수는 인간과 비슷하며, 더 많은 수는 인류보다 한층 더 진보한 존재라고 여겼다.

힌두교 신학에 따르면 외계 생명체 역시 우리와 마찬가지로 물리적 세계의 일부다. 따라서 그들도 '윤회', 즉 환생의 원리를 따라야 하며, 여기에서 죽음은 다양한 생명의 형태로 이어지는 끝없는 순환 속 하나의 과정일 뿐이다. 그 종착점은 개인의 '업보', 즉 평생 쌓은 도덕적 행위의 총합에 따라 달라진다. 선한 업을 많이 쌓은 사람은 더 높은 신분의 인간이나 심지어 신으로 다시 태어날 수 있지만, 그렇지 못한 사람들은 곤충이나 식물로 태어나기도 한다. 이는 창조와 파괴, 환생이 반복되는 끝없는 수레바퀴다. 우주 어디에 있든, 생명은 죽음을 맞은 뒤 다른 모습으로 바뀌어 어디서든 다시 태어날 수 있다. 하지만 그들이 업보의 서열에서 어느 위치에 있을지는 쉽게 알 수 없다.

마찬가지로 숫자에 관한 부처의 가르침을 모은 경전인 《앙굿따라 니까야Aṅguttara Nikāya》에 따르면, 우주는 생명체가 사는 수천 개의 세계와 다양한 존재들로 가득 차 있다. 이 모든 세계와 그 안의 모든 존재는 죽음과 환생의 순환을 겪는다.

한편 기독교와 유대교 학자들 역시 행성의 창조 과정에서 신이 어떤 역할을 했는지를 두고 오랫동안 고민했다. 천문학 지식이 발전하면서 이런 굳건한 신앙 체계와 충돌했고, 18세기에 들어서는 과학과 종교 간의 논쟁이 특히 격렬해졌다. 그 논쟁의 밑바탕에 있던 사상들은 대중서와 강연을 통해 퍼져 나갔고, 대학에서는 교육과 토론의 주제로 다루어지며 많은 이에게 영향을 미쳤다.

예를 들어 훗날 미국의 제2대 대통령이 된 존 애덤스John Adams는 외계 생명체가 도덕적 악행을 저질러 인간처럼 죽음을 피할 수 없는 존재가 되었을지도 모른다는 생각을 글로 남겼다. 과학자이자 작가, 정치인이었던 벤저민 프랭클린Benjamin Franklin은 우주의 광활함 앞에서 깊은 겸허함을 느끼며, '인간보다 훨씬 우월한 수많은 존재나 신'이 지구와 태양을 지켜보고 있을 것이라고 상상했다. 이는 전통적인 기독교 교리와는 다른 것이었다.

스웨덴의 과학자이자 후에 영적 선지자가 된 에마누엘 스베덴보리Emanuel Swedenborg(그의 추종자들은 스베덴보리안이라 불린다)는 그리스도가 지구에만 내려왔지만, 그의 가르침은 우주 전체로 퍼져 나갔다고 주장했다. 1758년에 발표한 짧은 저서 《우주 안의 지구들Earths in the Universe》에서는 지구 또는 다른 세계 근처에서 외계 생명체, 즉 인간과 비슷한 영혼과 천사들을 만나 그들의 삶과 문화, 예배 방식에 관해 이야기한 내용을 다룬다. 스베덴보리는 행성들이 더 큰 목적을 위해 존재한다고 보았다. 그는 행성이 무의미한 돌덩어리가 아니며, 단순히 태양 주위를 돌거나 지구 하나만을 비추기 위해 희미한 빛을 발하는 것 이상의 목적이 있다고 믿었다. 행성은 더 다양하고 특별한 역할을 해야 한다는 것이다.

이와 비슷하게 런던에 거주하던 이탈리아 태생의 랍비 데이비드 니에토David Nieto도 1714년 저서 《단의 지팡이Matteh Dan》에서 다른 행성에 생명체가 존재한다고 주장했다. 행성들이 그저 지구를 밝히기 위해 탄생한 존재라기에는 너무나 눈부시게 아름답다는 이유에서였다. 실제로 그는 '지혜로운 장인이 오로지 바늘 하나를 만들기 위해 수천 금의 값어치를 하는 도구를 준비한다고 누가 생각하겠는가?'라고 적었다.

하지만 많은 사람들이 우주를 바라보는 상반된 두 관점을 조화롭게 설명하는 데 어려움을 겪었다. 1794년 영국의 작가이자 철학자 토머스 페인Thomas Paine은 기독교를 정면으로 겨냥하는 책《이성의 시대The Age of Reason》1부를 출간하며 사회에 큰 파장을 일으켰다. 그는 이 책에서 외계 생명체와 다중 세계를 믿는 것이 기독교의 핵심 교리와 모순되며, 신앙 체계를 '공중에 흩날리는 깃털처럼' 산산이 흩어버린다고 주장했다. 페인이 생각하기에 이 두 믿음은 동시에 존재할 수 없었다. 그의 신념은 생명이 우주에 보편적으로 존재한다는 철학적 논리에 굳게 기반하고 있었다.

페인은 지구의 모든 틈새마다 생명이 존재하는 것처럼 우주 어디에서나 생명이 있어야 한다고 추측했다. 그의 관점에는 신이 지구에만 관심을 두거나, 다른 세계에도 저마다의 '아담과 이브'가 있다는 생각은 이치에 맞지 않았다. 그는 기독교의 이야기들이 실제 우주나 창조주를 설명하는 것이 아니라 단지 상징적인 이야기일 뿐이라고 주장했다. 규칙이 엄격하지 않거나 전통적인 교리에서 벗어난 '야생적이고 변덕스러운' 신앙 체계라도 도덕적으로 선한 경우가 많지만, 페인이 생각하기에 참된 종교는 단 하나뿐이며, 이는 우리의 감각으로 인식하는 세계와 일치하는 종교라고 보았다.

스코틀랜드 시골의 목사였던 토머스 찰머스Thomas Chalmers는 과학과 종교를 조화시키기 위해 많은 노력을 기울였다. 아마도 이런 노력의 배경에는 한때 두 가지 진로를 모두 따르려 했던 경험이 있었을 것이다. 1815년, 찰머스는 이 주제로 일련의 설교를 시작했고, 엄청난 청중을 불러 모았다. 이후 그는 이 설교들을《담론Discourses》이라는 제목의 연속 간행물로 엮었고, 이 책은 베스트셀러가 되어 영국과 유럽뿐 아니라 미국에서도 약 20권 분량으로 출간되었다.

찰머스는 풍부한 설교 경험과 생생한 표현력으로 청중을 사로잡았다. 그는 천문학이 보여 주는 경이로운 광경이 탐구자의 눈을 현혹하여 혼란스럽게 만들 수 있지만, 기독교 역시 자연과 우주 전체를 포용할 수 있다고 보았다. 찰머스에 따르면 신은 들판의 백합도 보살피며, 시편에는 하늘이 신의 영광과 장엄함으로 가득 차 있다는 표현이 있다. 과학과 종교라는 거대한 두 분야를 결합하면 더욱 인상적인 전체를 만들 수 있다. 찰머스는 신이 실제로 '자연의 건축가'이며, '밤하늘의 풍경 속에는 영혼을 경건한 성찰로 이끄는 요소가 많다'고 썼다. 그는 사람들이 밤하늘에 끌리는 이유를 다음과 같이 명쾌하게 설명했다.

달과 별은 세상과 떨어져 있어, 우리를 그 위로 끌어올린다. 달과 별을 통해 우리는 지구에서 벗어난 듯한 느낌을 받으며, 욕망과 불안으로 가득한 이 작은 무대 위를 벗어나 고결한 사유 속으로 떠오르게 된다.

찰머스는 낮과 밤, 계절, 산과 바다, 대기, 얼음으로 뒤덮인 극지까지, 우리 지구와 닮은 세계가 수없이 존재할 것이라고 생각했다. 단지 너무 멀어 세부적인 모습을 볼 수 없을 뿐이었다. 그는 또한 거대한 화산 폭발이나 홍수, 혜성과의 충돌, 태양의 소멸 등으로 지구가 파괴된다면 어떤 일이 벌어질지도 상상해 보았다. 찰머스는 인간이 바로 이처럼 연약하고 불안정하기 때문에 비록 우주의 광활함을 다 이해하지 못하더라도 신의 보호를 구하게 된다고 보았다.

그럼에도 천문학의 합리적인 매력은 일부 사람들을 전통적인 종교에서 멀어지게 만들었다. 미국의 작가이자 시인 랠프 월도 에머슨 Ralph Waldo Emerson은 천문학에 깊은 관심을 가지며, 1832년 목사직에서 물러났다. 그는 '천문학'이라는 제목의 설교에서 성경의 신과 자연의 신이 과연 동일한 존재인지 고민했고, 그렇지 않다는 결론에 이르렀다. 에머슨은 지구가 수많은 세계 중 하나에 불과하다면, 신이 인간을 벌하기 위해 지구라는 특별한 무대를 마련하지는 않았을 것이라고 생각했다. 코페르니쿠스의 천문학은 인간 구원을 중심에 둔 기독교 교리를 더 이상 믿기 어렵게 만들었다.

학자들은 영국의 시인 퍼시 비시 셸리도 천문학 지식의 영향으로 기독교 신앙을 버리게 되었다고 보았다. 1813년 《매브 여왕Queen Mab》의 한 판본에 추가한 주석에서 셸리는 이렇게 적었다.

우주의 끝없는 광대함은 경외심을 불러일으키는 사색의 대상이다. 그 신비와 장엄함을 진정으로 느끼는 사람은 종교 체계의 거짓됨에 현혹되거나 우주의 원리를 신격화하는 위험에 빠지지 않는다.

셸리는 생애 마지막 무렵에 쓴 글《악마, 악마들에 대하여On the devil, and devils》에서 악마도 신과 같이 '물에 섞인 소금'처럼 우주 전체에 편재하는 존재인지에 대해 고민했다. 왜 지구상의 인간만 특별히

모든 것은 별에서 시작되었다

악마의 유혹에 취약해야 하는가? 목성의 존재들은 과연 그렇지 않을까? 셸리는 실제로 우주에 수많은 악마가 존재한다고 믿었다.

동료 시인이었던 새뮤얼 테일러 콜리지Samuel Taylor Coleridge는 '신이 이토록 쓸모없어 보이는 거대한 천체들을 이렇게 많이 만든 의도가 무엇인지'에 관한 질문을 받았을 때 이렇게 답했다고 전해진다. '글쎄요, 많이 만들어서 가치를 떨어뜨리려 했는지도 모르죠.'

과학자, 신학자, 철학자, 그리고 일반 대중까지, 누구나 산더미처럼 불어나는 천문학적 사실 앞에서 깊은 생각에 잠겼다. 신중하게 접근한 이도 있었고, 독창적인 상상을 펼친 이도 있었으며, 몇몇은 이를 유쾌하게 즐기기도 했다.

다른 별에도 생명체는 존재하는가

이후 수십 년 동안 지질학과 생물학이 나란히 발전하면서 지나치게 단순한 '세계의 복수성'이라는 개념에 의심의 그림자가 드리워지기 시작했다. 1853년 영국의 자연철학자 윌리엄 휴얼William Whewell은 《세계의 복수성에 관하여Of the Plurality of Worlds》를 출간하고, 과학적 사실을 근거로 지구 외의 행성에도 생명체가 존재한다는 생각에 반대하는 주장을 펼쳤다. 이러한 생각은 인간이 영적 존재로서 우주에서 특별한 자리를 차지한다는 종교적 논거를 떠올리게 했다.

휴얼은 다재다능한 학자였다. 물리학과 천문학뿐 아니라 지구가 이전에 생각했던 것보다 훨씬 오래전에 형성되었음을 보여 주는 암석과 화석에 관한 최신 연구에도 밝았다(현재 지구의 나이는 약 45억 년으로 알려져 있다). 비교적 최근에 형성된 화석을 보면, 지구의 역사에서 대부분의 시간 동안 지적 생명체는 존재하지 않았음이 분명했다. 초기 인류는 불과 수백만 년 전 등장했다. 휴얼은 우리 지구에서조차 '인류의 존재가 공간적으로나 시간적으로나 한 점에 불과하다'고 적었다. 따라서 정교한 생명체가 우주의 다른 곳에 존재할 필요는 없었다. 우주 공간의 상당 부분도 지구보다 훨씬 척박한 환경이었다.

휴얼은 생명체가 변광성(밝기가 변하는 별로, 별 자체의 수축·팽창 같은 내부적 요인이나, 다른 별에 가려지는 식 현상 등 외부적 요인으로 밝기가 변한다 — 옮긴이) 주위를 도는 행성에서 살아남기 어렵다고 보았다. 변광성은 주기적으로 폭발하기도 하고, 두 별이 서로를 도는 쌍성인 경우에는 강력한 중력의 영향으로 주위를 도는 천체들을 파괴하기 때문이다. 휴얼은 태양계에서 지구 외에 생명이 존재할 가능성이 가장 큰 곳으로 지구와 가까운 달을 꼽았다. 그러나 망원경으로 관측한 결과 달에는 생명체는 물론 물이나 공기의 흔적조차 발견되지 않았다. 그가 생각하기에 더 멀리 있는 행성은 훨씬 황량해서 천왕성, 토성, 목성 모두 죽은 세계라고 보았다.

하지만 화성만은 예외였다. 휴얼은 화성이 아주 오래전의 지구와 비슷한 행성이라 어쩌면 여전히 공룡이 살고 있을 수도 있다고 생각했다. 또한 금성과 수성에는 미생물 형태의 생명체가 존재할 가능성도 인정했다. 금성의 생명체는 태양의 열을 피하기 위해 껍데기 속에 몸을 숨기고 있을 것이라고 상상했다. 이는 지구의 암석에서 발견되는 아주 작은 화석인 유공충('구멍이 있는 벌레'를 뜻하며, 표면에 작은 구멍이 많은 껍데기를 가진 단세포 생물 — 옮긴이)과 비슷한 형태다.

휴얼은 태양계 안에서도 생명이 자리할 수 있는 '온대 지역'이 존재한다는 개념을 처음으로 제시했다. 이는 훗날 '골디락스 존Goldilocks zone'이라 불리게 되었으며 너무 덥지도, 춥지도 않아 생명체가 살기에 '딱 알맞은' 온도를 가진 영역을 뜻한다. 지구는 생명체가 존재하기에 가장 이상적인 지점에 자리하고 있어, 태양계에 자리한 '난로'로 비유되었다. 오늘날 천문학자들도 이와 비슷한 개념을 사용한다. 바로 '생명 거주 가능 영역'으로 행성 표면에 액체 상태의 물이 존재할 수 있을 만큼 적당한 온도 조건이 유지되어 생명체가 존재할 가능성이 있는 영역을 말한다.

휴얼의 주장은 거센 비판을 받았다. 영국의 시인 테니슨 경은 신이 고작 지구처럼 '삼류 별을 도는 삼류 행성'에만 관심을 두고 있다는 발상을 비웃었다. 소설가 앤서니 트롤럽Anthony Trollope 역시 1857년《바체스터의 탑Barchester Towers》에서 이렇게 풍자했다. '달에는 분명 적어도 한 사람쯤은 있을 거예요. 아니 어쩌면 더 많을지도 모르죠.' 주인공 엘리너가 이렇게 말하자 구혼자 버티가 대꾸한다. '물컹한 점액 덩어리 같은 생명체는 없을까요? 금성에 도롱뇽 같은 존재들이 살지 않으리란 법이 있나요? 설령 목성에 물고기밖에 없다 하더라도 그 물고기들이 우리 인간보다 깨어 있는 존재일지도 모르지요.'

19세기 중반 생명 과학 그 자체도 빠르게 발전하고 있었다. 1858년 7월 1일 런던의 린네학회에서는 다양한 형태의 유기체가 진화하는 방식에 대한 두 가지 비슷한 이론이 발표되었다. 영국의 동식물 연구가 찰스 다윈Charles Darwin과 앨프리드 러셀 월리스Alfred Russel

Wallace는 서로 다른 지역에 서식하는 종들이 세대를 거듭하며 환경에 맞게 형질을 발달시킨다는 관찰 결과를 각각 제시했다. 이른바 적자생존의 원리였다. 이러한 생각은 훗날 자연 선택에 의한 진화론으로 알려지게 된다. 두 사람은 각각 이 이론에 관한 논문과 글을 발표했으며, 다윈은 이를 1859년에 출간된 그의 저명한 저서《종의 기원 On the Origin of Species》에서 완성했다.

진화론은 동식물이 어떻게 끊임없이 형태를 바꾸는지를 설명하지만, 생명이 어떻게 처음 시작되었는지는 말하지 않는다. 1871년 다윈은 식물학자 조지프 돌턴 후커Joseph Dalton Hooker에게 보낸 편지에서 이에 관한 생각을 적었다. '아주 큰' 가정이지만 '암모니아, 인산염, 빛, 열, 전기' 등이 뒤섞인 초기 지구의 '따뜻하고 작은 웅덩이'에서 화학반응으로 단백질이 생성되었고, 여기에서 생명이 시작되었을 가능성을 제시했다. 이렇게 생성된 단백질을 흡수하거나 분해할 유기체가 없었기에 그 화합물은 스스로 변화를 거듭하여 결국 생명의 원시형태로 발전했다는 것이다. 이 생명체는 다윈의 말한 복잡성의 사슬, 즉 '생명의 나무'를 따라 오늘날 우리가 알고 있는 생물 종으로 진화한다. 그 이후로도 과학자들은 같은 질문을 던져왔지만, 생명의 기원으로 이어지는 명확한 경로는 아직 밝혀지지 않았다.

동시대에 과학의 대중화에 힘쓴 리처드 앤서니 프록터Richard Anthony Proctor는 휴얼의 뒤를 이어 다른 행성에 생명체가 존재할 가능성에 대한 새로운 관점을 제시했다. 그는 1870년에 출간한《우리 이외의 세계Other Worlds than Ours》에서 거대한 가스 행성인 목성과 토성을 태양과 같은 존재로 보아야 하는지, 혹은 적어도 위성에 열을 공급하여 생명을 품을 수 있게 하는 존재로 여겨야 하는지 고민했다.

프록터는 비록 이 행성계에 아직 고등한 지적 생명체가 존재하지 않는다 해도, 언젠가는 이 거대한 행성계가 '고귀한 종들의 거처'가 될 수도 있다고 적었다. 다윈과 월리스의 섬들처럼(다윈과 월리스는 각각 갈라파고스섬과 동남아시아의 섬들에 서식하는 생물 종을 연구하며 진화생물학의 토대를 마련했다 — 옮긴이), 행성 또한 그 환경에 맞는 다양한 형태와 생태계를 지닌 생명체가 제각기 자신의 시간 속에서 진화하는 무대가 될 수 있다.

프록터는 이렇게 적었다. '지질학은 현재 지구에서 찾아볼 수 없는 낯선 생물들이 살던 시절을 우리에게 알려준다.' 위협적인 괴수, 흉측한 파충류, 거대한 박쥐 같은 동물, 거대 해양생물 등이 울창하고 습한 정글과 거친 바다가 어우러진 환경 속에서 '원시 시대의 어스름한 황혼'에 둘러싸여 있었다. 오늘날처럼 수백만 종의 생물들이 지구를 돌아다녔고, 생물마다 각자의 번성기가 있었다.

프록터는 설령 지구의 오랜 역사(당시에는 수백만 년으로 여겨졌으나, 현재는 45억 년으로 알려져 있다)에 비하면 생명이 존재한 시간이 찰나의 순간에 불과할지라도 지구의 가장 중요한 존재 목적은 생명을 품는 데 있다고 보았다. 마찬가지로 다른 천체들도 생명의 거처임이 틀림없다고 여겼다. 따라서 생명에 대한 질문은 두 갈래로 나뉘었다. 하나는 우리와 같은 지적 생명체를 찾는 것이고, 다른 하나는 미생물과 같은 원시적 형태의 생명체를 찾는 것이었다. 또한 생명의 탄생과 진화에 필요한 시간의 문제도 빼놓을 수 없었다. 우주 속 수많은 별 가운데 얼마나 많은 별에서 지구와 비슷한 생명의 진화 단계를 거치고 있을까? 아마 많지 않을 것이다.

한편 프랑스에서는 천문학 분야에서 널리 알려진 또 다른 작가 카미유 플라마리옹Camille Flammarion이 활동하고 있었다. 1862년 당시 스무 살의 나이로 파리천문대 학생 신분에 불과했던 그는《거주 가능한 세계의 복수성The Plurality of Inhabited Worlds》이라는 야심찬 내용의 책을 집필했고, 이 책은 출간과 동시에 큰 인기를 얻었다. 플라마리옹은 과학의 궁극적인 목표를 우리가 어디에서 왔는지 밝히는 데 두었다. 그리고 우주 전체를 볼 수 없다면, 우리는 지구라는 단 하나의 사례만 보게 되어, 우주와 그 안의 모든 존재 속에서 우리의 위치를 결코 알 수 없을 것이라고 덧붙였다.

플라마리옹은 이렇게 말했다. '들판의 개미는 자기 개미굴이 지구상에서 유일하게 살 수 있는 곳이라고 생각할 수 있다. 하지만 인간이 하늘을 거대한 사막으로 여기고, 지구만이 그 안의 유일한 오아시스이며 자신만이 영원히 사유하는 존재라고 믿는 것은, 개미의 생각보다 훨씬 근거가 빈약하다.'

플라마리옹은 우리가 별이 빛나는 하늘을 바라보는 데 끌리는 이유를, '우울한 하늘빛 속에서 떨며 반짝이는 진주들'처럼 보이는 별들이 '무한하다는 신비로운 생각' 때문이라고 보았다. 하지만 동시에 슬픔과 고독도 찾아온다고 했다. 우리는 결코 그 다른 세계에 닿을 수 없기 때문이다. 그래서 우리는 그곳에 다른 존재들이 있다고 상상한다. '우리의 시선을 받아줄 시선'을 찾는 것이다.

플라마리옹은 다른 행성에 생명체가 존재하는지보다, 왜 우리 지구에서 생명이 탄생했는지에 대한 질문이 더 중요하다고 보았다.

모든 것은 별에서 시작되었다

인류가 폐로 산소를 들이마시고, 과학적 사고로 세계가 작동하는 원리를 연구하면서 지구에 완벽하게 적응했다는 사실은 감탄할 만하다. 밝은 햇빛 아래 하늘을 나는 새와 곤충에서 깊은 바다의 어둠 속에서 살아가는 물고기와 갑각류에 이르기까지, 지구의 모든 동물은 수백만 년에 걸쳐 지구의 환경과 함께 진화해 왔다. 그렇기에 그렇게 극단적이지 않은 다른 조건의 환경에서 생명이 번성하지 못할 이유가 있겠는가?

그렇다면 그럴 가능성은 얼마나 될까? 앨프리드 러셀 월리스는 1903년에 출간한 방대한 저서 《우주 속 인간의 위치Man's Place in the Universe》에서 플라마리옹의 생각을 한층 더 발전시켰다. 이 진화생물학자는 천문학에서 밝혀진 사실들과 '세계의 복수성'에 관한 논의를 검토한 후, 확률적으로 인간이 우주에서 차지하는 위치가 '특별하며, 아마도 유일무이하다'는 결론에 이르렀다. 그 근거 가운데 하나는 지구의 위치적 특수성이었다. 지구는 태양으로부터 적절한 거리에 있고, 별들이 밀집한 은하 평면 위에 정확히 놓여 있다. 이런 조건에서 인간이 등장한 것은 우연일 수 없었다.

이듬해 추가된 부록에서 월리스는 외계 생명이 존재한다고 믿는 이들을 비판했다. 지구나 우주에 존재하는 원소들에서 고등 유기 생명체가 탄생하기 위해 필요한 조건이 충족될 확률이 얼마나 낮은지 제대로 따져 보지 않았다는 것이다. 조건이 하나씩 더해질수록 생명이 발생할 가능성은 점점 낮아졌다. 월리스는 그 확률을 무려 100만 분의 1을 여덟 번 곱한 값으로 추산했다. 다소 막연한 계산이었지만, 어쨌든 월리스의 관점에서는 확률이 0에 가까웠다.

다르게 표현하자면 월리스는 진화론을 근거로 다음과 같이 주장했다. 생물학자들이 아는 한 지구상의 어떤 종도 서로 다른 두 장소나 시기에 독립적으로 나타난 적이 없으며, 서로 다른 조상에서 진화한 사례도 없다. 진화를 이끄는 힘은 수렴하기보다 발산하는 경향이 있다. 화학적이든 지질학적이든 어떤 장소도 동일할 수 없다는 사실은, 특정 장소에서 자란 어떤 생물도 다른 장소에서 정확히 똑같은 형태로 발견될 수 없음을 의미한다. 또한 시간상으로도 진화 경로가 동일할 수는 없다. 진화론적 관점에서 보면 인간이 존재할 확률은 훨씬 더 미미했다. 수십억 년 동안 지구에서 일어난 우여곡절 하나하나가 모여 지금의 우리와 지구상의 다른 생명체들을 만들어 냈다. 이 과정을 어디서든 다시 반복할 방법은 없다.

월리스는 인간과 지적 능력이나 영적 특성이 유사한 존재가 다른 곳에서 다른 모습으로 나타날 수도 있다고 인정했다. 그럼에도 인간을 다른 동물과 구분짓는 특징 덕분에 우리가 진화의 계통도에서 높은 위치를 차지한다고 보았다. 만약 다른 세계에 인간과 신체적 특징이 유사한 존재가 있을지라도, 지적 능력이나 도덕적 본성은 다를 것이다. 따라서 다른 행성에서 인간과 같은 존재가 나타나는 일은 본질적으로 불가능하다. 우리의 기원은 지구에 있다.

화성이 불러온 열풍

외계 생명체가 존재할 가능성이 극히 희박할 것이라는 이 주장은 수

모든 것은 별에서 시작되었다

십 년 동안 지배적인 견해로 받아들여졌다. 망원경을 활용한 관측이 발전하면서 태양계의 다른 행성에 환상적인 존재들이 살고 있을 것이라는 생각은 과학자들 사이에서 점차 사그라들었다. 하지만 화성만큼은 여전히 마음을 사로잡았다.

19세기 말에 이르러 천문학자들은 망원경으로 화성에 대해 많은 것을 알아냈다. 화성은 자전하고 있었고 얼음으로 뒤덮인 극지방과 탁한 대기, 산이 있었으며 어쩌면 바다도 존재할지 모른다고 여겨졌다. 1780년대 '화성과 지구만큼 닮은 행성은 아마 태양계에 없을 것'이라는 윌리엄 허셜William Herschel의 믿음은 오래도록 이어졌다. 화성의 지도는 점차 정교해졌고, 이탈리아의 천문학자 조반니 스키아파렐리Giovanni Schiaparelli는 화성의 지형에 오늘날까지 쓰이는 이름들을 붙였다. 시르티스 메이저Syrtis Major(고대 로마 시대 리비아 해안의 만에서 유래한 이름—옮긴이), 엘리시움Elysium, 세이렌의 바다Mare Sirenum, 올림푸스산Olympus Mons 같은 이름들은 모두 고대 세계의 지명과 신화에서 따온 것이었다.

1877년 9월 5일 화성은 수십 년 만에 지구에 가장 근접했다. 지구와 화성 모두 태양 주위를 공전하기 때문에 때로는 태양의 같은 쪽에서 서로 가까이 놓이게 된다. 또 두 행성의 궤도가 원형이 아닌 타원형이기 때문에 약 80년마다 두 행성이 특히 가까워지는 시기가 찾아온다. 화성은 밤하늘에서 태양의 반대편, 이른바 '충衝(외행성의 겉보기 운동을 나타내는 용어로, 지구에서 볼 때 외행성이 태양과 정반대 위치에 있는 상태—옮긴이)'에서 특히 밝고 선명하게 빛난다.

1877년 화성이 지구에 가장 가까이 접근했을 때, 천문학자들은 리우데자네이루에서 마데이라, 모리셔스에 이르기까지 전 세계의 천문대와 산꼭대기로 몰려들었다. 어떤 이들은 서로 멀리 떨어진 지점에서 화성을 관측해, 겉보기로 가까워 보이지만 실제로는 훨씬 먼 배경별에 대한 위치 변화, 즉 시차를 이용하여 삼각측량법(서로 다른 두 지점에서 관측한 각도를 이용해 거리나 위치를 계산하는 방법 — 옮긴이)으로 화성까지의 거리를 계산하고자 했다. 또 다른 이들은 행성의 암석 표면을 더 자세히 들여다보려 했고, 가능하다면 늦여름 극지방의 얼음이 녹으며 붉고 울창한 초목이 드러나는 것까지 볼 수 있기를 바랐다.

워싱턴 D.C.의 미국해군천문대US Naval Observatory에서 근무하던 아사프 홀Asaph Hall 역시 망원경을 이 붉은 행성 쪽으로 돌렸다. 도시의 불빛에 가려져 최적의 관측 환경은 아니었지만, 그는 8월 중순 며칠 밤에 걸쳐 놀라운 발견을 했다. 화성의 두 위성인 포보스와 데이모스를 포착한 것이다. 이 두 위성의 이름은 그리스 신화에서 전쟁의 신 아레스의 전차를 끄는 말에서 따왔다. 아레스는 로마 신화 속 전쟁의 신 마르스에 대응한다.

8월 31일 〈뉴욕타임스〉는 이 발견의 의미를 되짚으며 비꼬는 듯한 칼럼을 실었다. 칼럼에서는 화성에 위성이 없다는 이유만으로 생명체도 없을 것이라고 설득하려 했던 일부 천문학자들을 조롱했다. 이들은 밀물과 썰물이 생명의 기원에 중요하다고 믿었다. 그러나 화성에서 위성이 두 개나 발견된 만큼 칼럼에서는 그런 주장이 더는 설득력이 없다고 지적했다.

칼럼은 이 논리가 다소 허술하다는 점을 인정하면서도, 반박에 나선 과학자는 없었다고 전했다. 그리고는 다시 한번 과학계를 겨냥해 이렇게 말했다. '현명한 사람이라면 과학자와 논쟁하지 않는다. 과학자는 언제나 듣기 거북한 전문용어를 늘어놓아 상대를 압도할 수 있지만, 자존심 있는 사람이라면 그런 용어까지 쓰며 체면을 잃고 싶지는 않을 것이다.'

칼럼은 곧 엉뚱한 상상을 이어갔다. 만약 모든 행성에 동일한 물리 법칙이 적용된다면, 지구의 다섯 대륙 곳곳의 담장 위에서 수많은 고양이가 달을 향해 세레나데를 부르듯, 화성에서도 수많은 담장 위 고양이가 위성을 찬양하며 노래하지 않을까? 게다가 화성에는 위성이 두 개나 있고, 화성과 지구의 크기 차이를 고려하면 고양이도 두 배쯤 더 많을 것이라고 했다. '두 위성이 모두 둥글게 차오르고, 화성의 셀 수 없는 고양이들이 일제히 환희의 합창을 올리는 순간은 실로 장엄할 것이다. 물론 아름답다고 할 수는 없겠지만.' 칼럼은 이런 상상을 유쾌하게 풀어냈다.

이 〈뉴욕타임스〉 칼럼은 먼저 화성의 독특한 지형을 짚었다. '대륙이 길고 좁은 골짜기로 깊게 파여 있어, 마치 행성이 뉴욕 요트 클럽의 여름 유람선 여행을 위해 맞춤 설계된 듯하다.' 화성 표면에 드리운 이 어두운 줄무늬는 오래전부터 천문학자들의 관심을 끌었다. 이탈리아 예수회 출신 천문학자 안젤로 세키Angelo Secchi는 1850년대에 이 줄무늬를 수로 또는 홈이라는 뜻의 '카날리canali'라 불렀다. 하지만 이러한 이미지가 널리 퍼진 것은 1877년, 당시 밀라노 브레라천문대Brera Observatory의 대장이던 스키아파렐리가 화성의 지형을 더 자세히 묘사한 그림들을 발표하면서였다. 이런 특징들은 화성이 지구에 특히 가까이 접근했을 때 더욱 뚜렷하게 보였다.

스키아파렐리의 그림에는 화성의 붉은 얼굴에 흉터가 난 듯, 행성의 원반을 가로지르는 어두운 선들이 그물처럼 교차하는 모습이 담겨 있었다. 그는 '카날리'라 부른 이 줄무늬들이 이탈리아어 의미 그대로 협곡이나 강일 수도 있다고 보았지만, 영어권에서는 이를 인공수로를 뜻하는 '운하canals'로 잘못 옮겼고 그 표현이 그대로 자리 잡아 버렸다. 그럼에도 이 '운하'라는 말은 이후 한 세기 동안 화성에 대한 연구와 저술에서 독자적인 의미를 지니게 되었다.

스키아파렐리는 근시에다 적록색맹이어서 명암 차이에 특히 민감했기 때문에, 선형적인 특징이 더 도드라져 보였을 수 있다. 원래 건축을 배웠던 그는 자신이 본 대로 옮겨 그리는 데 능숙했다. 하지만 그가 '카날리'를 관측하며 남긴 기록을 보면, 이 구조들이 사실상 '보일 듯 말 듯한 경계'에 놓인 다소 희미한 환영에 가까웠음을 알 수 있다.

스키아파렐리는 또한 줄무늬의 실제 색이 진한 붉은색인지 회색인지조차 분간하기 어려웠고, 자신의 시야가 '밝은 배경에 먹으로 음영을 넣은 정도'라고 표현했다. 이후 그는 몇 년 동안 시력이 더 약해지면서 운하가 두 갈래로 갈라져 보이기 시작했다. 1900년경 무렵 그 운하마저 기형적으로 일그러져 보이자, 마침내 화성 표면의 특징을 기록하는 일을 스스로 내려놓았다.

망원경을 들여다보던 천문학자들의 눈도 오류에 빠지기 쉬웠기 때문에, 화성의 모습은 전적으로 관측자의 시각에 달려 있었다. 존 허셜John Herschel을 비롯한 많은 사람은 밝은 영역에서 비치는 불그레한 빛과 어두운 부분에 드리운 청록색 기운을 기록했다. 화성의 표면을 파스텔로 옮긴 안젤로 세키는 붉은색과 노란색에서 푸른색과 초록색에 이르기까지 다양한 색을 사용했다. 화성 운하의 개념을 널리 알린 퍼시벌 로웰Percival Lowell은 '울새의 알처럼 푸른색'과 '장밋빛 황토색'이 층층이 겹쳐진 듯한 색을 보았다.

로웰은 특정 지점에서 청록색이 갈색으로 변하는 모습을 보고, 그 장면이 마치 갈아엎은 밭에서 돋아난 초목처럼 보인다고 묘사했다. 이후 일부 천문학자들은 이렇게 또렷하게 보이는 색들 가운데 일부가 로웰이 사용하던 '굴절 망원경'의 특성에서 비롯한 착시일 수 있다고 의심했다. 굴절 망원경은 커다란 렌즈를 사용하여 색수차(색에 따라 굴절률이 달라 빛이 렌즈를 통과할 때 상이 맺히는 위치가 달라지는 현상―옮긴이)가 발생하기 쉬웠다. 이후 렌즈 대신 거울로 빛을 모으는 '반사 망원경'으로 관측한 결과, 화성은 살구색이나 따뜻한 회색 계열의 단색으로 보이는 경향이 있었다. 여기에 더해 인간의 눈은 색의 차이를 강조하려는 경향이 있어, 강한 색 옆에서 보색을 함께 지각한다는 것도 문제였다. 예를 들어 두 가지 붉은 색조가 나란히 있을 때, 이를 구별하기 위해 한쪽에는 녹색기가 도는 것처럼 보일 수 있었다.

이러한 착시는 화성 표면이 살아 있는 세계이며, 계절에 따라 초목이 변화한다는 당시의 통념을 뒷받침했을 것이다. 쇠퇴해가는 문명이 식량을 마련하기 위해 거대한 관개 시설을 건설했고, 그 결과 메마르고 죽어가는 풍경이 되었다는 이야기들도 넘쳐났다. 마침 그 무렵 지구에서는 거대한 운하가 큰 관심을 모았다. 1869년 이집트에서 개통된 193킬로미터 길이의 수에즈 운하는 수에즈 지협을 통해 지중해와 홍해를 연결하여, 대서양과 인도양 사이를 오가는 항로를 크게 단축했다.

그럼에도 대부분의 천문학자들은 이러한 주장을 비웃었다. 스키아파렐리가 그린 운하 크기의 구조물이 이론적으로 불가능한 것은 아니라고 해도, 실제로 있을 가능성은 작다고 보았다. 화성의 반구 전체를 가로지를 만큼 길게 뻗어 있어 지구에서 이룬 어떤 공학적 성취보다 월등히 앞섰기 때문이다. 하지만 일부 천문학자들은 더 신중한 태도를 보였고, 그들의 관측 결과는 '화성의 광풍'이라고밖에 부를 수 없는 현상을 부추겼다.

하버드대학교 출신의 보스턴 사업가였던 로웰은 정식으로 천문학 교육을 받은 적은 없지만, 천문학에 남다른 열정을 갖고 플라마리옹의 저서와 같은 책들을 탐독했다. 1894년에는 애리조나주 플래그스태프로 이주해 도시의 광공해에서 멀리 떨어진 마을 외곽 언덕에 개인 천문대를 직접 지어 화성을 관측했다. 이 천문대는 로웰천문대 Lowell Observatory로 불리며 지금도 운영되고 있다.

로웰은 화성 운하의 존재를 확신하던 천문학자 윌리엄 피커링 William Pickering(하버드대학교 천문대장 에드워드 피커링Edward Pickering의 동생)과 함께 연구를 이어갔다. 1892년, 피커링은 안데스산맥에 있는 하버드대학교의 아레키파 관측소에서 화성을 관측한 후, 40개의 새로운 호수와 눈, 눈이 녹은 흔적을 발견했다고 주장했다. 이 관측 결과는 〈뉴욕헤럴드〉에 선정적으로 보도되었고, 예상대로 다른 천문학자들은 바로 반박에 나섰다.

로웰은 피커링처럼 화성에 운하가 실제로 존재한다고 굳게 믿었고, 탐사 과정에서 수백 개의 운하를 지도에 그렸다. 그는 1895년 저서 《화성Mars》에 초기 관측 결과와 해석을 발표했다. 이후 1906년에는 《화성과 운하Mars and its Canals》를, 1908년에는 《생명의 터전 화성 Mars as the Abode of Life》을 차례로 출간했다.

이 책들의 영향력은 상당했다. 로웰은 《화성》에서 고등 문명의 생명체가 존재할 가능성을 제시했지만, 현재든 과거든 그 모습에 대해서는 결론을 내리지 않았다. 그는 먼저 비록 히말라야 정상보다 절반 정도로 희박하기는 해도 화성에 지구와 비슷한 조성의 대기가 존재한다는 사실을 알아냈다고 밝혔다. 이어 화성의 기후가 온화하며, 대기에 수증기가 충분해 구름이 생기기도 하고 계절에 따라 극관(화성의 극지방에 물과 이산화탄소가 얼어서 형성된 하얀 반점—옮긴이)이 얼거나 녹는 현상이 일어난다고 기록했다. 또한 로웰은 극지의 얼음이 녹을 때, 마치 카프리의 푸른 동굴을 연상시키듯 극지 주변에 푸른 얼룩들이 띠처럼 나타났다가 이내 사라지는 모습을 관측했다고 적었다.

로웰은 화성 표면이 계절에 따라 색이 변하는 모습을 관찰하면서, 청록색으로 보이는 부분이 초목이라고 확신했다. 그러나 대부분은 물이 없는 황량한 사막과 다름없었다. 로웰은 화성이 지구보다 작아 더 빨리 식었을 것이며, 지질학적으로도 더 진화한 상태라고 생각했다. 바다는 말라버려 물이 땅의 균열과 동굴 속으로 스며들었고, 극지방에서 녹아내린 얼음이 유일하게 남아 있는 지표수의 원천이었다. 그래서 로웰은 화성에 생명체가 있다면, 그들의 삶에서 가장 중요한 관심사는 '관개'일 것이라고 판단했다. 그렇다면 운하는 분명 극지방의 바닷물을 끌어오기 위해 지어진 시설일 것이다.

로웰은 스키아파렐리가 본 운하를 어떤 설계자가 만든 구조물로 보았다. 그 운하들은 믿을 수 없을 정도로 길었고 화성 표면 위에서 1600킬로미터 이상 곧게 뻗어 있었지만, 폭은 30~50킬로미터에 불과할 정도로 매우 좁았다. 게다가 그 선들은 화성 표면에 무작위로 흩어져 있지 않았다. 여러 선이 한 지점에서 만났고, 로웰은 그 지점을 오아시스라고 추측했다. 그는 대기가 완전히 고요하고 맑을 때만, 망원경으로 이렇게 또렷한 세부 구조를 볼 수 있다고 설명했다. 다른 사람들이 운하를 발견하지 못한 이유도 여기에 있었다. 그는 '대기 상태가 좋지 않을 때, 큰 망원경으로 운하를 찾는 일은 눈앞에서 춤추듯 흔들리는 작은 활자를 읽으려 애쓰는 것과 같다'고 말했다.

로웰은 현재 생명체의 유무와 상관없이 화성이 험준한 바위로 뒤덮인 오래된 세계라고 결론지었다. 그는 '화성의 대륙은 모두 평평해졌고, 바다는 모두 말라 버렸다'고 적었다. 또한 이 붉은 행성에 붙은 험악한 이름이 부적절하며, 고대인들이 화성의 징조를 해석하며 혼란스러워했을 것이라고 덧붙였다. '신들의 분노를 뜻하는 이름이 붙었지만, 화성은 언제나 천체 가운데 가장 평화로운 존재였을 것이고, 지금도 마찬가지다.' 다른 행성도 마찬가지였다. '화성(Mars, 전쟁의 신―옮긴이)은 매우 평화롭고, 목성(Jupiter, 신들의 왕―옮긴이)은 매우 젊으며, 금성(Venus, 사랑과 미의 여신―옮긴이)은 구름 속에 수줍게 숨어 있다. 이처럼 행성의 이름은 그 기질과 어울리지 않는다.'

화성에 관한 로웰의 주장은 주류 천문학자들에게 외면당했고, 그뿐만 아니라 대중에게 이러한 주장을 퍼뜨린 사람들도 거센 비판을 받았다. 캘리포니아 릭천문대Lick Observatory의 대장이었던 에드워드 홀든Edward Holden은 1895년 신문 기사에서, 외계 생명에 관한 '성급한 이론화'가 독자들에게 얼마나 해로운 영향을 줄 수 있는지 지적했다. 기자들은 확실한 정보를 보도하고 싶어 하지만, 천문학자들조차 모든 사실을 알지 못할 때가 있다고 그는 덧붙였다. 그럼에도 과학자들은 대중에게 양심에 따라 정확한 정보를 전달할 의무가 있었다. 대중은 '확실한 사실과 추측의 경계를 알 권리'가 있기 때문이다. 한편 앨프레드 러셀 윌리스도 로웰의 주장을 반박하는 책을 내며, 화성의 수로라는 개념을 '지적인 설계가 아닌 비이성적 상상의 산물'이라고 평가했다.

하지만 로웰은 글과 연설에서 독창적이고 생동감 넘치는 표현을 구사해 대중의 기억에 깊은 인상을 남겼다. 그 여파로 과학자들과 일반 대중 사이에 '화성 열풍'이 번졌다. 오늘날에는 믿기 어려운 내용이지만 눈길을 사로잡는 보도들이 쏟아지는 가운데, 물리학자 니콜라스 테슬라Nikolas Tesla는 콜로라도에서 초기 라디오 수신기를 실험하던 중 화성에서 오는 반복 신호를 포착했다고 주장했다. 1901년 인터뷰에서는 '한 행성이 다른 행성에게 보내는 인사를 최초로 들었다'는 확신이 점점 커지고 있다고 말했다. 한편 애리조나의 로웰 천문대에서는 화성에서 한 줄기 빛이 뻗어 나오는 광경이 포착됐다는 소식이 전해졌다. 그러자 텍사스에 거울을 설치해 화성으로 신호를 되돌려 보내자는 제안까지 나왔다.

언론은 열광했다. 사람들은 화성 운하의 수수께끼가 마침내 풀릴 것이라는 기대를 품었다. 하지만 눈앞에 해답이 보이지 않고 제1차 세계대전이 코앞으로 다가오자, 멀리 떨어진 행성에 대한 대중의 관심은 시들해졌다. 이후 더 선명한 사진과 정교한 관측이 이루어지면서 결국 운하의 존재는 명백히 부정되었다. 그럼에도 로웰은 자신이 목격한 광경을 끝까지 확신하며 새로운 증거를 받아들이지 않았다. 그는 누구나 아는 인물이었지만, 동시에 많은 동료에게 외면받은 논쟁적 존재이기도 했다.

로웰은 다른 행성에 대해서도 논란의 여지가 있는 관측 결과를 발표했으며, 금성의 매끈한 표면에서 '점'을 보았다는 주장도 그중 하나였다. 일부 역사학자들은 밝은 황혼 녘 하늘에서 금성을 보려고 망원경의 개구부를 지나치게 좁힌 탓에, 망원경 안에 관측자의 눈 뒤편이 비쳐 보이는 착시가 생겼을 가능성을 제기해 왔다(황혼 무렵처럼 주변이 밝으면 희미한 금성이 잘 보이지 않아, 빛이 들어오는 개구부를 좁혀 눈부심을 줄인다. 그러나 개구를 지나치게 좁히면 외부 빛보다 관측자의 망막에서 반사된 빛이 상대적으로 두드러져, 망원경 안에 눈의 모습이 비칠 수 있다. 이 과정은 안과에서 눈 내부를 들여다볼 때 쓰는 검안기의 원리와 비슷하다 — 옮긴이).

그러나 로웰의 주장 중 일부는 실제 발견으로 이어졌고, 그 대표적인 사례가 바로 명왕성이었다. 로웰은 자신이 '행성 X'라고 명명한 미지의 행성이 미치는 중력 때문에 천왕성과 해왕성의 운동이 뒤틀린다고 믿었고, 이 행성을 사진으로 찾아내기 위한 대대적인 탐색에 나섰다. 이와 유사하게 천왕성의 움직임에서 보이는 미세한 편차를 설명하려는 시도가 1846년 해왕성의 발견으로 이어졌다. 로웰은 끝내 성공하지 못했지만, 결국 같은 로웰천문대에서 근무한 클라이드 톰보Clyde Tombaugh가 행성 X의 예상 위치 근처에서 명왕성을 찾아냈다. 이 발견은 마치 로웰의 주장을 뒷받침하는 듯 보였으나, 실제로는 우연에 불과했다. 현재 알려진 바에 따르면 명왕성은 너무 작아 그

모든 것은 별에서 시작되었다

중력으로는 그보다 더 큰 행성의 움직임에 유의미한 영향을 주지 못하며, 당시에는 해왕성의 질량도 정확히 모르는 상태였다.

로웰은 천문학 기법뿐 아니라 도시에서 벗어나 하늘이 또렷하게 보이는 외딴곳에 천문대를 세우는 관습에도 영향을 미쳤다. 로웰 천문대의 묘비에 새겨진 《화성과 운하》의 글귀는 그의 헌신과 확신을 보여 준다.

> 천문학은 이제 연구에 전념하는 이에게 신체를 초월한 몰입을 요구한다. 저 너머를 보기 위해서는 순수함이 필요하다. 이 순수함을 얻으려면 천문학자는 어쩔 수 없이 사람들과 떨어져 은둔해야 한다. 도시는 물론 평원까지 포기해야 한다. 오직 인간과 동떨어진 높은 곳에서만 온전히 연구를 이어갈 수 있다.

로웰은 또한 과학에서 새로운 지평을 여는 데 따르는 어려움을 인정하며 이렇게 적었다.

> 모든 천문학자는 인류가 자신의 발견을 받아들일 때까지 기다려야 한다. 대부분의 탐험가처럼, 연구를 처음 세상에 내놓을 때는 누구나 불신이라는 시련을 반드시 겪게 된다.

로웰과 스키아파렐리의 관점은 사회·정치적 사고와 공상과학을 통해 또 다른 방식으로 이어졌다. 이들에게 화성인이 그토록 훌륭한 운하를 건설할 수 있었다는 사실은, 이 이웃 행성의 문명이 지구보다 더 발달했거나 최소한 사회가 더 원활하게 운영되어 뛰어난 성과를 내고 있다는 의미로 다가왔다. 실제로 수에즈 운하와 파나마 운하 건설은 정치적 갈등, 노동자의 고통과 희생, 기술적 어려움과 일정 지연 등의 문제들로 점철되어 있었다. 화성의 공학자들이 훨씬 더 나은 성과를 거두었음이 분명했다. 그렇다면 여기서 얻을 수 있는 교훈은 무엇일까?

이 부분에서 두 천문학자는 서로 다른 견해를 보였다. 각각 오늘날 유럽인과 미국인에게 친숙하게 느껴질 법한 관점이었다. 스키아파렐리는 이러한 성취를 화성인들이 집단 사회주의 체제 속에서 수학과 과학, 공학 지식을 완벽하게 쌓아 올렸다는 증거로 보았다. 그에게 화성은 지식인들이 존경받고, 자연의 혹독한 환경을 다루는 데 그 지식을 활용하는 곳이었다.

로웰은 다른 사회를 상상했다. 진화 법칙에 따라 '적자생존'이 한층 더 엄격하게 적용되고, 능력에 따라 서열이 매겨진 위계적 사회가 정치적 통합을 이루는 사회였다. 로웰은 자연선택에 따라 가장 유능한 자는 꼭대기에, 나머지 모두가 그 아래 적절한 위치에 자리하게 되는 능력주의 사회가 만들어졌을 것이라고 믿었다. 또 화성인들이 말라 가는 행성에서 살아남기 위해, 지구인보다 훨씬 먼저 정착한 우월한 존재로서 생존에 필요한 자원과 노동력, 정치적 의지를 스스로 질서 있게 확립했을 것이라고 보았다. 반면 지구의 인간들은 그러지 못했다. 특히 로웰은 말년에 이민과 다국어 사회, 노동조합과 연금, 여성 참정권 등 미국 사회의 '진화적 진보'를 방해할 수 있는 모든 변화에 대해 강하게 반발했다.

모든 것은 별에서 시작되었다

두 사람의 정치적 입장은 달랐지만, 화성이 이상적인 사회라는 점에서는 의견이 일치했다. 화성 표면은 이상향을 위한 무대였다. 하지만 화성인들은 물 부족과 같은 수많은 환경적 어려움과 맞서야 했다. 과학자들이 화성을 연구할수록 생명체가 살아남기 어려운 조건은 점점 더 늘어났다. 그럼에도 작가들은 한 세기가 넘도록 화성을 비롯한 다른 행성을 상상 속에서 여행하며, 이러한 정치적·실존적 문제와 그것이 인류에 주는 의미를 끊임없이 고민했다.

작가들의 꿈이 투영되다

제국주의 탐험가들이 지구의 극지와 오지를 누볐던 것처럼, 19세기 후반에서 20세기 초의 소설가들은 용감하고 독창적인 영웅들을 화성으로 보냈다. 소설 속 화성 사회는 공산주의에서 전쟁, 성 평등에 이르기까지 다양한 조건에서 대안적 사회정치 규범을 실험할 수 있는 무궁무진한 무대였다.

거대한 변화의 시대였다. 과학 기술이 빠르게 발전하고 산업혁명이 가속화되면서, 전 세계 사회에 거센 변화의 파도가 밀려왔다. 작가들이 화성이라는 빈 캔버스에 이런 현대 사회가 어떤 모습으로 펼쳐질지 그려 보는 것도 자연스러운 일이었다. 이들은 로웰과 스키아파렐리의 저서에서 묘사한 화성의 풍경과 상상 속 사회상을 거의 그대로 가져왔다.

화성은 흔히 메마르고 황량한 행성으로, 지적으로 진보한 문명이 일군 세계로 그려진다. 예를 들어 퍼시 그렉Percy Greg의 1880년 저서《황도를 가로질러Across the Zodiac》에서 주인공은 연둣빛 하늘에 분홍색 구름이 떠 있는 세계에 도착한다. 그는 곧 주변에서 문명의 흔적을 발견한다. 반듯하게 나뉜 경작지, 영양과 유니콘을 닮은 가축, 높게 솟은 도로, 멀리서 금속성 빛을 반짝이는 도시가 눈에 들어왔다.

이 소설은 반세기 전 화성 왕복 비행 중 추락한 우주선에서 발견된 기록을 다룬다. 이 우주선의 이름은 '애스트로넛Astronaut'으로, 지금은 우주 비행사를 뜻하는 이 용어가 아마 이때 처음 등장했을 것이다. 이 이름은 고대 그리스 신화에서 이아손과 함께 황금 양털을 찾아 나선 아르고호의 선원들, '아르고노트argonauts'에서 유래했을 가능성이 있다.

그렉이 그린 화성인들은 인간과 매우 흡사했다. 화성 사회는 여성의 자유가 제한되는 보수적인 곳이었다. 여성들은 헐렁한 예복과 베일을 갖춰 입고, 자신의 구역을 거의 벗어나지 않는다. 화성의 안내자는 방문객에게 시기와 불평등으로 정치적 갈등이 반복되면서 이 사회가 지금처럼 변했다고 이야기한다. 한때 특권층이 소유했던 땅은 몰수되었고, 재산 소유와 화폐 사용이 금지되었다. 모두에게 기본 식량과 의복이 분배되었고, 이는 일종의 공산주의 체제였다. 불필요하거나 사치스러운 물건을 생산하지 않아 시기심은 줄었지만, 대신 게으름이 만연하고 기근이 뒤따랐다.

화성인들은 '사유재산을 허용하고 가족 유대를 중시하는 원칙'을 따르는 소규모 공동체로 옮겨갔다. 이들은 과학을 받아들였고, 반란을 진압하여 평화를 이뤄낼 첨단 무기를 개발했다. 하지만 그렉의 화성에서도 모든 일이 순조롭지만은 않았다. 종교는 설 자리를 잃었고, 그렉의 영웅은 이를 되살리려 애썼다. 제도적 논리로 가족의 유대가 약해졌고, 아이들은 국가의 품에서 자라게 되었다.

이 이야기의 교훈이 분명하지는 않지만, 그렉은 소수 지배층과 공산주의의 비인간적인 면모를 폭로하고, 가혹한 정치 체제에서 여성과 아이들이 가장 취약한 처지에 놓이는 경향을 보여 준다. 그렉의 화성에서 부모의 사랑은 저속한 본능으로 멸시받는다. 어머니는 나중에 사회에서 자녀를 알아볼 수 있도록, 반드시 아이에게 '지울 수 없는 흔적'을 남겨야 한다. 수 세기에 걸친 사회적 진화를 거치면서 화성은 감정이 메마른 곳으로 변했고, 남녀 간 갈등이 깊어졌으며 인구도 감소했다.

미국의 여성 작가 앨리스 일겐프리츠 존스Alice Ilgenfritz Jones와 엘라 머천트Ella Merchant는 1893년 작품 《평행선을 드러내다Unveiling a Parallel》에서 이전과는 전혀 다른, 화성의 강인한 여성상을 그려 낸다. 작품 속 주인공은 화성의 우아한 여성 엘로디아를 만난다.

그녀는 내가 지금껏 본 어떤 여성과도 달랐다. 거만하다고 할 수는 없었지만, 몸가짐에 왕실의 고위 인사 같은 위엄이 배어 있었다. 꾸민 듯한 기색은 조금도 없었다. 누구든 그녀를 마주치면 마치 차르를 상대하듯 진지하게 대해야 했다.

지구에서 온 여행자는 엘로디아의 오빠가 그녀를 동등한 존재로

대한다는 사실을 알아차린다. '그에게서는 우리가 집안의 여성들을 대할 때 흔히 드러나는 그 거만한 태도가 전혀 보이지 않았다.' 존스와 머천트가 묘사한 화성의 여성들은 부를 지녔고, 참정권과 발언권을 행사했으며, 존경을 받고 재산과 국가 직책까지 손에 넣었다. 또한 국가와 종교의 축복 아래 술과 담배를 즐기며 혼외자도 낳았다. 그야말로 전혀 다른 세상이었다.

화성과 다른 행성들은 여러 형태의 이상향을 펼치는 무대로 널리 활용되었다. 성공회 사제 블라디슬라프 서머빌 라흐-시르마 Wladislaw Somerville Lach-Szyrma는 1883년 저서 《알레리엘Aleriel》에서 금성의 공동체적 이상사회와 화성의 기술 중심 이상사회를 제시하며, 지구가 지닌 결핍을 더욱 뚜렷하게 드러냈다. 이 이상과 현실의 대비를 통해 인류가 겪어 온 고난과 인간의 조건이 예리하게 드러났다. 어쩌면 그는 언젠가 인간도 여기에서 교훈을 얻어, 이웃 행성에 산다고 여겨지는 존재들처럼 행복하고 평화롭게 살 수 있기를 바랐을지 모른다. 혹은 새로운 세계로 떠난다 해도 인간은 결코 완전한 평화를 얻지 못할 것이라 여겼을 수도 있다. 어느 쪽이든 우리는 각자의 짐을 안고 나아갈 수밖에 없다.

소설 제목과 같은 이름의 알레리엘은 금성에서 온 날개 달린 존재로 태양계를 여행하는 인물이다. 금성인은 성품이 온화하고 삶의 방식도 단순하여, 지구인의 방탕한 생활을 전혀 이해하지 못한다. 화성에 도착한 알레리엘은 화성인을 언어와 문자 체계를 갖추고 과학 지식에 정통한 지적 존재로 묘사한다. 그렉의 이야기와 유사하게, 라흐-시르마가 그려 낸 화성인들도 한때 전쟁으로 얼룩졌던 자신들의 행성이 이제는 평화와 번영을 누리고 있다고 말한다. 이기적인 행동은 금지되었고, 덕망과 지혜를 갖춘 이들만이 권력의 자리에 올랐다. 그럼에도 규칙을 어기면 '죽음'이라는 가혹한 형벌이 내려졌다. 알레리엘은 우리에게 두 종류의 이상사회를 제시하며, 독자에게 각각의 장단점을 생각해 보게 한다.

지구에 정착한 알레리엘은 이곳이 죄악과 죽음, 고통, 질병, 전쟁으로 가득한 '어둡고 비통한 세계'임을 깨닫는다. 그는 '다양한 종족의 인간, 더 높은 것을 향해 고군분투하는 인간, 슬픔과 고뇌, 죽음 속에서 살아가는 인간'을 관찰한다. 동시에 '자기만을 좇는 인간의 끔찍한 이기심, 강자에게 짓밟히는 약자, 결코 만족할 줄 모르는 강자'도 보았다. 지구는 아직 갈 길이 멀다. 이처럼 인간의 죄를 경고하기 위해 내려오는 '천사'라는 개념은 이후 공상과학 소설에서 자주 등장하게 되었으며, 로버트 하인라인Robert Heinlein의 1961년작《낯선 땅 이방인Stranger in a Strange Land》과 월터 테비스Walter Tevis의 1963년 작《지구에 떨어진 남자The Man who Fell to Earth》가 그 대표적인 사례다.

하지만 알레리엘은 은빛으로 빛나는 달과 보석처럼 반짝이는 섬들, 눈송이가 내리는 풍경을 바라보며 지구가 보여 주는 자연의 아름다움에 감탄한다. 드넓은 바다와 대륙을 보고는 '어떤 면에서 행복을 누리기에 적합한 조건이지만, 인간은 적어도 이번 생에서는 완벽한 행복을 기대할 수 없다'고 지적한다. 이러한 묘사는 오늘날에도 뼈아프게 다가온다. 인간이 기후 변화를 일으키고 다양한 방식으로 환경을 착취하며 지구의 아름다움을 스스로 훼손하는 것처럼 보이기 때문이다. 이 글은 또한 환경에 대한 우려가 단지 21세기만의 문제가 아님을 일깨워 준다. 오늘날 우리의 삶과 심지어 과학적 사고방식조차 과거의 영향 속에서 형성되었다.

이 소설의 초점은 우리가 공감할 수 있는 장소, 즉 이웃한 암석형 행성 세계에 맞춰져 있다. 알레리엘은 외행성과 그 위성들을 방문하고, 그곳이 대부분 엄청난 양의 구름과 깊은 바다, 타오르는 불꽃으로 이루어진 원초적인 세계임을 깨닫는다. 라흐-시르마는 서문에서 목성과 토성이 인류에게 주는 교훈은 없다고 설명한다. '두 행성에서 얻을 수 있는 것은 관측에서 얻은 대담한 추론이나 가능성에 불과하다.' 반대로 금성과 화성에는 참고할 만한 오랜 문화적 자취가 남아 있어, 대부분의 독자들이 쉽게 알아볼 수 있다.

한편 소련의 작가들은 당시 소련이 마주한 두 난제, 즉 공산주의의 사회정치적 구조와 환경 위기를 탐구하는 수단으로 공상과학을 활용했다. 혁명 이전에도 볼셰비키 운동가 알렉산드르 보그다노프Alexander Bogdanov의 1908년 저서 《붉은 별Red Star》에서는 레오니드라는 이름의 수학자이자 혁명가가 화성인을 만나 화성으로 향한다. 레오니드는 '사회주의'의 색을 닮은 화성의 붉은 초목과, 오래되어 황량하지만 온화하면서도 오래되고 황량한 풍경에 깊은 인상을 받는다. 또한 이 고대 세계에서 오랜 세월에 걸쳐 자리 잡은 화성 사회의 평등을 직접 목격한다.

하지만 레오니드는 이 붉은 행성의 현실이 그리 낙관적이지만은 않다는 사실을 서서히 깨닫는다. 화성은 사회 혁명뿐 아니라 무분별한 자원 개발에서도 지구보다 앞서 있었다. 비가 거의 오지 않아 물 공급은 늘 불안정했고, 석탄이 고갈되자 숲은 빠르게 베어져 나갔다.

식량도 부족했다. 인구가 넘치면서 한정된 자원은 빠르게 소진되었고, 화성인들은 인근 행성인 금성과 지구를 새로운 식민지 후보로 점찍기 시작했다. 금성 광산 개발만으로는 부족해, 지구는 새로운 자원 약탈 대상으로 지목되었다. 레오니드는 극심한 혼란에 빠져 동료 승무원을 살해하고 만다. 지구로 돌아온 그는 이 모든 일이 꿈이었다는 말을 듣지만, 사회주의적 이상향과 현실 사이에 놓인 깊은 간극만은 마음에 선명하게 남았다.

알렉세이 톨스토이Aleksey Tolstoy의 1923년 소설 《아엘리타Aelita》에서도 평등주의적이면서도 문제적인 화성을 배경으로 주인공 로스와 구세프의 모험이 펼쳐진다. 로스는 모험을 찾아 화성에 온 몽상가로, 결국 화성 통치자의 딸 아엘리타와 사랑에 빠진다. 구세프는 좀더 강인한 인물이다. 그는 소련에 가입하겠다는 의지를 표명하는 화성인들의 편지를 지구로 가져가려는 헌신적인 공산주의자다.

구세프는 화성 사회의 양면성을 목격한다. 황금빛 비행선이 도시 위를 떠다니는 가운데, 부유하고 아름답게 차려입은 사람들은 정원이 잘 가꿔진 광장을 거닌다. 한편 허름한 공장에서 일하는 노동자들은 주름진 얼굴로 '음울하고 희망 없는 개미 같은 삶'을 근근이 이어간다. 마약에 취한 하층민 화성인들이 모여 사는, 도시의 판에 박힌 벽돌길에는 '수천 년 동안 쌓인 권태'가 감돈다. 전형적인 전개대로 지배층과 노동자 사이에 긴장이 폭발하고, 구세프와 로스는 탈출해 지구로 돌아온다. 이처럼 작가들은 현실을 벗어나 다른 세계를 배경으로 비평을 내놓는 편이 훨씬 안전했다.

톨스토이의 이야기는 세부 묘사와 액션으로 가득하다. 1924년에는 영화 대본으로 각색되었으며, 소설 속 미래적 배경은 1934년 스페이스 오페라 〈플래시 고든Flash Gorden〉과 그 후속작들에 영감을 주었다. 한 세기가 지난 지금도 〈마션The Martian〉과 같은 영화에서 화성의 붉은 토양은 여전히 인간이 느끼는 불편함을 비롯해 이상주의와 현실이 맞부딪히는 긴장을 드러내는 무대로 사용된다.

제2차 세계대전 이후 많은 공상과학 작가가 다룬 주제는 더욱 어두워졌다. 인류는 신기술이 열어주는 가능성과 전쟁이 남긴 피로와 환멸 사이에서 균형을 찾으려 애썼다. 과학 덕분에 사람들은 건강과 풍부한 식량을 누릴 수 있었지만, 1945년 미국이 히로시마와 나가사키에 원자폭탄을 투하하면서 물리학이 가진 근본적인 힘의 잔혹함도 여실히 드러났다. 수많은 작가는 인구, 자원, 도시 재건, 환경 보호를 둘러싼 모순되는 감정과 커가는 우려를 다루고자 했다.

1950년에 출간된 레이 브래드버리Ray Bradbury의 《화성 연대기The Martian Chronicles》는 총기 난사와 음주에서 물질주의, 자본주의, 핵전쟁의 그림자에 이르기까지, 당시 미국 사회에서 집착하던 주제를 풍자적으로 보여 준다. 이 책은 스스로를 공상과학 소설로 규정하지 않았다. 브래드버리는 서문에서, 반짝이는 장면들과 우화를 엮어 만든 이 이야기가 신화의 본질을 담고 있다고 밝혔다. '과학과 기계는 서로를 파괴하거나 대체될 수 있다. 신화는 현실을 반영하며, 손으로 만질 수 없어도 사라지지는 않는다.' 신화는 강력하다. 실제로 그는 '캘리포니아공과대학의 가장 엄밀한 물리학자들조차 화성에 산소가 있다는 소설 속 설정을 별다른 이의 없이 받아들인다'고 적었다.

브래드버리가 그린 화성인은 전쟁을 피해 한 세기 전 지구를 떠난, 짧은 생을 사는 존재들이다. 이들은 화성의 폐허 도시들을 마치 미국의 작은 마을처럼 보이게 만들어, 지구에서 온 승무원들을 교묘하게 속인다. 처음에는 정찰 임무를 맡아 화성이 살기에 적합한지 살피던 인간 승무원들은 지구에 닥쳐올 핵전쟁을 피하려는 사람들을 위한 추가 이주선의 길을 열어준다. 그리고 얼마 지나지 않아 그 이주선이 화성에 도착한다.

브래드버리는 '지구인'들이 다양한 이유로 화성에 왔다고 썼다. 두려워서든, 두려움이 없어서든, 행복해서든, 행복하지 않아서든, 모든 것이 이유가 되었다. 순례자의 마음을 품은 이도 있었고, 그렇지 않은 이도 있었다. 이들은 '마음에 차지 않았던 결혼 생활과 직장, 마을을 떠났고, 무언가를 찾거나, 남기거나 얻거나, 파내거나 묻거나, 혹은 그대로 두기 위해 화성으로 향했다.'

심지어 지구 밖일지라도 새로운 땅을 개척하려는 열망에 관한 이야기는 오늘날에도 많은 공감을 불러일으킨다. 미국은 이러한 정서가 역사 속에 깊이 뿌리내린 나라다. 유럽 이주민들이 새로 확보한 영토를 향해 서쪽으로 이동할 때, 그 땅에서 살아온 원주민은 외면받았다. 이런 이야기는 광물 채굴이 목적이든, 단순한 호기심에서든 언젠가 달이나 화성에 세워질 기지를 떠올리게 한다. 이러한 서사가 현실에서 어떤 모습으로 펼쳐질지, 또 실제로 그렇게 전개될지 궁금해진다.

브래드버리의 화성에서 처음 들어선 마을은 광산촌이었다. 남자들은 망치를 들고 판자 지붕의 오두막을 세우며 '낯선 환경을 밀어내려' 애썼다. 목수들의 일이 끝나자 '여자들이 화분이며 꽃무늬 천, 냄

비를 들고 들어왔다.' 그다음에는 교회가 들어섰고, 음악가, 정치인, 로봇이 차례로 등장했다. 그리고 노인들이 자리했다. 마지막으로 등장한 것은 핫도그였다.

20년이 흐른 후 브래드버리 연대기의 화성은 '무덤의 행성'이 되었다. 전쟁으로 폐허가 된 지구는 하늘에서 녹색 불꽃처럼 타올랐다. 새로운 화성인들은 고향으로 돌아갈 수 없었다. 이제 화성이 그들의 터전이었다. 우리가 아름다운 고향을 파괴하고 땅을 차지하기 위해 서로 싸우는 동안, 권력과 부를 가진 자들은 다른 세상에서 새로운 시작을 노리고 있다. 이는 우리 모두에게 던지는 엄중한 경고다.

또 다른 상상, 화성 침공

브래드버리의 화성 원주민들은 지구에서 온 새로운 이주민들에 밀려 유령처럼 사라진다. 반면 훨씬 더 격렬한 충돌을 상상한 작가들도 있었다.

독일의 작가 쿠르트 라스비츠Kurd Lasswitz는 1897년 발표한 《두 개의 행성에서Two Planets》에서 북극에 머물고 있던 화성인을 발견하고 놀란 극지 탐험가의 이야기를 그렸다. 이 화성인들은 일부 탐험가를 화성으로 데려가 그들의 발전된 사회를 보여 주었다. 다시 말하지만, 화성은 메마른 행성이어서 화성인들은 살아남기 위해 운하를 건설해야 했다. 하지만 동시에 지구를 침략해 태양 에너지를 확보하려는 계획을 품고 있었다.

미국과 영국이 군대를 동원했지만 별다른 효과는 없었다. 영국 군은 대패했고, 화성인들은 그곳에 권위주의적인 통치 체제를 세웠다. 미국은 잠시 저항했지만 오래 버티지는 못했다. 결국 전 세계 사람들이 지하 운동을 조직하고 기술을 빼앗아 반란을 일으켰다. 불안한 평화가 찾아왔다. 하지만 세상은 이제 이전과 같지 않았다.

거의 비슷한 시기에 영국의 작가 H. G. 웰스H. G. Wells도 화성인의 침공이 우리 자신에 대해 무엇을 말해주는지 고민하고 있었다. 1892년 화성이 또다시 '충'의 위치에 온 지 얼마 지나지 않아 지구에 이례적으로 가까워졌을 때의 일이다. 언제나 그랬듯이 신문은 추측성 보도로 가득했고, 냉철한 과학자조차 이에 동참하고자 했다.

유전과 지능을 연구하면서 극단적인 우생학 사상으로 비판받은 영국의 과학자 프랜시스 골턴Francis Galton은 영국 신문 〈더타임스The Times〉에 흥미로운 글을 기고했다. 거울을 일렬로 세워 이웃 행성에 빛의 신호를 보낼 수 있다는 것이었다. '화성인들에게 정말로 지능이 있고 제법 좋은 망원경이 있다면, 그 신호가 무엇인지 추측해 보며 답하려 할 것이다.'

골턴은 '한 번, 두 번, 세 번' 순서로 빛을 번쩍이면 비슷한 응답을 이끌어낼 수 있을 것이라고 보았다. 다만 밤에는 태양 빛을 광원으로 사용할 수 없어 이런 신호를 보내기 어렵다는 점이 유일한 문제였다. 화성인과 소통하는 다른 발상으로는 전신 기술을 활용하는 방법도 있었다. 작가 플라마리옹은 지구의 자기장을 이용해 소리를 우주 공간에 반사시켜 보낸다면 이런 방식이 가능할 것이라고 제안했다.

1894년 8월, 프랑스 니스의 한 천문대가 화성에서 오는 빛을 포착했다고 보고하면서 큰 파장이 일었다. 과학 학술지 〈네이처Nature〉는 사설에서 이 사건을 다루며, 그 빛은 너무 비현실적인 외계 신호일 가능성보다는 산불이나 눈에서 반짝인 빛일 가능성이 크다고 조심스럽게 언급했다. 그러면서도 '물론 화성인이 우리에게 신호를 보내고 있다는 오래된 생각이 다시 떠오를 법하다'고 덧붙였다.

웰스는 1898년 소설 《우주 전쟁The War of the Worlds》의 서두에서 이러한 생각을 뒤집었다. 이 소설에서는 화성인들이 지구를 망원경으로 관찰한다. 지구의 작고 연약한 유기체들은 현미경으로 보면 마치 미생물처럼 보인다. 이들은 자신보다 훨씬 지능이 높은 존재들이 '예리하고 면밀하게' 자신들을 지켜보고 있다는 사실을 인지하지 못한 채 안주하고 있다. 웰스는 '아무도 우주의 오래된 세계를 인간에게 위협이 되는 요소로 생각하지 않는다'고 썼다. 그리고 곧 인간은 '크나큰 환멸'을 겪는다. 그는 외계 생명체를 인간의 형상을 한 천사에서 상상할 수 없는 무언가로 바꾸어 그려냈다.

웰스는 니스천문대에서 관측한 빛을 언급하며, 그 불꽃이 '화성의 거대한 구덩이에 자리한 거대한 총에서 우리에게 발사된 것'이라고 보았다. 얼마 지나지 않아 눈부시게 밝은 거대한 가스 구름이 화성에서 지구로 분출되었다. 주인공은 천문학자에게서 이 소식을 듣고, 그와 함께 천문대에서 밤을 지새우며 화성을 관찰한다. 망원경의 태엽장치가 내는 소리 외에는 아무 소리도 들리지 않았다. 지붕 틈으로 들여다본 화성은 은빛을 띤 작고 따스한 세계였고, 길쭉한 심연 위로 은빛 먼지가 흘러가는 듯했다.

두 사람은 화성에서 또 하나의 가스 구름이 미사일처럼 발사되는 광경을 목격한다. 천문학자는 이 섬광을 화성인의 신호라고 믿는 사람들을 비웃으며 말한다. '화성에 인간과 같은 존재가 있을 확률은 백만분의 일이야.' 하지만 그 뒤로 매일 밤 지구에서 점점 더 많은 사람이 이러한 분출을 목격했다. 이어 유성이 쏟아졌다.

화성인들이 일제히 침략해 영국 남동부를 휩쓸고 런던을 점령했다. 사람들이 반격했지만, 화성인들은 알 수 없는 질병으로 갑자기 쓰러져 죽음을 맞이했다. 인류의 삶은 어느 정도 다시 정상으로 돌아온 듯했지만, 사실 그렇지 않았다. 이제 사람들 마음속 한구석에는 화성인들이 다시 돌아올지도 모른다는 생각이 늘 자리하게 되었다.

웰스가 겨냥한 것은 인류의 오만함, 즉 우리가 창조와 진화의 정점에 있다는 믿음이었다. 그는 또한 식민지 강대국, 특히 영국 제국을 비판했다. 화성인들은 우리가 다른 인종이나 도도새 같은 동물에게 저지르는 일을 우리에게 그대로 하고 있을 뿐이었다.

웰스는 화성에 관한 과학적 지식과 구전 자료 모두에 정통했다. 그는 화성을 소재로 한 여러 에세이와 단편 소설을 썼을 뿐 아니라, 리처드 그레고리Richard Gregory와 함께 화성인과 운하에 관한 교과서도 집필했다. 또한 찰스 다윈의 자연선택설을 지지한 토머스 헨리 헉슬리Thomas Henry Huxley가 런던에서 진행한 생물학과 진화론 강의에도 참석했다. 웰스는 화성의 환경이 지구와 크게 다르지 않다는 것을 알고 있었지만, 화성에서는 진화가 다른 방향으로 일어났을 것이라고 생각했다. 인간이 진화의 종착점일 필요는 없었다. 그에게 화성에 인간이 존재한다는 생각은 다른 존재의 경험을 배제한 채 인간의 경험만을 투영한 '의인화'에 지나지 않았다.

그 후 50년 동안 많은 공상과학 작가가 화성이라는 불씨를 뒤적였다. 이들 작품의 상당수는 용감한 영웅이 공주를 구하기 위해 외계인과 맞서는 중세풍의 모험담이었고, 《천일야화Arabian Nights》나 아서 왕 전설의 형식과 유사했다. 구스타부스 W. 포프Gustavus W. Pope의 1894년작 《화성으로의 여행Journey to Mars》, 에드거 라이스 버로스Edgar Rice Burroughs의 1912년작 《화성의 공주A Princess of Mars》, 마르시아누스 로시Marcianus Rossi의 1920년작 《화성으로의 여행A Trip to Mars》까지 이어지는 작품들에서 주인공들은 호사스럽고 기묘한 휴가를 떠난다. 보석으로 장식한 건축물, 비단과 모피로 만든 의상, 전설 속 동물, 멋진 풍경으로 가득한, 이 세상과는 동떨어진 '그랜드 투어'와도 같은 여행이었다.

다른 작품들은 연애 요소도, 여성 인물도 등장하지 않는 소년 모험물이었다. 버로스의 소설은 화성을 전쟁의 신으로 묘사하여, 온 행성이 갈등으로 들끓는 세계를 만들어 냈다. 또한 '알파메일(동물행동학에서 집단 내 우두머리 수컷을 가리키는 용어 ─ 옮긴이)'이 두드러지게 등장하며 이는 적자생존과 같은 우생학적 사상과 연결된다. 인종차별적 묘사도 만연하다. 포프 역시 피부색이 노랗거나 빨갛거나 파란 화성의 인종을 언급하지만, 혼혈은 철저히 배제한다. 펜튼 애시Fenton Ash의 1909년작 《화성으로의 여행A Trip to Mars》과 로이 록우드Roy Rockwood의 《화성으로 떠나는 우주여행Through Space to Mars》 등 소년 독자를 겨냥한 공상과학 소설들도 이 무렵 출간되었다. 이와 함께 대량 생산된 공상과학 소설이 널리 퍼졌다.

하지만 웰스가 그린 점액질 외계 생명체의 '이질성'은 오래도록 선명하게 남았다. 1938년 미국의 배우이자 영화감독인 오슨 웰스 Orson Welles는 H. G. 웰스의 소설 《우주 전쟁》을 바탕으로 한 라디오 드라마를 방송하면서 배경을 미국의 소도시로 옮겼다. 미국의 대중들은 실제로 그런 일이 일어나고 있다고 생각하며 공황에 빠졌다. 사람들은 예민할 수밖에 없었다. 방송일은 10월 30일, 할로윈 직전이었고, 제2차 세계대전의 먹구름이 몰려오고 있던 때였다.

독일이 폴란드를 침공하기 몇 주 전이었던 1939년 7월 24일, 〈뉴욕타임스〉는 1939년 화성이 '충' 위치에서 지구에 가까워진 현상을 두고, 한때는 불길한 징조로 여겼다고 보도했다. '전쟁의 신을 상징하는 행성인 화성이 남동쪽 하늘에서 불길하게 타오르고 있다.' 하지만 곧 걱정할 필요가 없다고 덧붙였다.

화성에는 인간이 없기 때문이다. 이어 '웰스의 상상 속 기이한 생물들에 대해서도 걱정할 필요가 없으며, 뉴저지는 무조건 안전하다'고 전했다. 그러나 생각해 보면, '그 황량한 표면에 단 하나의 식물이라도 살아 있다면, 이는 우리를 우주의 가장 먼 곳까지 연결하는 다리가 되어 줄 것이다.' 지금은 인간과 인간의 의식이 존재하지만, 인간이 사라진 뒤에는 어떤 일이 발생할까? 기사는 이렇게 적었다. '다른 세계의 생식 세포들이 다시금 의식과 이성을 향해 장엄한 행진을 시작할 것이다. 적어도 우리는 그런 모습을 기대한다.'

그럼에도 천문학자와 일부 군 조직은 만일을 위해 우주를 계속 주시하고자 했다. 1960년대 미국의 전파천문학자 프랭크 드레이크

Frank Drake는 수소 원자가 내는 주파수 대역에서 전파 망원경으로 두 개의 별을 주기적으로 관측하기 시작했다. 그 별들 주위에 있는 행성에 지적 생명체가 존재한다면 이런 보편적인 방식으로 메시지를 보낼 것이라는 생각에서였다. 소련의 천문학자들도 관심을 보였고, 이렇게 외계 지적 생명체 탐사Search for Extraterrestrial Intelligence, 즉 SETI 프로그램이 시작되었다.

1961년 드레이크는 우리은하에 외계 문명이 존재할 가능성을 통계적으로 계산하는 방정식을 제시했다. 그는 근처에 있는 별과 행성의 수, 여기에 생명체가 존재할 확률, 그 생명체가 기술적으로 소통할 만큼 지적으로 발달했을 확률, 생명체가 존재할 수 있는 기간 등에 추정값을 대입해, 우리은하와 교신 가능한 문명을 지닌 행성이 1000개에서 1억 개 사이일 것으로 추정했다. 천문학자들은 그 숫자를 더 정확히 구하려고 노력했지만, 핵심은 그 확률이 낮다는 점이었다. 지금까지 아무도 우리에게 닿지 않았다는 사실이 이를 증명하는 것처럼 보인다. 어디에선가 신호가 오기 전까지는 그렇다.

그럼에도 위험은 크다. 웰스가 경고했듯 누구도 예상치 못한 상황에 휘말리고 싶지는 않을 것이다. 1971년, NASA는 근처 별에서 오는 신호를 추적하기 위해 거대한 전파 망원경을 건설하는 사이클롭스Cyclops 프로젝트에 자금을 지원했다. 이 10억 달러 규모의 프로젝트는 실현되지 못했지만, 여기에 적용된 기술적 개념은 캘리포니아주 햇크릭에 있는 앨런 망원경Allen Telescope Array 등 다른 우주 감시 프로젝트로 이어졌다. 2015년 7월, 캘리포니아대학교 버클리 캠퍼스는 브레이크스루 리슨Breakthrough Listen 프로젝트에 자금을 지원하여,

웨스트버지니아주 그린뱅크천문대Green Bank Observatory와 호주의 파크스천문대Parkes Observatory에서 SETI 관측 임무를 수행했다. 중국의 새로운 거대 전파 망원경인 500미터 구경 구면 전파 망원경FAST, Five-hundred-metre Aperture Spherical Telescope 역시 SETI 관측을 목표로 한다. 한편, 지구 밖에서도 외계 생명체 탐사는 활발하게 진행되고 있다.

별들을 향해 항해하는 인간들

제2차 세계대전의 참상과 기술 경쟁 속에서 인공 탐사선을 궤도에 올릴 수 있는 강력한 로켓이 개발되었다. 1958년 7월 미국 아이젠하워Dwight David Eisenhowe 대통령은 NASA를 창설하는 법안에 서명했다. 법안에서 명시한 NASA의 주요 임무는 크게 세 가지였다. 첫째는 대기와 우주 현상에 대한 인류의 지식을 넓히는 것이고, 둘째는 항공기와 우주선의 유용성, 성능, 속도, 안전성, 효율성을 향상하는 일이었으며, 셋째는 항공과 우주 활동을 평화적·과학적인 목적으로 활용할 때 얻을 수 있는 잠재적 이익과 기회, 관련 문제를 장기적으로 연구하는 것이었다.

1960년 NASA는 행성 탐사 임무의 이름을 해양 관련 용어에서 따르기로 했다. '먼 거리와 낯선 땅으로 떠나는 여행의 느낌'을 전달하기 위해서였다. 그리하여 초기 탐사 임무들은 파이어니어Pioneer, 매리너Mariner, 레인저Ranger, 서베이어Surveyor, 바이킹Viking이라는 이름을 얻었다.

매리너 우주선은 여러 기록을 남겼다. 1962년 NASA의 매리너 2호는 금성을 스쳐 지나갔고, 1965년 매리너 4호는 화성을 최초로 근접 촬영하여 사진과 과학 자료를 지구로 전송했다. 1971년 매리너 9호는 화성 궤도에 진입해 다른 행성을 공전하는 최초의 인공위성이 되었으며, 궤도에서 화성의 위성 사진을 촬영하고 화성의 지리와 날씨를 관측했다. 1974년 매리너 10호는 수성에 도달해 인류 최초의 방문 기록을 세웠다.

이들은 무엇을 발견했을까? 기대한 것과 항상 같지는 않았다. 우리가 태양계의 다른 암석형 행성들과 그보다 더 멀리 있는 행성들에 대해 알게 된 과정은 다음과 같다.

지구와 크기가 거의 비슷한 금성은 종종 지구의 '자매 행성'으로 불린다. 하지만 금성의 구름은 지구의 솜털같이 얇은 구름과 달리 매우 밀도가 높아 금성 표면을 완전히 가린다. 수백 년 동안, 1950년대까지도 사람들은 금성을 약간 더 따뜻한 지구처럼 생각했다. 19세기 중반 천문 관측 결과 금성의 대기가 지구와 화학적으로 유사하다는 사실이 밝혀지자, 금성에 생명체가 존재할 수도 있다는 기대가 퍼졌다.

공상과학 작가들은 금성이 지구만큼이나 살기 좋은 곳이라고 상상했다. 에드거 라이스 버로스는 금성을 화산과 사막, 정글, 공룡까지 등장하는 선사 시대 지구와 거의 흡사하게 묘사했다. 레이 브래드버리는 단편 소설 《온 여름을 이 하루에All Summer in a Day》에서 금성을 끝없이 비에 젖는 모습으로 그리며, '물방울이 북을 치듯 퍼붓고, 맑은 비가 수정처럼 쏟아지며, 거센 폭풍이 해일처럼 몰아친다'고

모든 것은 별에서 시작되었다

표현했다. 스타니스와프 렘Stanisław Lem의 1951년 작품《우주 비행사들The Astronauts》은 금성을 훨씬 더 암울하게 그린다. 이 소설 속 금성은 핵무기로 자멸한 문명의 잔해로 남아 있다.

1962년 매리너 2호와 1970년 소련의 베네라 7호 착륙선이 금성에 도착했을 때, 그들이 마주한 풍경은 브래드버리의 습한 열대우림보다는 렘의 지옥에 더 가까웠다. 금성은 제어할 수 없는 온실 효과를 겪고 있었다. 대기의 96퍼센트가 이산화탄소로 구성되어 있어 태양열을 가두면서, 금성은 태양계에서 가장 뜨거운 행성이 되었다. 검은 점판암처럼 보이는 표면은 섭씨 500도에 육박하는 고온으로 납까지 녹일 수 있다. 기압은 지구 표면의 90배가 넘으며, 이는 해저 900미터 깊이에서 받는 압력과 같다. 완만한 화산은 대기로 유황 가스를 분출하여 황산 구름을 만들어 내고, 머리 위에서는 번개가 내리친다. 금성에 발을 들이는 것은 부식성이 강한 용광로에 들어가는 것과 같다.

1989년 발사된 마젤란Magellan과 2005년 발사된 비너스 익스프레스Venus Express 탐사선을 비롯한 최근 금성 탐사 임무들은 금성의 표면 지도를 완성했다. 금성은 하와이 빅아일랜드를 떠올리게 하는 거대한 팬케이크 모양의 화산 언덕과 최근 분출된 용암으로 뒤덮여 있다. 금성은 지구를 비롯한 대부분의 태양계 행성과는 반대 방향으로 매우 느리게 자전한다. 그 이유는 불분명하지만, 우주 과학자들은 오래전 지나가는 천체와의 충돌로 회전 방식이 바뀌었을 가능성이 있다고 추측한다. 따라서 금성의 하루는 1년보다 길고, 구름을 뚫고 볼 수 있다면 태양이 서쪽에서 떠서 동쪽으로 지는 모습을 관찰할 수 있을 것이다.

금성은 그 이름이 유래한 로마 여신 비너스가 상징하는 사랑과 미, 욕망, 성, 다산, 번영, 승리 같은 매혹적인 이미지와는 거리가 멀지만, 그 지형의 이름은 대부분 신화 속 여신과 실제 여성의 이름에서 따왔다. 계곡은 강의 여신이나 마아어, 폴란드어, 줄루어 등 여러 언어에서 비너스를 가리키는 다양한 이름을 따서 명명되었다. 한 산맥에는 비너스에 대응하는 그리스 여신 아프로디테Aphrodite의 이름이 붙었다. 19세기 영국의 고생물학자이자 화석 수집가였던 메리 애닝Mary Anning부터 20세기 미국의 배우 겸 가수인 주디 갈랜드Judy Garland까지, 실존했던 저명한 여성들의 이름도 금성 곳곳에 새겨져 있다.

금성은 갈릴레오가 그 위상 변화를 관측하여 지구가 우주의 중심이 아니라는 사실을 확인하게 만든 단서였을 뿐 아니라, 태양을 가로지르는 움직임을 통해 내행성계(태양계의 소행성대를 기준으로 태양에 가까운 쪽에 위치한 행성계로, 지구형 행성인 수성·금성·지구·화성이 포함된다 — 옮긴이)의 거리 기준을 설정하는 데도 중요한 역할을 했다.

17~18세기 요하네스 케플러와 아이작 뉴턴 등 천문학자들과 물리학자들은 금성을 비롯한 여러 행성과 태양 사이의 거리를 계산했지만, 지구와 태양 사이의 거리는 측정하기 어려웠다. 우리가 지구에 있어 지구의 움직임을 외부에서 관측할 수 없기 때문이다. 그러나 금성에서 태양까지의 거리와 금성이 태양을 통과하는 데 걸리는 시간을 알면, 지구상의 서로 다른 지점에서 금성을 관측하여 삼각측량법으로 지구와 태양 사이의 거리도 계산할 수 있다는 사실이 밝혀졌다

(금성이 태양을 통과할 때, 지구상의 서로 다른 두 지점에서 이를 관측하면 약간 다른 궤적을 지나가는 것처럼 보인다. 이 궤적 차이, 즉 시차를 이용하여 거리를 계산한다. 금성이 태양을 통과하는 전체 시간을 통해 평균 이동 속도를 추정할 수 있으며, 이를 바탕으로 두 관측 지점에서 금성이 태양 원반 위 어느 위치에 있었는지 비교할 수 있다. 이렇게 얻은 시차와 두 관측 지점 간 거리, 금성과 태양 사이의 거리를 활용하면 삼각측량법으로 지구와 태양 사이의 거리를 계산할 수 있다 — 옮긴이).

금성이 태양 앞을 지나는 '태양면 통과' 현상은 약 240년마다 한 번씩 나타난다. 지구에서 볼 때 금성의 궤도가 태양과 항상 완벽히 정렬되지는 않기 때문이다. 16세기부터 서양의 과학자와 탐험가들은 북극에서 남미, 남태평양까지 세계 곳곳을 열정적으로 누비며 이 희귀한 현상을 여러 장소에서 동시에 관측했다. 1768년 호주 동부 해안으로 향하던 제임스 쿡James Cook 선장은 타히티에 들러 금성의 태양면 통과를 관측했으며, 그 지점은 지금까지도 '포인트 비너스Point Venus'라는 이름으로 불린다.

1970년대 이후 우주 탐사선이 금성을 방문해 타들어 가는 척박한 환경을 확인하면서 공상과학 작가들은 더 이상 금성을 이상향으로 그리지 못했지만, 완전히 포기하지는 않았다. 어떤 작가들은 금성의 도시가 산소와 질소로 채운 풍선 속에서 떠다니는 모습을 상상했다. 사실 어디든 생명체가 살 수 있는 환경으로 만들어낼 수는 있다. 최근 일부 행성 과학자들은 금성도 화성처럼 과거에는 지구와 더 비슷했을 가능성이 있다고 주장한다. 금성에도 한때 바다가 있었으나, 행성이 점차 뜨거워지면서 증발했을 가능성도 있었다. 이는 인간이 초래한 지구의 기후 변화를 맞닥뜨린 우리에게 또 하나의 교훈이 된다.

태양에 훨씬 더 가까운 곳에는 태양계에서 가장 작은 행성, 수성이 있다. 금성과 달리 수성은 오래전부터 극한의 환경으로 알려져 왔다. 달과 지구처럼, 수성도 태양과 조석 고정(조석력으로 인해 천체의 공전 주기와 자전 주기가 같아지는 현상으로, 동주기자전이라고도 한다—옮긴이) 상태에 있어, 한쪽 면은 끝없이 태양 빛에 그을리고 다른 면은 영원한 밤에 갇혀 있는 것으로 여겨졌다. 작가들은 이 '영원한 밤'의 가장자리, 늘 황혼이 드리우는 지역에서 생명체가 타거나 얼지 않고 살아갈 가능성을 상상하기도 했다. 하지만 최근 연구에 따르면, 수성은 공전 두 바퀴 동안 세 번 자전하며 천천히 회전하기 때문에 표면 전체가 차례로 극한의 태양 복사열에 노출된다.

수성 탐사는 지금까지 두 차례 이루어졌다. NASA에서 1973년 발사한 매리너 10호와 2004년 발사한 메신저호가 바로 그 임무였다. 세 번째 임무도 진행 중이다. 이 글을 쓰는 시점을 기준으로, ESA와 일본이 공동 개발하여 2018년 발사한 베피콜롬보BepiColombo호는 이 작은 행성을 여러 차례 근접 통과했으며, 2026년 근접 관측을 준비하고 있다. 매리너 10호는 '중력 슬링샷gravitational slingshot(탐사선의 자체 추진력 외에 다른 천체의 중력을 이용하여 속도를 얻는 우주항법으로, 스윙바이라고도 한다—옮긴이)'을 이용하여 수성에 도달한 첫 탐사선이었다. 이는 마치 그네를 탈 때 점차 속도를 붙이듯 금성을 먼저 지나며 에너지를 얻는 방식이었다. 수성은 달과 매우 닮은 모습이며, 열을 보존할 대기가 없어 영하 170도의 혹한과 영상 430도의 폭염 사이를 극단적으로 오간다.

모든 것은 별에서 시작되었다

수성의 이름은 빠른 움직임에서 유래했다. 수성은 하늘에서 가장 빠르게 움직이는 행성으로 88일마다 태양을 한 바퀴 돌기 때문에, 로마 신화 속 전령의 신 머큐리Mercury의 이름이 붙었다. 기원전 14세기 고대 아시리아의 설형 문자판에서도 수성은 '뛰어오르는 행성'이라 부른 기록이 남아 있다. 17세기 망원경 관측으로 수성에서도 금성과 같은 위상 변화가 확인되었고, 이를 통해 지구보다 안쪽에서 태양을 돌고 있다는 사실이 밝혀졌다. 수성도 금성과 마찬가지로 아침과 저녁에 관측할 수 있다.

화성의 비밀을 밝히다

1960년대와 1970년대, 매리너와 바이킹 같은 우주 탐사선이 화성에 도착하면서 지적 생명체에 대한 기대는 산산이 부서졌다. 소련이 여러 차례 실패한 뒤, 1965년 NASA의 매리너 4호가 화성에 도달한 최초의 우주선이 되었다. 이후 몇 년 사이 매리너 6호와 7호도 화성에 성공적으로 도착했다. 이들은 수십 장의 사진을 지구로 전송했고, 충돌구들이 곳곳에 파인 풍경은 달과 매우 흡사했다. 소련의 탐사선들은 1971년에 화성에 도착했으며, 마스 2호와 3호가 궤도에 진입했다. 마스 3호는 착륙선을 발사해 기술적으로는 다른 행성에 부드럽게 착륙한 최초의 우주선이 되었지만, 몇 초 만에 작동을 멈추고 말았다.

곧이어 NASA의 매리너 9호가 화성에 도착해 1년 동안 7000장이 넘는 사진을 촬영했다. 이 사진들은 더 놀라웠다. 탐사선이 도착했을 때, 과학자들이 마주한 것은 마치 백지나 다름없었다. 화성 표면 전체가 거대한 먼지구름으로 뒤덮여 어떤 지형도 보이지 않았던 것이다. 한 달 동안 폭풍이 몰아친 뒤, 서서히 안개가 걷히기 시작했다. 관찰하던 과학자들을 놀라게 한 것은 안개 속에서 모습을 드러내기 시작한 거대한 원뿔 모양의 봉우리였다. 마치 화산 꼭대기처럼 보였는데, 실제로도 그랬다. 이 봉우리는 태양계에서 가장 큰 산, 지금은 휴화산인 올림푸스산의 정상이었다.

　먼지가 서서히 가라앉자 화성 적도 근처에 거대한 협곡의 미로가 모습을 드러냈다. 매리너 탐사선의 이름을 따 '마리네리스 협곡 Valles Marineris'이라 불리는 이 지형은 수천 킬로미터에 걸쳐 길게 이어진다. 가장 깊은 균열은 깊이가 7킬로미터에 달한다. 이 화성의 협곡은 길이 약 800킬로미터, 높이 2킬로미터인 지구의 그랜드 캐니언보다 훨씬 더 깊고 길게 뻗어 있다.

　이는 화성을 바라보는 관점을 완전히 바꿔놓았다. 붉은 행성의 풍경은 어느 순간 달보다 지구와 훨씬 닮아 보였다. 관심이 집중되었고, 더 많은 탐사선이 화성으로 향했다. 1976년 미국의 궤도선 바이킹 1호와 2호가 화성에 도착해 지질 분석을 수행할 착륙선을 내려보냈다. 이 착륙선이 보내 온 자료는 화성 암석의 조성이 지구에서 발견된 일부 운석과 매우 유사하다는 사실을 보여 주었다. 광물 구성과 결정 구조, 내부에 갇힌 가스 성분까지 너무 유사해서, 과학자들은 지구에서 발견된 이 200여 개의 특이한 운석이 원래 화성에서 날아왔을 것이라고 생각했다. 아마도 이 운석들은 소행성 충돌로 화성에서 떨어져 나와 태양계를 떠돌다가 지구에 충돌하면서 짧은 순간

불덩어리처럼 빛났을 것이다. 사실 그 반대도 확인되었다. 화성의 물질 중 일부는 이미 지구에 존재하고 있었다.

지구와의 유사점을 찾으려는 노력에 속도가 붙었다. 1997년 NASA의 마스 글로벌 서베이어Mars Global Surveyor 탐사선은 화성의 북극에서 남극까지 지도를 그리기 시작했고, 한때 표면에 액체 상태의 물이 있었을 가능성을 보여 주는 흔적을 발견했다. 탐사선은 물줄기가 깎아 낸 듯한 도랑과, 물에서 형성되는 적철광 같은 광물을 발견했다. 같은 해에 도착한 패스파인더Pathfinder 착륙선과 소저너 로버는 각각 에어백으로 착륙 충격을 완화한 최초의 착륙선과 화성 표면을 탐사한 최초의 로버가 되었다. 이들은 통신이 끊기기 전까지 단지 몇 달밖에 임무를 수행하지 못했다.

2000년대에는 더 많은 탐사선과 착륙선, 로버가 등장했고, 그중 일부는 수년간 작동했으며 몇몇은 아직도 임무를 수행하고 있다. NASA의 마스 오디세이Mars Odyssey 탐사선은 2001년부터 100만 장 이상의 화성 사진을 비롯해 암석과 토양 속 특정 화학 원소의 지도를 전송해 왔다. ESA가 2003년에 발사한 마스 익스프레스Mars Express 는 지질 지도를 더 정밀하게 작성했다. 이 탐사선에는 비글Beagle 2호 착륙선도 실려 있었다.

영국 과학자들이 개발한 비글 2호는 1830년대 영국의 동식물 연구가 찰스 다윈을 태운 HMS 비글호의 이름을 따서 명명되었다. 다윈은 이 배로 갈라파고스 제도 등지를 항해하며 자연선택에 따른 진화론을 떠올렸다. 이 착륙선 프로젝트를 강하게 추진한 책임자 콜린 필링거Colin Pillinger는 이 탐사선이 화성에서 과거 생명의 흔적을 찾아 지구 밖에서도 의미 있는 발견을 이루기를 바랐다.

비글 2호는 문화 사절이기도 했다. 여기에는 영국의 예술가 데미안 허스트Damien Hirst의 '스팟 페인팅spot painting' 한 점이 실려 있었고, 이는 지구의 예술품이 화성에 간 첫 사례였다. 이 그림은 열여섯 개의 작은 원으로 이루어졌으며, 화성에서 발견되는 광물의 색을 반영해 원마다 서로 다른 색의 천연 색소로 칠해졌다. 산화철은 적색과 갈색, 규산철은 녹색, 탄산구리는 청색, 산화티타늄은 흰색이었다. 지름 8센티미터의 알루미늄 판 위에 그려진 이 원들은 단순한 장식이 아니었다. 이들은 현미경 초점 조절 등 착륙선 장비를 보정하고, 화성 지형의 색을 지구의 기준 색상과 맞춰 사진을 해석하는 데 사용될 예정이었다.

과학자들과 예술가에게 유감스럽게도 비글 2호는 하강 중 통신이 끊어졌다. 수년 후, 후속 궤도선이 공중에서 이 착륙선을 포착했다. 화성에는 도착했으나 제대로 펼쳐지지 못한 상태였다. 그럼에도 화성 지형 위에는 외계로 보낸 예술 작품의 흔적이 남아 있는 셈이다.

비글 2호는 실패했지만, NASA의 로버 스피릿과 오퍼튜니티는 2004년 화성 표면에 무사히 착륙했다. 두 로버는 둥근 자갈과 층층이 쌓인 퇴적물을 발견했고, 이는 과거에 물이 존재했다는 사실을 뒷받침했다. 스피릿은 2010년 모래 언덕에서, 오퍼튜니티는 2018년 모래 폭풍 속에서 탐사를 마쳤다. 이 밖에도 마스 피닉스Mars Phoenix와 큐리오시티 로버는 과거에 물이 존재했다는 증거를 비롯해 메탄과 같이 탄소가 풍부한 여러 화합물을 추가로 발견했다. 비록 현재까지 화성에서 생명이 존재했거나 존재한다는 직접적인 증거는 발견되지 않았지만, 물과 탄소 화합물은 생명이 탄생할 수 있는 가장 기본적인 조건이다.

미국, 인도, 유럽, 러시아가 화성 탐사를 이어가면서, 화성의 표면과 지질, 대기에 대해 정교하고 상세한 지도를 만드는 작업이 계속되고 있다. 화성은 이제 자체 구글 지도까지 갖추고 있다. 과학자들은 지진파를 분석하여 화성에도 지구처럼 용융 상태의 핵이 있으며, 지구보다 얇은 지각이 있다는 사실을 밝혀냈다. 지구의 지각 두께가 5~70킬로미터인 반면, 화성은 12킬로미터에 불과하다. 하지만 화성에는 지각판이 없다. 행성이 천천히 식고 수축하는 과정에서 암석이 갈라지고 이동할 뿐이다.

화성의 지름은 지구의 약 절반 정도로, 달보다는 두 배 정도 크다. 중력이 약해 화성 표면에서는 지구에서보다 무게가 약 3분의 1 정도로 줄어든다. 지구보다 태양에서 멀리 떨어져 있어 평균 기온은 영하 63도로 지구의 영상 14도에 비하면 훨씬 춥다. 화성의 1년은 지구의 두 배 길이지만, 하루는 24시간 40분으로 거의 비슷하다. 대기는 매우 희박하며, 주로 질소(78퍼센트)와 산소(21퍼센트)로 이루어진 지구와는 전혀 다르다. 화성의 대기는 주로 이산화탄소(96퍼센트)로 이루어져 있으며, 소량의 질소와 아르곤, 약간의 수증기가 섞여 있다.

망원경으로 볼 때 화성에서 가장 눈에 띄는 특징은 계절에 따라 크기가 달라지는 하얀 극관이다. 대부분 얼음으로 이루어져 있으며, 겨울이 되면 고체 이산화탄소, 즉 드라이아이스가 쌓여 이를 덮는다. 바람은 이 얼음에 거대한 나선무늬와 홈, 구덩이를 새긴다. 봄이 오면 얼음이 녹으면서 가스와 먼지가 빠져나가고, 그 흐름이 빚어낸 어둡고 가늘게 뻗은 지형이 드러난다.

화성의 북반구와 남반구는 뚜렷한 차이를 보인다. 남반구는 전체적으로 고원 지대를 이루고, 오래전에 활동을 멈춘 화산들이 원뿔 모양으로 곳곳에 솟아 있다. 반면 북반구의 대부분은 저지대 평야로 이루어져 있다. 왜 이런 극명한 차이가 생겼는지는 아직 밝혀지지 않았지만, 오래전 행성이 한창 형성되던 시기에 만들어졌을 것으로 추정된다. 당시 표면 아래에서 마그마가 고르지 않게 흘렀거나, 다른 천체가 화성과 충돌해 한쪽 산마루가 깎여 나갔을 가능성이 있다.

오늘날 화성 표면에는 바다나 강, 호수가 없지만, 레이더 관측 결과 남극의 얼음 퇴적물 아래에는 액체 상태의 물이 고여 있을 가능성이 있는 것으로 나타났다. 하지만 설령 이 물이 지하에서 스며 올라온다 해도, 표면에 도달하는 순간 태양에서 지속적으로 내리쬐는 자외선과 대기가 없는 환경 때문에 곧 증발하여 우주로 흩어지고 말 것이다.

그러나 과학자들은 화성이 과거, 아마도 40억 년 전쯤에는 더 습했을 것이라고 생각한다. 이는 태양계의 모든 행성이 태양을 둘러싼 가스, 암석, 먼지로 이루어진 원시 고리에서 응축된 지 5억 년이 지난 시점이다. 적철광이나 철명반석처럼 물에서 형성되는 광물도 화성에서 발견된다. 일부 충돌구의 형태는 소행성이 충돌했을 당시 지면이 젖어 있었음을 암시한다. 아직 정체가 명확히 밝혀지지는 않았지만, 절벽 양쪽에 나타났다 사라지는 물줄기 같은 희끗희끗한 줄무늬도 궤도선에서 포착되었다.

화성은 한때 지금보다 대기 밀도도 더 높았을 가능성이 있다. 화

모든 것은 별에서 시작되었다

산 활동이 활발하던 시기에는 많은 가스가 뿜어져 나왔을 것이다. 열을 가두는 이산화탄소로 뒤덮인 초기 화성에는 '온실 효과'가 일어나 기온이 높아졌고, 그 결과 오늘날 지구와 훨씬 비슷한 환경이 만들어졌을 것이다.

지질학적으로 화성의 많은 지형은 지구와 유사하다. 화성에는 휴화산이 많으며, 그중 거대한 올림푸스산은 높이가 22킬로미터로 에베레스트보다 약 2.5배 높다. 하와이에서 흔히 보이는 땅딸막한 '순상화산(점성이 낮은 용암이 여러 번 분출하여 넓게 퍼져 완만한 경사를 이루는 화산 — 옮긴이)'인 올림푸스산은 얕은 원뿔 모양에 기저부가 600킬로미터에 이를 정도로 넓다. 산 아래에 서면, 한때 화산 활동이 활발했던 이 산의 꼭대기는 멀리 지평선 너머로 사라져 보일 것이다.

화성에서는 퇴적층이 겹겹이 쌓인 모래 언덕도 흔히 볼 수 있다. 대부분의 화성 암석은 현무암처럼 화산 활동에서 형성된 화성암(마그마가 식어서 굳은 암석 — 옮긴이)이다. 하지만 사암이나 이암처럼 친숙한 암석도 발견된다. 화성에서 볼 수 있는 광물도 익숙하다. 감람석, 휘석, 장석, 탄산염·황산염·이산화규소 광물, 적철석과 같은 산화철 광물이 대표적이다. 또한 화성 표면에는 지구보다 충돌구가 훨씬 많다. 지구에서는 판 구조론에서 따라 지각이 풍화되고 끊임없이 새로 생성되면서 대부분 사라졌기 때문이다.

화성도 지구처럼 자전축이 기울어져 있어 계절이 생긴다. 하지만 화성의 날씨는 해마다 거의 변하지 않는다. 해마다 식물이 자라고 시드는 변화가 없기 때문에 표면도 거의 달라지지 않는다. 비도 내리지 않지만, 일부 착륙선은 대기 상층부에서 눈보라가 치는 모습을 관측했다. 이 눈송이는 결코 지면에 닿지 않는다. 먼지 입자에서 자라난 성긴 구름이 흩날리며 로버 카메라에 포착되기도 했다.

화성 주변에서는 종종 맹렬한 바람이 휘몰아치며, 돌풍은 시속 약 100킬로미터에 달해 허리케인에 버금간다. 바람은 먼지를 뒤섞어 사방으로 퍼뜨리며, 그 규모는 로버가 평원을 가로지르며 촬영한 작은 모래바람에서 매리너 9호가 경험했던 것과 같은 행성 전체를 뒤덮는 폭풍까지 다양하다. 화성은 매우 건조하기 때문에 이런 폭풍이 몇 주 동안 이어지기도 한다. 태양에서 방출되는 입자의 흐름, 즉 '태양풍'도 화성을 덮치지만, 화성에는 이를 튕겨낼 자기장이 없다. 화성에 대기가 거의 남아 있지 않은 이유로 이 태양풍이 꼽히기도 한다.

화성이 붉게 보이는 이유는 이 모든 먼지 때문이다. 화성의 많은 암석에는 철이 함유되어 있고, 철은 공기와 접촉하면 산화철, 즉 녹으로 변한다. 우주에서 화성을 보면 전체적으로 붉게 보이고, 화성 표면에서 하늘을 보면 분홍빛이 감돈다. 하지만 화성에도 다양한 색이 존재한다. 지구에서처럼 화성의 암석도 갈색, 회색, 녹색 등 다양한 색조를 띠며, 이는 마치 비글 2호에 실린 데미안 허스트의 원들을 연상시킨다.

화성의 풍경 속을 걸으면 어떤 느낌일까? 아마도 남아메리카의 아타카마 같은 춥고 건조한 사막에 있는 느낌과 비슷하겠지만, 하늘은 조금 더 복숭아빛을 띨 것이다. 몸이 가벼워져 땅 위를 가볍게 뛰어 다니며, 소용돌이치는 모래바람과 거세게 몰아치는 폭풍을 재빨리 피할 수도 있을 것이다.

완전히 고요한 정적도 느낄 수 있을 것이다. 퍼서비어런스 로버에 내장된 마이크는 화성에서 들려오는 희미한 소리를 포착했다. 모터가 윙윙거리는 소리와 함께 들리는 부드러운 바람 소리, 삐걱거리는 바퀴 소리, 레이저 장비와 도구들이 달그락거리는 소리들이었다. 하지만 전반적으로는 텅 빈 고요함이 지배적이었다. 한 NASA 과학자는 첫 녹음을 듣고 이렇게 말했다. '마이크가 고장난 줄 알았습니다. 너무 조용했거든요.'

하지만 자세히 들어 보면 화성의 소리는 매우 이상하다. 화성에서는 소리가 멀리 전달되지 않는다. 지구에서는 약 60미터까지 퍼지지만, 화성에서는 보통 8미터 정도에 그친다. 마치 소리가 차단된 방에 있는 것과 같다. 게다가 고음은 거의 전달되지 않는다.

화성에서 녹음된 소리에는 바람에 흔들리는 마이크에서 나는 쉬익 소리와 웅웅거림이 저음으로 깔려 있다. 로버에서 나는 고음의 삐걱거림은 마치 멀리서 들려오는 듯 아주 희미하다. 기압이 1년 내내 변하기 때문에 계절에 따라 소리가 달라지기도 한다. 익숙한 점도 많지만, 여전히 화성은 낯선 세계다.

퍼서비어런스 로버의 임무는 화성의 암석, 토양, 공기 표본을 수집해 관에 담는 것이었다. 퍼서비어런스는 이동식 실험실이자 바퀴 달린 '로봇 지질학자'로, 최첨단 장비로 가득 차 있었다. 카메라와 레이더, 기상 관측 장비는 물론, 암석의 화학 조성을 분석하는 레이저까지 장착했다. 2미터 길이의 로봇 팔을 뻗어 암석과 토양을 잡거나 가까이서 조사할 수 있었고, 작은 배터리 크기 정도의 원통형 암석 표본을 채취하여 관에 담아 밀봉한 후 로버 안에 보관했다.

이 관들은 이후 탐사 임무에서 회수할 수 있도록 화성 표면에 놓인다. 예산이 허락한다면 약 10년 후 회수할 것으로 보인다. 이를 위해서는 착륙선, 소형 헬리콥터, 로켓을 동원해 표본을 수거하고, 다시 궤도선으로 발사하여 지구로 운반하는 복잡한 과정을 거쳐야 한다. 이 모든 계획이 순조롭게 진행된다면, 퍼서비어런스 로버가 어렵게 채취한 귀중한 표본은 2030년대쯤 지구로 돌아올 수 있을 것이다.

아폴로 임무의 우주 비행사들이 달 표면에서 가져온 암석을 통해 달과 지구의 기원에 대한 중요한 단서를 얻었듯, 과학자들은 퍼서비어런스가 수집한 표본들을 분석하려는 기대에 부풀어 있다. 표본 광물과 가스를 분석하여 화성의 구성 성분과 형성 과정을 이해할 수도 있겠지만, 이 해답은 향후 유인 화성 탐사를 위한 토대가 될 것이다. 이 로버는 이미 화성 대기에서 화학적으로 산소를 추출하는 시스템을 시험했다. 미래의 우주 비행사들은 호흡에 필요한 산소를 만들거나 귀환을 위한 로켓 연료를 준비하기 위해 이와 비슷한 기술이 필요할 수도 있다.

이처럼 중요한 사안이 걸려 있기에 과학자들은 퍼서비어런스의 착륙 지점을 매우 신중하게 선정했다. 지구 밖에서 생명체가 살아가기 위한 필수 요소에 대해 단서를 제공할 가능성이 있는 장소를 고른 것이다. 물은 그 필수 요소 중 하나이며, 화성 적도 바로 북쪽에 위치한 45킬로미터 너비의 움푹한 지대인 '예제로Jezero 충돌구'는 수백만 년 전 말라 버린 고대 호수와 강의 삼각주 잔해로 여겨진다(예제로는 슬라브어로 '호수'를 뜻한다). 우주 과학자들은 태양계 형성 초기였던 약 38억 년 전, 화성 표면에 지구처럼 물이 있었을 것으로 추측한다.

예제로에 있었을 법한 호수에는 생명체가 존재했을 가능성도 있었다. 물론 어떤 종류의 생명체가 있었는지, 아니면 화성이 역사 내내 정말 황량한 행성이었는지는 아직 밝혀지지 않았다. 어떤 경우든, 과학자들은 예제로를 살펴보고 싶어 한다.

많은 나라가 이런 흐름에 동참했다. 2020년 7월 퍼서비어런스가 발사되었을 때, 다른 두 대의 우주선도 함께 우주로 향했다. 이들은 지구와 화성의 궤도가 주기적으로 일직선에 가까워지는 시기를 노린 덕분에, 최소한의 연료로 빠르게 화성에 도달할 수 있었다. 중국은 연이은 달 탐사 성공을 바탕으로, '천상의 진실을 향한 탐구'라는 뜻의 톈원天問 1호를 발사했다. 이전보다 훨씬 먼 우주로 향하는 탐사선이었다. 이 임무에는 궤도선과 착륙선은 물론, 화성의 표면뿐 아니라 대기와 내부까지 탐사할 로버 주룽祝融이 포함되었다.

아랍에미리트도 화성 전역의 기상 지도를 제작하기 위한 궤도선 호프Hope를 쏘아 올렸다. 이는 서아시아와 아랍권, 무슬림 다수 국가 사이에서 최초로 발사한 탐사선이었다. 아랍에미리트 정부는 이 임무를 통해 2021년 건국 50주년을 기념하는 동시에, 청년들에게 영감을 주고 국가의 기술 역량을 끌어올리고자 했다.

화성은 최소한 생명체의 흔적이라도 찾을 수 있을지 모른다는 기대를 품게 한다. 하지만 과학적으로 보면, 탐사선이 잇따라 화성으로 향하고 있음에도 뚜렷한 돌파구는 좀처럼 보이지 않는다. 물은 조금 남아 있을지 모르나 생명이 유지될 만큼 충분하지는 않다. 메탄의 흔적은 찾을 수 있지만, 미생물이 존재한다고 확신할 수준은 아니다. 만약 화성 역사의 가장 중요한 비밀이 표면 아래 훨씬 깊은 곳에 묻혀 있다면, 지금처럼 로버가 표면만 조금 긁어 보거나 위성이 상공을 지나며 관측하는 정도로는 알아낼 수 없을 것이다. 우주 과학자들은 이제 생명체가 살 수 있는 경계를 더 멀리, 얼음의 세계까지 확장하기 시작했다.

태양계 외곽으로

달과 수성, 화성, 금성이 기대보다 더 척박한 환경이라는 사실이 밝혀지면서, 우리는 이제 외부의 극한 환경에서 우리의 기원을 알려줄 단서를 찾기 시작했다. 외행성계(태양계의 소행성대를 기준으로 태양에 먼 쪽에 위치한 행성계로, 목성형 행성인 목성·토성·천왕성·해왕성이 포함된다 — 옮긴이)는 우리 역사의 타임캡슐과 같다. 행성을 형성하는 데 쓰인 가스, 암석, 먼지들이 이 영하의 환경 속에 그대로 보존되어 있다.

여기서는 토성과 목성이 주인공이다. 두 행성 모두 육안으로 보이기 때문에 고대부터 그 존재가 알려져 왔다. 목성은 태양계에서 가장 큰 행성으로, 로마의 신 유피테르(그리스 신화에서는 제우스)의 이름이 붙었다. 점성술에서 목성은 유쾌함, 즉 즐겁고 행복한 기분과 연관되는 반면, 토성은 더 현실적이며 로마 신화 속 농경의 신 사투르누스(그리스 신화에서는 크로노스)에서 이름이 유래했다. 중국에서는 목성을 '나무의 별', 토성을 '흙의 별'이라고 불렀으며, 이는 오행 사상에서 비롯한 이름이다.

천왕성과 해왕성 역시 신에서 이름이 유래했다. 천왕성은 그리스

모든 것은 별에서 시작되었다

신화 속 하늘과 천국의 신 우라노스Uranus(로마 신화에서는 카일루스Caelus)에서, 해왕성은 로마 신화 속 바다의 신 넵투누스Neptunus(그리스 신화에서는 포세이돈Poseidon)에서 이름을 따왔다. 두 행성 모두 육안으로는 볼 수 없어, 망원경으로 비교적 늦게 발견되었다. 1781년, 영국의 천문학자 윌리엄 허셜이 별들 사이를 움직이는 천왕성을 발견했다. 이어 1846년에는 천왕성의 특이한 움직임을 설명하기 위해 수학적으로 예측한 지점에서 해왕성이 발견되었다. 이후 이 행성들에 대해 제대로 이해하는 데에는 한 세기가 넘는 시간이 걸렸다.

1960년대 중반, NASA의 엔지니어들은 일생일대의 기회를 눈앞에 두고 있음을 깨달았다. 176년마다 목성, 토성, 천왕성, 해왕성이 일직선으로 배열되는 희귀한 현상을 이용하면, 한 번의 시도로 네 개의 외행성에 우주선을 보낼 수 있었다. 1970년대 후반에 발사한다면, 이 우주선은 각 행성 근처를 지나며 약간의 중력 에너지를 빌려 '슬링샷' 방식으로 다음 행성을 향해 날아갈 수 있었다. 마치 스케이트보드 선수가 경사로를 굴러 내려가 속도를 얻어 다음 경사로를 오르는 것과 같았다.

엔지니어들은 매리너 탐사선을 바탕으로 두 대의 새로운 우주선을 설계하기 시작했고, 이를 '보이저' 프로젝트라고 이름 붙였다. 1977년 8월, 먼저 보이저 2호가 발사되었다. 그해 9월에 발사된 보이저 1호보다 약간 느린 경로로 날아갈 예정이었다. 앞으로 10년은 행성 과학자뿐 아니라 일반 대중까지 모두가 그 행보를 주목하게 될 것이 분명했다. 지금 생각해 보면, 바로 이 야심찬 임무가 나를 천문학자의 길로 이끈 가장 큰 계기였던 것 같다. 수년 동안 탐사선 소식이 꾸준히 전해지면서, 이웃 행성에 대한 지식과 함께 내 시야도 넓어졌다.

1979년 3월 보이저 1호가 목성에 도착했다. 나를 포함한 전 세계 사람들은 텔레비전 화면을 통해, 거대한 허리케인처럼 소용돌이치는 대적반의 구름과 목성 대기에서 번쩍이는 번개가 카메라에 담기는 모습을 넋을 잃고 지켜보았다. 탐사선은 목성의 여러 위성을 지나며 가니메데 표면에서 홈을 발견했고, 이는 과거에 강한 힘이 작용해 표면 일부가 갈라지며 변형되었을 가능성을 보여 주었다. 이오에서는 화산 활동이 목격되었고, 이는 외행성에서 처음 관측된 현상이었다. 전하를 띤 입자의 흐름이 이오에서 빠져나와 목성으로 흘러 들어갔고, 그 결과 목성 주변에 강한 자기장이 형성되었다. 이어 목성 주변의 희미한 고리를 촬영하고, 테베와 메티스라는 누 개의 작은 위성을 발견했다. 한 대의 우주선이 이룬 발견치고는 나쁘지 않은 성과였다. 얼마 지나지 않아 더 많은 소식이 전해졌다.

몇 달 후인 7월, 거대 행성에 도착한 보이저 2호는 이 고리들을 자세히 조사하면서 또 다른 위성 아드라스테아를 찾아냈다. 또한 이오의 화산들을 다시 관측한 결과, 일부는 이미 잠잠해졌지만 곳곳에서는 여전히 분출이 이어지고 있었고, 이는 화산 활동이 수개월 동안 지속된다는 뜻이었다.

1년 남짓이 흐른 후 보이저 1호가 토성에 도착하자, 목성보다 훨씬 더 장관을 이루는 고리가 모습을 드러냈고, 텔레비전 중계를 통해 큰 화제를 모았다. 가까이에서 본 고리는 생각보다 얇았고, 단단한 하나의 평면이 아니라 여러 개의 미세한 고리들이 겹겹이 갈라진 구조였다. 곳곳이 휘어지거나 굽어 있었고, 고리 전체를 가로지르는 넓고 밝은 '바퀴살' 무늬가 여러 갈래로 토성에서 뻗어 나왔다. 탐사선은 아틀라스, 프로메테우스, 판도라 같은 새로운 위성을 발견했고, 그중 일부는 고리의 틈새에 자리하고 있었다. 과학자들은 이 작은 위성들이 토성의 고리를 구성하는 무수한 얼음 덩어리를 치우며 길을 트는 역할을 한다고 보았다.

보이저 1호는 토성의 위성 엔셀라두스를 촬영했다. 엔셀라두스는 유난히 밝고 반사율이 높아, 표면이 갓 내린 눈처럼 깨끗하고 선명하게 빛났다. 토성의 가장 큰 위성인 타이탄 또한 놀라운 존재였다. 질소가 풍부한 두터운 대기에 둘러싸여 있었고, 화학 조성은 지구와 비슷하지만 밀도가 더 높았다. 탄소가 풍부한 화합물 때문에 짙은 주황색을 띠었으며, 이러한 화학적 성질은 표면에 메탄과 같은 액체 탄화수소 웅덩이가 있을 가능성을 시사했다. 다양한 발견을 이룬 뒤, 보이저 1호는 행성 탐사 임무를 마치고 찬사를 받았다. 이 작은 탐사선은 몸을 기울이며 방향을 바꿔 태양계 평면을 벗어났다.

자매 탐사선인 보이저 2호는 1981년 8월 토성에 도착해 얼음으로 뒤덮인 여러 위성을 촬영하고, 한쪽 극점에서 거대한 육각형 모양의 기상 현상을 포착했다. 이후 몇 년간 조용히 항해하던 탐사선은 1986년 1월 천왕성과 마주했다. 천왕성은 어두웠고, 별다른 특징 없는 푸른색 오리알처럼 보였다. 하지만 혼자는 아니었다. 열두 개의 위성과 어두운 고리들이 천왕성을 돌고 있었다. 또 하나 흥미로운 특징은 천왕성의 자기장이 자전축이 아닌, 적도 쪽으로 기묘하게 기울어 있다는 점이었다. 천왕성은 냉기가 가득한 심우주 속에 있었다. 보이저 2호는 영하 214도에 이르는 온도를 감지했고, 이는 태양계 행성 중 가장 낮은 온도였다.

보이저 2호는 이미 너무 멀어져 전파 신호가 약해지고 있었다. NASA는 전파 안테나의 크기를 확장해 심우주 통신의 감도를 높였고, 다음 목적지인 해왕성에서 보내는 신호도 수신할 수 있도록 조치했다. 이 우주선은 1989년 8월 해왕성에 도착해, 하늘빛을 띠는 행성 주변의 여러 위성과 희미한 고리들을 촬영했다. 그 위에는 흰 구름 같은 줄무늬가 흩뿌려져 있었다. 해왕성 대기에는 대흑점Great Dark Spot이라는 거대한 폭풍이 소용돌이치고 있었다. 위성 중 하나인 트리톤 표면에는 멜론 껍질을 연상시키는 갈색 거미줄 같은 균열이 보였다. 트리톤의 극관에서는 분홍색 얼음에서 간헐적으로 가스가 분출되었다.

그해 말, 엔지니어들은 행성 탐사 임무를 마친 보이저 2호의 전력을 절약하기 위해 카메라를 껐지만, 태양풍, 즉 태양에서 빠져나와 태양계에 퍼져 있는 입자의 흐름을 측정하기 위한 장비는 켠 채 통신을 이어갔다. 보이저 2호는 마치 금속 혜성처럼, 중력에 따라 정해진 궤적을 따라 우주의 깊은 어둠 속으로 천천히 나아갔다.

하지만 1990년 2월 14일, 발렌타인데이에 보이저 1호가 다시 깨어났다. 시스템이 절전 모드로 들어가기 전, 마지막 엽서를 보냈다. 태양에서 약 60억 킬로미터 떨어진 태양계 가장자리에서 '태양계 가족사진'을 촬영한 것이다. 금성, 지구, 목성, 토성, 천왕성, 해왕성, 그리고 태양까지 한 장의 사진에 모두 담겼다. 다만 행성들은 배경의 별빛에 묻혀 거의 알아볼 수 없었다.

모든 것은 별에서 시작되었다

이 사진 속 지구는 천문학자 칼 세이건Carl Sagan이 감동적으로
표현한 것처럼, 우주 속 '창백한 푸른 점'에 불과하다. 그 점이 바로 우
리의 연약한 고향이다. 아폴로 우주 비행사들이 달에서 촬영한 지구
사진은 녹색과 황토색의 대지, 반짝이는 바다, 생명으로 가득한 행성
을 보여주지만 보이저가 담은 절제된 모습은 우리의 이해를 넘어선
다. 모든 세부 요소들은 바다와 하늘이 어우러진 단색으로 씻겨 나
가고, 우리가 가장 소중히 여기는 이 행성의 인간과 모든 생명체는
광활한 우주의 어둠 속에서 하찮은 존재일 뿐이다. 멀리서 보면 보
석 같은 행성조차도 반짝이는 별들 사이에서는 그저 평범한 점일 뿐
이다.

우주에 보내는 편지

엔지니어와 과학자들은 이 초기 우주선들의 장대한 여정을 계획하
면서, 그 임무가 남길 유산까지도 함께 고민했다. 〈스타트렉〉이 방영
되고 공상과학 소설들이 쏟아지던 시대였기에, 일부 과학자들은 언
젠가 이 탐사선이 언젠가 미래의 인간이든, 전혀 다른 존재이든, 먼
우주를 떠도는 여행자들의 손에 들어갈지도 모른다고 상상했다. '외
계의 고고학자들'은 이 우주선을 어떻게 이해할까?

보이저호가 발사되기 몇 해 전, NASA는 두 대의 쌍둥이 탐사선
인 파이오니어 10호와 11호를 태양계 외곽으로 보냈다. 1972년 먼저
지구를 떠난 파이오니어 10호는 화성과 목성 사이의 소행성대를 무

사히 통과했다. 그곳은 먼지 같은 입자에서 알래스카주 크기의 거대한 암석까지 다양한 크기의 소행성들이 요동치는 공간이었다. 파이오니어 10호는 1973년 인류 최초로 목성에 도달했다. 뒤이어 1974년에 발사된 파이오니어 11호는 1979년 토성에 도달한 최초의 우주선이 되었다.

두 탐사선 모두 알루미늄에 금을 입힌 금속판을 실었다. 금속판에는 남녀의 나체 그림, 다른 행성과 비교한 지구의 위치, 열네 개의 별과 비교한 태양의 위치를 보여 주는 그림이 담겨 있었다. 이 열네 개의 별은 펄사pulsar(전자기파를 양 극의 좁은 방향으로 내보내는 중성자별—옮긴이)로 회전하며 죽어가는 별이 특징적이면서도 규칙적인 전파 신호를 내기 때문에 쉽게 알아볼 수 있다.

파이오니어 탐사선에 외계에 보내는 메시지를 실어 보내자는 이 아이디어는 영국의 과학 저널리스트 에릭 버지스Eric Burgess에게서 나왔다. 버지스는 지적 외계 생명체와의 소통에 관한 미국 천문학자 칼세이건의 강의를 듣고 그에게 연락을 취했다. 세이건은 NASA를 설득했고, 몇 주 만에 동료 프랭크 드레이크(드레이크 방정식의 창안자), 세이건의 아내 린다, 미국의 우주 예술가이자 저널리스트인 존 롬버그Jon Lomberg와 함께 이 금속판을 설계하고 그림을 그려 넣었다.

NASA는 한 걸음 더 나아가 보이저호에 축음기 레코드를 실었다. 이 지름 30센티미터의 금도금 구리판에는 지구상 다양한 문화권의 소리와 사진이 담겨 있다. 레코드를 발견한 누군가가 재생할 수 있도록, 필요한 모든 정보도 함께 수록했다. 레코드 회전 속도는 0과 1을 활용한 이진 연산을 통해 수소 원자의 주요 에너지 전이에 따른

보편적이고 정밀한 시간을 기준으로 안내되어 있고, 부착된 축음기 바늘을 배치하는 방법도 그림으로 표시되어 있다. 또 다른 그림은 레코드 내 신호를 사용하여 사진을 구성하는 방법을 보여 준다. 데이터 신호를 층층이 쌓으면 그림이 만들어진다. 첫 번째 그림은 원 모양으로 제대로 작동하는지 확인하기 위한 그림이었다.

탐사선의 출발지를 알릴 수 있도록 파이오니어 금속판의 펄사 지도도 실렸다. 알루미늄 덮개에는 소량의 우라늄을 붙여 두어, 이를 발견한 존재가 방사성 붕괴 속도를 이용해 기준 시간을 계산할 수 있도록 했다. 계산할 시간은 충분하다. 우라늄 원자의 절반이 입자를 방출하여 다른 원소로 변하는 데는 45억 년이 걸리기 때문이다. 레코드 표면에는 '음악을 만드는 이들에게—모든 세계와 모든 시대를 향하여'라는 문구를 손으로 직접 새겨 넣었다.

칼 세이건은 보이저 레코드에 담을 내용을 고르는 일에서도 다시 한번 주도적인 역할을 맡았다. 그는 지구의 모든 사람들을 대표할 115개의 이미지와 다양한 소리를 선정해야 하는, 골치 아픈 과제를 안고 위원회를 꾸렸다. 첫 번째 그림들 중 일부는 1초·1일·1년의 길이, 1킬로그램의 질량, 미터와 킬로미터 단위의 거리와 같은 숫자와 단위를 정의했고, 이는 태양계 행성의 크기를 설명하는 데 사용된다. 다음에는 빛의 무지개 스펙트럼과 달의 표면, 목성과 지구, 지구의 구름과 바다 사진들이 이어졌다.

다음으로는 DNA를 비롯한 화학 기호가 실렸고, 그 뒤로 정자와 난자, 태아, 성인 남성과 여성의 그림이 이어졌다. 아기에게 젖을 먹이는 여성의 컬러 사진 한 장과 4세, 12세, 30세, 80세 구성원을 구분한 가족의 실루엣 사진도 포함되었다. 지구 대륙의 지도와 그레이트 배리어 리프의 섬 사진도 있었다. 동물과 그 동물을 사냥하는 부시맨을 그린 연필화도 함께 실렸다.

이어서 전 세계 사람들의 컬러 사진이 등장했다. 과테말라 남성, 소련 단거리 선수, 교실에 모인 학생들과 교사, 어부들, 아이스크림을 핥거나 토스트를 먹고 물을 마시는 사람들의 모습이 담겼다. 보이저 호를 들여다보면 아프리카의 초가집에서 뉴멕시코의 현대식 주택, 뉴욕의 높이 솟은 UNUnited Nations 본부 건물까지 엿볼 수 있다. 자동차와 비행기, 로켓 발사 장면, 우주 비행사의 모습도 함께 담겨 있다.

화산과 지진, 천둥의 우르릉거리는 소리, 바람이 쉬익 부는 소리, 비가 후드득 떨어지며 파도가 몰아치는 소리도 담겼다. 귀뚜라미와 개구리의 울음소리에서 하이에나의 새된 소리, 침팬지의 재잘대는 소리, 코끼리의 낮은 소리까지 다양한 동물의 울음소리도 들을 수 있었다. 대장장이가 금속을 두드리는 소리부터 키스, 심장 박동, 웃음소리까지 인간이 내는 소리까지 함께 담겼다.

음악도 수록되어 있으며, 55개 언어로 된 사람들의 음성 인사말과 함께 당시 미국 대통령 지미 카터Jimmy Carter와 UN 사무총장 쿠르트 발트하임Kurt Waldheim의 글도 함께 실렸다. 바흐의 〈브란덴부르크 협주곡〉, 〈모차르트의 마술피리〉, 〈스트라빈스키의 봄의 제전〉과 함께 자바의 가믈란(인도네시아 자바 지역의 전통 관현악—옮긴이), 세네갈의 타악기, 페루의 파이프 연주, 조지아 합창단의 아름다운 화음도 더해졌다. 또 루이 암스트롱Louis Armstrong이 연주한 '멜랑콜리 블루스Melancholy Blues'와 척 베리Chuck Berry '조니 B. 굿Johnny B. Goode' 그리고 분위기상 더없이 어울리는 블라인드 윌리 존슨Blind Willie Johnson의 〈Dark Was The Night, Cold Was The Ground〉와 같은 블루스와 로큰롤 음악이 실렸다는 점에서 이 프로젝트가 미국에서 출발했음을 분명히 알 수 있다.

지금의 관점에서 보면 이런 선택은 당시 흐릿한 TV 드라마의 단순한 줄거리와 등장인물만큼이나 다양성이 좁아 보인다. 외계 지적 생명체들은 이를 어떻게 받아들일까? 지구를 무시무시한 자연재해와 공격적인 짐승들, 어수선한 울음소리로 가득한 소란스러운 행성이라고 여길지도 모른다. 하지만 동시에 동물들이 함께 노래하고, 거대한 구조물을 쌓거나 음악을 만들기 위해 힘을 모으는 모습을 보고 공동체적인 행성이라고 생각할 수도 있다. 그 바탕에는 결국 이 우주선을 만든 '인간'이 수학부터 원자에 이르기까지 우주가 선사한 도구와 재료를 다룰 줄 안다는 사실이 있다. 인간은 우주와 연결을 맺고, 탐험하고 활용하려는 창조적인 존재다.

물속에 숨겨진 비밀을 찾아서

보이저호가 목성을 탐사한 뒤 10년 동안 후속 탐사선들이 목성과 토성을 향해 힘차게 나아갔다. 이전 탐사에서 알아낸 사실을 확인하기 위해서였다. 이를 통해 우리는 이 거대 가스 행성의 주변 환경을 훨씬 자세히 들여다볼 수 있었고, 몇 가지 놀라운 사실도 새로 알게 되었다.

갈릴레오 우주선은 1995년 목성에 도착했다. 이는 목성 궤도에 진입한 최초의 탐사선으로, 8년 동안 목성 주변을 돌며 구름 가까이 접근했고, 여러 위성을 스쳐 지나갔다.

길이 5미터, 무게 2톤 정도의 소형차 크기인 갈릴레오호에는 자기장 측정 센서, 고에너지 입자 및 먼지 검출기, 다파장 관측 카메라 등 열 대의 장비가 탑재되었다. 이 카메라는 목성과 위성의 대기 구성 성분을 분석하기 위해 빛을 스펙트럼으로 분리할 수도 있었으며, 보이저호의 카메라보다 수백 배 선명한 사진을 촬영할 수 있었다.

우주선은 목성에 도착하자마자 작은 탐사선을 가스 구름 속으로 발사했다. 섭씨 1만 6000도의 고온을 견디는 방열판으로 보호된 탐사선은 낙하산으로 속도를 줄이며 하강을 시작했다. 한 시간 동안 자료를 전송하며 구름 속으로 거의 200킬로미터를 내려간 뒤 신호가 끊겼다. 탐사선은 목성의 엄청난 압력과 소용돌이에 휩쓸려 짓눌리고 녹아내린 채 깊은 곳으로 추락해 버렸다.

탐사선은 목성의 대기가 대부분 수소로 이루어져 있다는 사실을 알아냈다. 하지만 상대적으로 무거운 원소도 꽤 많이 포함되어 있었다. 질소, 탄소, 황이 태양보다 세 배가량 많았고, 아르곤과 제논 같은 비활성 기체도 발견되었다. 이런 성분들은 다른 천체가 충돌하며 유입된 것일 가능성이 있다. 탐사선은 또한 엄청난 뇌우와 시속 600킬로미터에 달하는 폭풍을 관측했고, 이는 내부 열원으로 인해 대기가 격렬하게 뒤섞였음을 보여 준다. 반면 번개나 수증기는 거의 보이지 않아, 지구 물의 기원에 관한 의문을 남겼다. 아마 지구의 물은 목성의 구름과 같은 물질에서 비롯하지 않았을 것이다.

모든 것은 별에서 시작되었다

갈릴레오호는 목성의 주요 위성들도 지나쳤다. 이오의 화산을 다시 관측한 끝에 조석 현상이 화산 활동에 영향을 준다는 사실을 발견했다. 이오는 거대한 이웃인 목성의 중력으로 인해 부풀어 오르며, 타원형 궤도를 돌면서 부푼 모양이 변하면 내부가 요동쳐 마찰열이 발생한다. 이오는 태양계에서 화산 활동이 가장 활발한 천체로, 표면은 끊임없이 용암과 분출된 가스, 암석으로 뒤덮이고 붉은색, 검은색, 흰색 얼룩들이 쉴 없이 변한다. 만약 이러한 내부 활동이 없었다면 이오는 아마 달처럼 조용하고 충돌 흔적만 남은, 지질학적으로 죽은 천체처럼 보였을 것이다.

목성의 또 다른 위성인 유로파는 이오와는 전혀 다른 모습을 띤다. 먼지가 낀 듯한 흰색과 베이지색의 표면은 놀랄 만큼 매끈하고, 희미한 줄무늬만 듬성듬성 이어진다. 유로파는 얼음으로 덮여 있고, 천문학자들은 이오와 유사한 '조석 가열' 덕분에 얼어붙은 표면 아래에 액체 상태의 물로 이루어진 바다가 따뜻한 상태로 존재한다고 보았다. 이 바다의 물은 지구의 바다를 모두 합친 양보다 더 많을 것이다.

목성의 두 번째로 큰 위성인 칼리스토에도 표면 아래에 작은 바다가 있을 가능성이 제기되었다. 다만 그 기원은 전혀 다르다. 단순히 이 거대한 위성이 형성된 뒤 서서히 식어가는 과정에서 열이 남았기 때문이며, 이는 오늘날 지구의 핵이 여전히 뜨거운 것과 비슷한 이유다. 칼리스토의 표면은 달과 상당히 유사하다. 회색빛에 별다른 지질 활동이 없으며 충돌구가 가득하다. 바다가 존재한다는 단서는 미묘한 자기적 특성에서 나왔다. 이러한 특성은 염분이 많은 물을 목성의 강력한 자기장이 통과할 때 유도되는 전류에서 비롯한 것으로 해석되었다.

태양계에서 가장 큰 위성인 가니메데는 달의 두 배 크기이며, 수성보다도 크고 화성의 4분의 3에 이른다. 자기 활동도 활발하며, 지구처럼 아직 녹아 있는 핵에서 비롯한 것으로 보이는 고유 자기장을 지니고 있다. 거의 행성에 가까운 이 위성은 암석과 얼음이 뒤섞인 모습이며, 표면에는 두 종류의 지형이 나타난다. 하나는 충돌구가 덮인 오래되고 어두운 지역이고, 다른 하나는 최근에 형성된 것으로 보이는 홈과 능선이 이어진 밝은 지역이다. 이러한 비교적 최근의 지질 활동에 대해서는 아직 정확한 원인이 밝혀지지 않았다. 또한 가니메데의 표면 아래에도 물이 있을 가능성이 있다.

이 모든 활동과 함께 액체 상태의 물이 존재한다는 점을 고려하면, 목성의 위성에 있는 바다에 원시 생명체가 존재할 가능성을 상상해 보는 것도 무리는 아니다. 태양계 안쪽의 암석 행성에서 별다른 단서를 찾지 못하자, 목성의 위성들이 천체생물학 연구의 주요 대상으로 떠올랐다.

이후 더 많은 우주선이 목성으로 향했고, 앞으로도 그럴 예정이다. 그중 하나가 NASA의 주노Juno 탐사선으로, 갈릴레오호의 발견한 내용을 이어 조사하기 위해 2016년 목성에 도착했다. 갈릴레오호의 임무는 2003년, 의도적으로 목성 쪽으로 회전하며 진입하다가 대기에서 전소하면서 마무리되었다.

토성에서도 흥미로운 탐사가 이어졌다. NASA와 ESA, 이탈리아 우주국이 공동으로 발사한 탐사선이 그 예다. 탐사선의 이름은 토성을 관측하여 고리에서 어두운 틈을 발견한 17세기 이탈리아 천문학자 장 도미니크 카시니에서 따왔다. 카시니호는 2004년부터 2017년까지 토성을 탐사했으며, 다른 탐사선처럼 자신이 수년 동안 관측해온 거대하고 먼 행성의 구름 속으로 빨려 들어가며 임무를 마무리했다. 토성과 그 주변에서 발견된 몇몇 지점은 목성 주변만큼이나 특이하며, 어떤 곳은 훨씬 더 불가사의하다.

토성 자체도 여전히 신비롭다. 목성 다음으로 태양계에서 두 번째로 큰 행성인 토성은 지구보다 지름이 약 9배 크며, 목성과 마찬가지로 대부분 수소와 헬륨 같은 가스로 이루어져 있다. 핵이 고체인지 아닌지는 아직 밝혀지지 않았지만, 외곽부는 약 11시간마다 한 바퀴씩 회전하고, 태양을 한 바퀴 도는 데는 29년이 걸린다.

토성의 가장 큰 위성이자 태양계에서 두 번째로 큰 위성은 우주를 지배한 그리스 신들의 이름을 따서 타이탄이라 불린다. 타이탄은 태양계에서 두터운 대기가 있는 유일한 위성이다. 카시니 우주선에는 타이탄 탐사를 위한 착륙선 하위헌스가 실렸다. 하위헌스 역시 토성을 열정적으로 연구한 천문학자 크리스티안 하위헌스에서 이름을 따왔다. 2005년 1월, 이 탐사선은 타이탄의 표면을 향해 하강했고, 외행성계에서 처음으로 착륙에 성공한 탐사선이 되었다.

낙하산으로 속도를 줄인 하위헌스는 옅은 갈색 구름 속으로 뛰어들며 거센 바람에 맞섰다. 구름을 헤치며 내려오던 착륙선은 지표면 위 수십 킬로미터 상공에서 타이탄의 지형을 찍어 보냈다. 충돌구나 화산 대신 갈라진 수로가 가득한 지형이었고, 마치 지구의 하구나 삼각주로 흘러드는 강줄기처럼 보였다. 더 많은 낙하산이 펼쳐지고 탐사선은 가볍게 내려앉았다. 다행히 단단한 표면 위였다. 그전까지 천문학자들은 표면이 고체인지 액체인지 알 방법이 없었다. 먼지가 걷히자 적갈색 안개 속에 얼음으로 된 납작한 자갈들이 흩어져 있는 풍경이 드러났다. 혹시 말라붙은 호수 바닥일까? 이후 카시니에서 보내 온 추가 자료를 통해, 타이탄에 호수와 바다, 바람에 쓸려 길게 뻗은 모래 언덕까지 존재한다는 사실이 드러났다.

지구와 비슷해 보이지만, 타이탄은 인간에게 결코 안락한 곳이 아니다. 기온은 영하 180도에 이르러 감각을 마비시키고, 공기 중의 질소와 메탄은 화학 스모그를 만들어 행성을 주황빛 안개로 덮으며 약한 태양 빛을 끝없는 황혼처럼 희미하게 퍼뜨린다. 타이탄의 호수와 바다는 물이 아닌 액체 메탄으로 가득하다. 모래 언덕은 대기에서 침전된 고체 탄화수소 덩어리로 이루어져 있으며, 길이는 수백 킬로미터, 높이는 약 100미터에 달한다.

토성의 다른 위성들은 목성의 위성들처럼 어떤 생명체에게는 더 살기 좋은 환경일 수 있다. 엔셀라두스는 특히 눈에 띄는 위성이다. 이 작은 위성은 지름이 500킬로미터로 영국 본토 길이밖에 되지 않지만, 유난히 하얗고 밝은 것으로 알려져 있었다. 유일하게 얼음만이 이렇게 빛을 반사할 수 있다. 카시니호는 상공에서 몇 가지 특이한 특징을 발견했다.

엔셀라두스 남극 근처에는 과학자들이 '호랑이 줄무늬'라고 부르는 나란히 이어진 어두운 균열이 있었다. 그 외 지역은 비교적 최근에 형성된 듯했다. 표면이 깨끗했고, 우주에서 날아온 암석과의 충돌에서 생긴 충돌구도 없었다. 집채만 한 얼음 바위들이 주변에 널

모든 것은 별에서 시작되었다

려 있었고, 그 지역의 자기장도 이상한 특징을 보였다. 카시니호는 새로운 단서를 발견했다. 먼저 호랑이 줄무늬에서 얼음이 광범위하게 분출되는 모습을 관측했고, 남극이 예상보다 더 따뜻하다는 사실을 알아냈다. 호랑이 줄무늬 지역의 기온은 엔셀라두스 적도보다 수십 도나 더 높았다. 분명 무슨 일이 벌어지고 있었다.

이렇게 광범위하게 간헐적으로 뿜어져 나오는 물은 표면 가까이에 저장되어 있어야 했다. 천문학자들은 카시니호를 얼음에서 200킬로미터 이내로 더욱 가까이 보내 더 많은 정보를 확인했다. 카시니호의 탐지기는 다양한 화학 물질을 발견했다. 이산화탄소, 일산화탄소, 메탄, 암모니아와 같은 탄소가 풍부한 화합물뿐만 아니라 이산화규소와 인, 칼륨, 그리고 지구 바닷물에도 들어 있는 나트륨까지 발견되었다.

이러한 결과를 통해 하나의 결론에 도달할 수 있었다. 엔셀라두스 역시 표면 아래에 액체 상태의 물로 이루어진 바다가 있으며, 이 바다는 위성 전체를 뒤덮고 있다. 이오와 유로파처럼, 엔셀라두스도 조석 가열 현상으로 일부 지역이 뜨거워지면서 물이 표면으로 분출되었고, 300미터 깊이의 호랑이 줄무늬 균열에서 뿜어져 나온 물은 분출구 주변에서 다시 얼어 눈처럼 쌓였다. 유로파처럼 엔셀라두스도 물의 세계이며, 향후 외계 생명체 탐사에서 매우 중요한 대상으로 꼽히게 되었다. 카시니호는 이렇게 멀리 떨어진 바다의 화학 성분을 분석한 최초의 임무가 되었다.

이 모든 탐사선은 목성과 토성이 겉보기에는 매혹적이지만, 실상은 황량하고 격렬한 세계임을 보여 주었다. 두 행성은 거대한 폭풍과 휘몰아치는 자기장, 번개로 뒤덮여 있다. 하지만 이 모든 혼란이 오히려 얼어붙은 위성들에는 활력을 불어넣는다. 깊은 얼음 속에서 액체 상태의 물이 솟아오르고, 증기가 간헐천처럼 분출된다.

이제는 이 지표 아래의 바다를 탐사하기 위한 임무들이 계획되고 있다. 지구의 심해 열수구가 미생물과 갑각류를 품고 있는 것처럼, 이 바다들에도 역시 생명체가 서식할 가능성이 있기 때문이다. 탐사선이 일단 도착하면, 무엇을 발견하든 엄청난 반향을 일으킬 것이다. 만약 외계 생명체가 발견된다면, 인간의 자아는 또 한 번 매우 작아지고 겸손해질 것이다. 하지만 이 머나먼 웅덩이마저도 불모지로 밝혀진다면, 이는 무엇을 의미할까? 다음에는 어디에서 우리의 기원을 찾아야 할까? 우리는 이 세계들을 이해할 수 있다고 확신한다. 예를 들어, 토성 고리가 질서 있게 회전하는 모습이나, 목성의 대적반이 소용돌이치는 모습에서는 물리 법칙이 분명하게 드러난다. 하지만 산호초 가장자리에서 짙푸른 심연으로 잠수하듯, 태양계 가장자리의 어둠 속에도 아직 밝혀지지 않은 비밀이 많다.

새로운 우주, 새로운 희망

천왕성과 해왕성, 그리고 이들의 고리와 위성들은 아직 어떤 탐사선의 방문도 받지 못했다. 현재 우리가 알고 있는 정보는 모두 보이저호가 스쳐 지나가며 보낸 자료와 망원경 관측 결과에서 얻은 것이다. 그런데 이들보다 더 먼 곳에 있는 천체 중 하나가 최근 탐사선을 맞이했다. 바로 명왕성이었다.

2007년 목성을 지나간 NASA의 뉴호라이즌스New Horizons 탐사선은 2015년 태양계 가장자리에 있는 이 머나먼 행성을 스쳐 지나갔다. 이 임무의 목표 중 하나는 단순히 명왕성의 지름을 측정하는 것이었고, 그 결과는 2370킬로미터였다. 런던에서 아테네까지의 거리 정도였다. 작았지만, 예상보다는 조금 더 컸다.

과학자들은 명왕성이 구형이라는 사실에 놀랐다. 탐사선이 도착하기 전에는 명왕성이 너무 작아 실제 행성이라기보다 태양 주위를 도는 얼음 덩어리일 것이라고 생각했다. 테니스공보다는 감자처럼 울퉁불퉁할 것이라고 보기도 했다. 실제로 2006년 천문학자들의 국제 전문가 단체인 국제천문연맹IAU은 명왕성을 태양계 행성 목록에서 제외할지 논의했고, 투표 끝에 그렇게 결정했다. 이로써 명왕성은 '아홉 번째 행성'에서, 세레스 같은 거대 소행성과 함께 단순한 '왜소행성'으로 불리게 되었다.

국제천문연맹은 정식 행성이 되려면 다음의 세 가지 조건을 갖춰야 한다고 명시했다. 태양을 공전해야 하고, 자체 중력으로 거의 구형의 형태를 유지할 만큼 질량이 충분해야 하며, 자신의 공전 궤도 내에서 위성을 제외한 다른 천체를 정리할 수 있을 만큼 중력이 충분히 커야 한다. 명왕성은 마지막 조건을 충족하지 못했다. 해왕성 너머 태양계 외곽, 작은 얼음 천체들로 이루어진 고리 안에 자리하기 때문이다. 이 고리는 카이퍼 벨트Kuiper Belt라 불리며, 이 이름은 1951년 이 벨트의 존재를 제안한 네덜란드 천문학자 제러드 카이퍼 Gerard Kuiper에서 따왔다.

많은 혜성은 여기에서 대부분의 시간을 보내며, 타원 궤도의 바깥쪽을 따라 칠흑 같은 어둠 속을 느릿하게 지나간다. 그러다 태양 쪽 궤도로 들어서면서 잠시 속도를 높이고 타오르듯 빛난다. 이 '더러운 눈덩이'는 태양 빛이 반사될 때만 볼 수 있으며, 태양 쪽으로 날아올 때야 비로소 눈에 띈다. 혜성은 갑작스럽게 나타나 사람들을 놀라게 한다. 예를 들어 바이외 태피스트리(11세기 노르망디 공작 윌리엄의 영국 정복을 기록한 자수 작품 — 옮긴이)의 기록에 따르면, 정복왕 윌리엄 William I은 1066년 혜성을 목격하고 영국 침공을 연기했다. 16세기 이스탄불에서는 술탄의 천문학자 타키 앗 딘Taqi ad-Din이 혜성을 전쟁 승리의 징조로 해석했으나, 예측과 달리 전염병이 돌자 천문대가 철거되기도 했다.

어쨌든 뉴호라이즌스 탐사팀은 명왕성에 큰 기대를 걸지 않았지만, 탐사선이 보내 온 모습은 놀라움 그 자체였다. 명왕성은 아주 둥글었고, 표면은 매끈하면서도 곳곳에 구덩이와 요철이 있었다. 눈덩이나 암석을 마구잡이로 뭉쳐 놓은 듯한 모습이 아니라, 목성과 토성의 역동적인 위성들이 뒤섞인 듯한 느낌을 주었다. 대기에는 희미한 안개가 드리워져 있었고, 얼어붙은 질소로 이루어진 거대한 심장 모양의 빙하가 보였으며, 그 너비는 1000킬로미터에 달했다.

명왕성의 지질학적 특징을 살펴보면, 과거 표면에 액체가 존재했을 가능성과 현재보다 대기가 더 짙었을 가능성이 드러난다. 또한 차가운 표면 아래에 액체 상태의 물로 이루어진 바다가 있을 수도 있었다. 명왕성에는 동반 위성인 카론이 있으며, 표면의 균열 역시 과거 지표 아래에 바다가 존재했을 가능성을 암시한다.

명왕성과의 조우 이후, 뉴호라이즌스 우주선은 탐사를 이어갔다. 2019년에는 태양계 외곽에 있는 또 다른 얼음 천체 아로코트에서 3500킬로미터 떨어진 거리를 통과했다. 지금까지 우주선이 탐사한 가장 멀리 떨어진 천체였다. 직경이 35킬로미터에 불과한 이 천체는 마치 뚱뚱하고 비대칭적인 아령을 닮은 독특한 형태로, 한쪽이 다른 쪽보다 두 배나 컸다. 우주 과학자들은 당혹감을 감추지 못했다. 이렇게 생긴 천체는 처음이었다. 태양계 외곽에는 여전히 밝혀야 할 것들이 많다.

2017년 천문학자들은 또 다른 난제에 직면했다. 하와이의 한 관측소에서 소행성이나 혜성처럼 보이는 작은 천체가 발견되었는데, 예상과는 다른 방향으로 움직이고 있었다. 시가 모양의 이 천체는 길이가 수백 미터에 달하고 붉은색을 띠었으며, 태양 주위를 도는 일반적인 타원 궤도를 따라가기에는 속도가 너무 빨랐다. 속도가 태양계를 그대로 통과할 정도로 빨랐기 때문에, 태양계 너머에서 왔을 것이라고 여겨졌다. 천문학자들은 최초로 발견된 이 성간 천체에 하와이어로 '먼 곳에서 온 최초의 메신저' 또는 '정찰병'이라는 뜻의 '오우무아무아Oumuamua'라는 이름을 붙였다.

오우무아무아는 밝은 별 베가 쪽에서 날아온 것으로 보였다. 태양계는 주변 별들을 기준으로 보았을 때 베가를 향해 나아가고 있다. 따라서 오우무아무아는 태양계가 움직이는 방향을 거슬러 마치 우주 속을 표류하는 떠돌이처럼 우리 곁을 스쳐 지나가는 것처럼 보인다. 외형이 우주선과 비슷하다는 이유로 일부 천문학자들은 공상 과학 소설을 다시 떠올리기도 했다. 만약을 대비해 웨스트버지니아주의 그린뱅크 전파 망원경과 SETI 연구소의 앨런 망원경은 오우무 아무아를 향해 안테나를 조준했다. 다행인지 불행인지는 관점에 따라 다르겠지만, 아무런 신호도 들리지 않았다.

다른 방향으로 나아가는 우주선들도 있다. 파이오니어호와 그 금속판은 과거의 산물이지만, 지금도 별들을 향해 계속 항해 중이다. 파이오니어 10호는 1983년 명왕성 궤도를 지난 후, 1997년 과학 임무를 마치고 현재 황소자리의 '눈', 붉은 별 알데바란을 향해 가고 있으며, 약 200만 년 후에 도달할 것이다. 파이오니어 11호는 1995년 지구로 마지막 신호를 보낸 후 방패자리 방향으로 나아가고 있으며, 약 100만 년 뒤 그 근처의 별들에 닿을 것이다.

두 보이저호는 이미 공식적으로 태양계를 벗어났다. 태양에서 뻗어 나온 태양풍 입자들이 만드는 거대한 공간의 바깥 껍질, 즉 '태양권계면heliopause'이 그 경계다. 보이저호는 이 경계를 지나면서 몇 차례 충돌과 흔들림을 겪었고, 이제 성간 공간을 향해 항해하고 있다. 다른 별 근처에 도달하려면 최소 40만 년이 걸릴 것이다. 보이저 1호는 기린자리 방향으로 나아가며 작은 별 하나를 스쳐 지나갈 것이다. 보이저 2호는 안드로메다자리의 다른 별을 지나고, 약 30만 년 후에는 하늘에서 가장 밝은 별인 시리우스를 스칠 것이다.

태양계에서 출발한 이 탐사선들은 이 별들 주변에서 다른 행성과 마주칠 가능성도 있다. 1990년대 이후 천문학자들은 태양 이외의 별을 공전하는 수천 개의 행성을 발견했다. 별빛이 너무 강해 직접 관측은 쉽지 않아, 천문학자들은 이 '외계 행성'의 존재를 감지하기 위한 정교한 방법들을 고안해 냈다.

모든 것은 별에서 시작되었다

금성이 태양을 통과할 때처럼, 행성이 별의 원반을 지나면 별빛이 아주 약간 어두워질 것이다. 혹은 행성이 궤도를 돌면서 중력으로 별을 끌어당기면, 별이 앞뒤로 흔들리며 빛이나 전파의 특정 주파수에 영향을 받아 훨씬 작은 동반 행성의 존재를 드러낼 수도 있다.

지금까지 발견된 외계 행성은 놀랄 만큼 다채로워, 공상과학 작가들이 영웅들의 무대로 삼기에도 손색이 없을 정도다. 목성이 초라하게 보일 만큼 거대한 가스 행성에서 지구와 화학 조성이 크게 다르지 않은 습한 대기의 암석 행성까지, 이제 거의 모든 별 주변에 어떤 형태로든 행성이 있을 가능성이 커 보인다. 이는 다중 세계에 대한 오래된 상상으로 되돌아간다. 지구 너머 이런 행성들에 생명체가 존재할 가능성은 여전히 예측하기 어렵다. 많은 천문학자들이 화학적 특징을 분석하여 가능성을 가늠하고 단서를 찾으려 하지만, 아직 이를 엄밀히 검증할 방법은 없다.

칼 세이건이 말했듯 우리의 우주선 사절단이 실어 간 '골든 레코드'가 언젠가 재생될지는 아무도 알 수 없다. 그럼에도 이 기록을 우주라는 바다로 띄운 일은 지구 생명이 지닌 희망을 전한다.

화성 탐사선의 이름이 보여 주듯, 행성 탐사는 지금까지 희망적인 여정이었다. 우리는 화성에 생명체가 있다고 믿으며 20세기에 들어섰다. 그리고 적어도 표면에는 그런 생명체가 존재하지 않는다는 것을 증명하며 20세기를 마감했다. 하지만 우리는 더 먼 곳에서 단서를 찾을 수 있으리라는 희망을 품고 21세기에 들어섰고, 이제는 별들에까지 우리의 메시지를 전한다.

3.

우주와 인간:
수십억 년 전부터
계속된
별의 메시지

하늘이 들려주는 이야기

별을 이야기할 때 우리는 자연스레 미래를 떠올린다. 아주 멀리 있는 야심찬 목표를 향해 나아갈 때 우리는 '별을 향해 손을 뻗는다'고 표현하고, 꿈을 꿀 때도 '별을 바라본다'고 말한다. 별을 생각하면, 나는 몇 년 전 다녀온 오랫동안 꿈꿔 왔던 중앙아시아 실크로드 여행과 그 길에서 보았던 밤하늘이 떠오른다.

사마르칸트로 향하는 길, 돌투성이 사막은 에메랄드빛 평원으로 바뀌어 서쪽 지평선까지 끝없이 이어졌고, 희미하게 보이는 농장들만이 간간이 모습을 드러냈다. 3월 말이었고, 나무들이 막 깨어나 연둣빛 새싹이 물결처럼 펼쳐져 있었다. 우리가 탄 미니버스는 덜컹거리며 앞으로 나아갔고, 삐걱거리는 차체는 아스팔트의 움푹 파인 곳과 갈라진 틈을 피해 달렸다. 우리는 겨울 동안 떠내려간 다리들을

모든 것은 별에서 시작되었다

지나쳤고, 그 부서진 잔해는 급류에 침식된 깊은 틈을 따라 늘어서 있었다.

버스는 속도를 줄이더니 언덕으로 이어지는 농삿길로 접어들었다. 앙상한 과일나무들 사이에 청록색과 흰색으로 칠한 나무 방갈로들이 모여 있는 곳을 지나갔다. 길이 좁아져 더 들어갈 수 없게 되자 우리는 버스를 세우고 하룻밤을 지낼 만큼의 짐만 챙겨 내렸다. 플리스 재킷 한 벌, 티셔츠 한 장, 칫솔 하나면 충분했다. 가시덤불이 우거진 좁은 길을 따라 농장 문을 지나 반짝이는 흰색 돔 두 개를 향해 걸어갔다. 돔을 덮은 비닐막은 매서운 바람에 흔들려 펄럭이며 바스락거렸고, 밧줄로 단단히 고정되어 있었다.

수줍지만 호기심 가득한 네 아이와 함께 미소 짓는 한 쌍의 부부가 우리를 반기며 유르트yurt(중앙아시아 유목민들이 쓰는 전통 천막집 — 옮긴이) 안으로 들어오라고 손짓했다. 이들은 계곡에서 막 여름 별장으로 온 참이라며, 집을 청소하고 깨진 창문을 수리하고 있었다. 시설은 다소 초라했다. 흐르는 물이 없어 샘에서 양동이로 물을 길어야 했고, 발전기도 불안정했다. 그럼에도 그들은 우리가 즐겁게 머물기를 바랐다.

전선이 불안정하게 연결된 자전거 전등 아래에서, 우리는 양고기 스튜로 간단히 식사하며 보드카를 곁들인 뒤 숙소로 돌아갔다. 실내는 어둡지만 화려하게 장식되어 있었다. 격자에는 빨간 리본이 얽혀 있었고, 술 장식이 달린 샹들리에가 천장을 장식하고 있었다. 산속 공기는 얼음장같이 차가웠고, 긴 여정 탓에 하루가 길게 느껴졌다. 하지만 보라색, 분홍색, 초록색이 뒤섞인 벨벳 이불 속으로 바로 기어들어 가려던 우리를 붙잡는 무언가가 있었다. 그것은 숨이 막힐 듯 아름다운 밤하늘이었다.

별들은 너무 선명해서 망막을 뚫을 듯했다. 희미한 별 무리 사이에도 너무 많은 별이 있어서 익숙한 별자리를 알아보기가 어려웠다. 오리온자리의 넓은 어깨와 허리에 두른 벨트가 눈에 띄었다. '저게 카시오페이아자리의 W일까?' 확신이 서지 않았다. 한쪽에는 푸른 별 무리가 반짝였고, 그것은 분명 플레이아데스 성단이었다. 이렇게 단순한 세계가 주는 매혹에 마음이 끌렸다. 노란빛과 도시의 번잡함에서 벗어난 밤하늘은 황량하지만 찬란한 광채를 뿜내고 있었다. 해방된 별들은 공간을 차지하려 서로를 밀치면서 우리 눈앞으로 몰려들었다. 밤하늘은 마치 우리 천막의 지붕처럼 낮게 드리워져 있었다.

시간이 멈춘 듯한 풍경이었다. 수년 동안 얼마나 많은 여행자들이 낙타와 말을 타고, 낡은 소련산 자동차를 몰거나 우리처럼 중국산 버스를 타고 이 길을 지나갔을까? 풍경과 날씨는 변할지라도, 하늘 위의 밤하늘은 언제나 변함없이 규칙적이다.

수천 년 동안 별들은 아무 특징 없는 사막이나 평원, 바다를 횡단하는 여행자들을 올바른 방향으로 인도해 왔다. 지구에서 보면 모든 별이 천구의 북극을 중심으로 도는 것처럼 보인다. 별이 뜨고 지는 모습을 반복해서 관측하고 1년 동안 별의 위치와 고도가 어떻게 변하는지 이해하면, 별이 어디에 나타날지 예측할 수 있어 천구의 나침반으로 활용할 수 있다.

밝게 빛나는 별 하나하나와 별들의 무리, 즉 별자리는 오랫동안 사람들의 관심을 끌었다. 다양한 문화권은 저마다 별을 소재로 이야기를 만들어 왔다. 하지만 이러한 이야기와 관습, 별과의 관계에는 전 세계적으로 많은 공통점이 나타난다.

호주의 고대 주민들은 최초의 천문학자라 할 수 있다. 적어도 4만 년 동안, 이들은 오랜 세월을 견뎌온 대륙에서 밤하늘을 마치 백과사전처럼 활용해 왔다. 밤하늘의 어두운 공간에 여행과 사냥, 수확 시기와 행동 규범에 관한 실용적인 지혜를 투영해 온 것이다. 아주 희미한 별조차도 불길한 징조로 여겨졌고, 이러한 지식은 이야기와 노래를 통해 세대를 거쳐 전해졌다. 호주 부족들에게 우주의 만물은 연결되어 있다. 과거, 현재, 미래는 하나이며, 영혼과 조상들은 '드리밍Dreaming'이라는 평행 차원을 이동하며 세상에 변화를 일으킨다.

이 별들에 관한 이야기에는 사람의 성격을 비유한 묘사와 주의를 당부하는 경고, 삶의 교훈이 담겨 있다. 하늘에서 네 번째로 밝은 붉은 별 아크투루스Arcturus가 떠오르면, 호주 최북단 아넘랜드 토착민들은 바구니를 짜는 데 쓰는 골풀을 수확할 시기가 왔음을 알아차린다. 전갈처럼 구부러진 꼬리를 가진 전갈자리가 모습을 드러내는 시기는 북쪽 섬 주민들에게 우기가 끝나고 남동풍이 불어오기 시작했음을 알려주는 신호가 된다.

주황색 별 알데바란Aldebaran은 간통을 경계하라는 뜻을 지닌다. 전해지는 이야기에 따르면, 이 별은 남의 아내를 빼앗은 남자의 영혼을 품고 있다고 한다. 여인을 숨긴 나무가 불타면서, 이 불꽃이 남자의 영혼을 하늘로 올려보냈다고 전해진다.

밝은 푸른 별들이 모여 있는 플레이아데스 성단Pleiades star cluster은 소녀들을 상징하며, 여성에게 특별한 의미를 지닌다. 이런 상징은 여러 문화권에서 공통적으로 나타난다. 예를 들어 고대 그리스인들은 플레이아데스를 사냥꾼 오리온과 그의 개 시리우스Sirius가 쫓는 '일곱 자매'로 여겼다. 인도에서는 '일곱 현자'의 아내이거나, 머리가 여섯 개인 전쟁의 신 카르티케야Kārttikeya의 여섯 어머니를 가리키기도 했다. 신화에 따르면, 이 여섯 어머니가 각각 돌볼 수 있도록 카르티케야에게 여섯 개의 머리가 생겼다고 전해진다.

호주에서는 오늘날에도 플레이아데스 이야기에 특별한 경외심을 보인다. 이 별들이 지닌 깊은 문화적 의미는 1990년대 사우스오스트레일리아에서 다리 건설을 둘러싼 소송의 중심이 되었다. 지역 원주민 여성들은 다리를 놓으면 강이 훼손되고, 플레이아데스 정령 소녀들과 강을 잇는 통로가 막히게 된다며 공사를 반대했다. 다리는 결국 건설되었지만, 후에 왕립위원회에서 부족의 손을 들어주었다.

호주와 뉴기니 사이 토레스 해협의 섬 주민들 역시 현대 법에 맞서 전통 관습을 지키기 위해 별을 근거로 들었다. 별은 언제 낚시를 시작하고 씨를 뿌릴지 등 여러 활동의 시기를 안내했다. 이러한 규범은 말로 전해졌고, 호주 법원에서는 이러한 구술 증언을 증거로 인정하지 않았다. 그러나 1992년 호주 정부는 이러한 충돌을 인정하고, 섬 주민들의 오랜 구전 전통인 관습법을 인정했다. 이제 별은 법의 일부가 되었다.

다른 여러 민족도 별의 주기를 따라 농사의 시기를 정했다. 예를 들어 뉴멕시코의 주니족은 플레이아데스 성단을 '씨앗'이라고 부르며, 이 별자리를 보고 파종과 수확 시기를 결정했다. 잉카와 케추아족은 플레이아데스 성단을 지식의 보고로 여긴다. 남아메리카 전역에서는 플레이아데스나 히아데스Hyades와 같은 성단과 오리온자리나 남십자자리와 같은 밝은 별자리의 위치를 통해 건기와 우기의 시작과 끝, 물고기를 잡는 시기, 심지어 꿀을 수확하는 시기까지 가능했다.

바다 한가운데처럼 눈에 띄는 지형이 없는 곳에서, 별은 길을 찾는 데 필수적인 도구였다. 바다에서는 사방이 비슷하게 보이지만, 하늘에서는 모든 것이 드러난다. 폴리네시아인들은 매우 대담한 항해자들이었다. 수천 년 동안 그들은 외딴 섬 사이를 수천 킬로미터 항해하며 태양과 별의 위치, 빛의 미묘한 변화, 구름과 파도, 새들의 비행경로를 보고 길을 찾았다. 폴리네시아의 숙련된 항해사 투파이아Tupaia는 남쪽 하늘의 상세한 지도가 없던 18세기에 영국 선장 제임스 쿡을 안내해 남태평양, 뉴질랜드, 호주를 탐험했다.

망망대해에서 항해하는 선원에게 지평선 아래에 낮게 걸린 밝은 별은 마치 육지의 산봉우리처럼 길잡이 역할을 한다. 적도 근처의 열대 해역에서는 별이 질 때 하늘에서 거의 수직으로 내려오는데, 이는 별이 극을 중심으로 원을 그리며 돌기 때문이다. 특정 별을 향해 나아가면 몇 시간 동안은 이동 방향을 정확히 알 수 있고, 별이 하늘에서 가장 높이 떠오른 시점을 확인하면 그 지역의 위도를 알 수 있다.

밤하늘에서 가장 눈에 띄는 별 시리우스는 눈부신 하얀 빛을 뿜으며 피지 위도에서 정수리 위를 지나고, 여러 폴리네시아 문화의 중심이 되어 왔다. 하와이에서는 동지 때 가장 높게 떠올라 그 시기에 '하늘의 여왕'으로 추앙받는다. 시리우스가 아침에 모습을 드러내면 마오리족은 겨울의 시작을 알아차린다. 독수리자리와 거문고자리가 보이기 시작하면 북극의 이누이트족은 긴 겨울의 어둠이 끝났다는 신호로 받아들인다.

전자기기로 길을 찾는 시대에도 별을 이용한 항법은 여전히 중요한 기술이다. 미국 해군은 위성 연결이 끊어질 경우를 대비해 사관생도에게 이 기술을 가르친다. 인류는 오랫동안 별을 이용해 세상을 헤쳐 나갔다. 물리적으로도, 사회적으로도 별은 길잡이가 되어 주었다.

밤하늘과 별의 의미

옛 폴리네시아 선원들은 별을 이용한 항해 지식을 상당 부분 머릿속에 담고 있었다. 하지만 동시에 하늘을 사분면으로 나누고, 특정 섬이나 어장으로 가는 주요 항로를 정의하며 이 지식을 체계화했다. 이들은 마치 나침반의 방위처럼 원 위에 일련의 점을 찍어 항로를 그릴 수 있었다.

여러 문명은 각기 다른 방식으로 가장 밝은 별의 위치를 기록했다. 기원전 12세기경 바빌로니아 천문학자들은 한 해 동안 주요 별 수십 개의 방향과 지평선 위 높이를 측정했다. 이들은 이 정보를 점토판에 체계적으로 기록하고, 이 별들을 기준으로 그 사이를 떠다니는 행성의 움직임을 추적했다. 매일 밤 천체들의 관계는 《천문 일지》라 불리는 수백 장의 점토판에 적혔다. 또한 별을 모아 별자리를 만들고, 황소, 물고기, 사자처럼 자신들에게 의미 있는 이름을 붙였다.

기원후 2세기 고대 그리스의 수학자이자 천문학자 프톨레마이

모든 것은 별에서 시작되었다

오스는 가장 밝은 별 1000개와 당시 알려진 다섯 행성의 위치를 기록한 표를 발표했다.

하지만 숫자로 가득한 긴 표는 아무리 열정적인 관측자라도 읽기 어려웠고, 실제 하늘과 연결하기도 어려웠다. 그림으로 된 도표는 훨씬 더 매력적일 뿐 아니라 우리의 운명을 말해주는 친숙한 별들 뒤에 숨은 이야기를 전달하는 데도 효과적이다. 예를 들어 서양인들이 신화 속 사냥꾼 오리온의 허리띠와 몸통으로 인식하는 별자리는, 1907년 중국 북서부 둔황 근처 고비 사막 가장자리의 한 동굴에서 발견된 가장 오래된 종이 별자리표, 성도에서 확인할 수 있다. 절벽을 깎아 만든 이 동굴은 수백 개의 초기 불교 사원 중 하나로 '막고굴莫高窟'로 알려져 있다. 사원의 내부는 조각상과 벽화로 가득하다.

둔황의 성도는 기원후 1000년경, 수천 권의 다른 필사본과 함께 동굴에 봉인되어 있었고, 건조한 환경 덕분에 다행히 온전하게 보존되었다. 이 사원들은 1900년대 초 우연히 발견되었다. 영국과 헝가리 출신 고고학자 아우렐 스타인Aurel Stein은 사원이 열리고 몇 년 뒤 이곳을 방문해 지도책과 여러 유물을 런던 대영박물관으로 가져왔으며, 현재도 그곳에 소장되어 있다. 동굴에 보관된 문헌 대부분은 불교 경전이었지만, 과학 관련 자료도 일부 포함되어 있었다. 성도와 북극 근처의 별을 보여 주는 작은 조각이 달력, 연감, 의학 논문 사이에서 발견되었다.

둔황 성도는 기원후 7세기의 것으로 추정된다. 닥나무 섬유로 만든 4미터 길이의 두루마리에는 티베트와 중국 중부를 가로지르는 위도선에서 바라본 북반구 전체의 별이 그려져 있다.

둔황 성도는 생동감이 넘친다. 검은색과 붉은색 점들이 줄지어, 지그재그로, 부채꼴과 호를 그리며 종이 위에서 춤춘다. 각 도형에는 이름이 붙어 있고, 도형들은 긴 중국어 글귀로 둘러싸여 있다. 그리고 관모를 쓰고 두루마기를 입은 위협적인 궁수가 한쪽 끝에 서 있다. 아마 번개의 신일 것이다. 그는 행렬을 이끄는 것일까, 아니면 물러나라는 경고를 보내는 것일까? 어느 쪽이든 이 별들의 무리를 다스리는 힘을 가진 듯 보인다.

중국 전통에서 밤하늘은 신과 초자연적 존재만의 영역이 아니었다. 인간 세계를 비추는 거울이기도 했다. 기원전 5세기 문헌에는 하늘을 중국 제국의 지역별 영역으로 나눈 기록이 남아 있다. 천상의 징조는 미래의 소식, 즉 지상에서 일어날 사건을 알려주는 예보처럼 읽혔다. 그 징조를 식별하고 해석하는 일은 사실상 정부의 중요한 임무였으며, 국가 통치에 필수적인 역할을 했다.

중국 왕조들은 천문학자들을 관료처럼 두었다. 일식을 예측하지 못하면 사형에 처해지기도 했지만, 천문학자들이 수 세기에 걸쳐 천체를 꼼꼼히 기록한 덕분에 중국 천문학은 시대를 앞서 나갔다. 혜성, 태양 흑점, 초신성은 중국 천문학자들이 처음 발견하고 기록했으며, 이 역사적 기록은 오늘날에도 여전히 의의가 있다. 기원후 1054년 중국 천문학자들은 죽어가는 별이 폭발하며 밝게 빛나는 초신성을 기록했다. 이 별은 폭발하면서 '게 성운'이라 불리는 거대한 빛나는 가스 구름을 형성했으며, 현재 그 성운의 중심에 자리하고 있다.

각 문화에서는 별자리를 통해 자신만의 이야기를 하늘에 새긴다. 별은 단어와 문장을 이루는 글자와 같다. 서양의 대표적인 별자

모든 것은 별에서 시작되었다

리들은 대체로 크기가 크고 수가 적으며, 사냥꾼 오리온에서 허영심 많은 여왕 카시오페이아와 위기에 처한 여주인공 안드로메다까지, 많은 수가 그리스 로마 신화에 등장하는 인물과 연관되어 있다. 후대의 별자리들은 당시의 관심사에 따라 이름이 붙었다.

남반구 하늘에 새로운 별자리가 필요해지자 유럽 탐험가들은 대형 선박 아르고Argo의 용골, 고물, 돛에서 이름을 따 별자리를 만들었다. 18세기에는 과학과 항해에 관한 관심이 높아지면서 나침반, 팔분의, 현미경도 별자리 이름으로 사용되었다.

이와 대조적으로 둔황 두루마리에 빼곡히 그려진 중국 별자리는 크기가 작고 그 수도 수백 개에 이른다. 대부분의 별자리는 황도 십이궁처럼 상징적인 의미를 지닌다. 많은 별자리가 특정 사물이나 인물과 관련되어 점성술적 예언의 힘을 높였으며, 어떤 인물은 단 하나의 별로만 표현되기도 했다. 이렇게 별 하나하나에 의미를 정확히 부여하면, 그 징조를 잘못 해석하기가 어려워진다. 밤하늘의 풍경은 정밀하게 지도화되었다.

중국의 하늘은 적도를 기준으로 다섯 개의 '궁'으로 나뉜다. 이 가운데 네 개는 방위와 계절에 연결되어 있고, 나머지 하나는 북극을 둘러싼 고리 형태를 이룬다. '동쪽의 청룡'은 봄과 연관되어 있고, 우리가 안타레스antares라고 부르는 '불의 별'이 용의 심장에 자리한다. '남쪽의 주작'은 여름을 알리고, '서쪽의 백호'는 가을을 맞이한다. '북쪽의 현무'는 겨울을 상징한다.

절대 지지 않는 별인 주극성週極星은 고대 중국에서 가장 중요한 별이었다. 북극성은 황제, 즉 모든 것이 그 주위를 돌게 하는 인물을 상징했다. 북쪽 자리는 최고 지위를 나타냈으며, 여왕과 왕자, 대신들도 이곳에 자리했다. 주변 별자리는 궁궐의 고관과 관료, 베이징 황궁의 일부를 상징했다. 행성이 지나가는 길에는 하늘의 문, 거리, 요새와 같은 상징물이 놓였다.

일상 풍경도 별 속에서 펼쳐졌다. 백성과 군인들이 남쪽에 자리를 잡았고, 때로는 지평선 아래로 사라지기도 했다. 가을 하늘에는 수확을 알리는 징조가 보였다. 하늘에도 시장이 열렸고, 다양한 상점이 즐비했다. 오가는 교통수단과 각양각색의 건물들도 눈에 띄었고, 심지어 화장실도 있었다.

인간 사회가 별에 비친 모습처럼 고대 중국 문명은 천체의 배열을 반영해 지상에 구조물을 세웠다. 기원전 제2천년기(기원전 2000년부터 1001년까지 — 옮긴이) 최초의 대규모 계획도시가 건설되었을 때, 궁궐과 성벽, 무덤은 동서남북 방위를 따라 배치되었다. 기원전 221년 진시황秦始皇은 '전국시대'를 통일한 뒤, 우주의 배열을 이용해 새로운 수도 함양(현재 중국 북중부 산시성)에서 자신의 절대 권력을 공고히 했다. 그는 본궁을 북극과 연결하고, 황허강의 지류인 웨이강 양쪽에 있는 여러 궁궐을 연결하는 비밀통로를 건설했다. 웨이강은 '하늘의 강' 또는 은하수를 상징했다. 베이징 자금성의 주요 건물들도 남북의 축을 따라 이와 유사하게 배치되었다.

날실과 씨실 같은 직조나 비단 제작 용어를 활용한 은유 역시 고대 중국에서 인간과 우주의 연결을 논할 때 널리 쓰였다. 예로 오늘날 큰곰자리 또는 북두칠성으로 부르는 갈고리 모양의 북쪽 별자리는 베틀에서 모든 날실을 하나로 모으는 데 사용되는 느슨한 매듭인

모든 것은 별에서 시작되었다

'베틀 매듭'에 비유되었다. 이러한 상징은 통치를 통해 하나의 고운 직물처럼 엮어 낸 지상과 천상의 질서를 보여 주었다.

우주를 헤아리는 기구들

사람들이 하늘에 남긴 이야기는 제각각이지만, 별을 관측하는 데 쓰는 도구는 세계 어디서나 거의 비슷하다. 가장 단순한 기구는 해시계다. 땅에 세운 막대가 드리우는 그림자는 하루 동안 방향을 바꾸며 여러 정보를 알려준다. 해가 뜨면 그림자는 짧아지고, 해 질 무렵에는 다시 길어진다. 별이 지평선 위에서 어느 높이, 어느 각도로 보이는지는 각도기처럼 각도가 표시된 눈금에 별을 조준해 읽을 수 있다. 이것이 사분의와 육분의의 기본 원리다. 즉 사분의와 육분의는 전체 원에서 차지하는 비율에서 이름이 비롯했다. 사분의는 원의 4분의 1(90도), 육분의는 원의 6분의 1(60도)를 차지한다.

  여러 문명에서 하늘을 지도로 기록하는 데 그토록 많은 노력을 기울인 이유는 별에 담긴 메시지가 중요했기 때문이다. 지도가 여행자를 이끌듯, 점성술은 황제의 판단에 영향을 미쳤다. 천문 지식과 관측 도구는 교류의 대상이었다. 실크로드를 따라 중국, 그리스, 로마, 이슬람의 기술이 뒤섞였다. 지금의 우즈베키스탄 사마르칸트가 중요한 중심지 중 하나였다. 나 역시 이곳을 찾았을 때, 15세기에 지어진 역사적 천문대를 방문하게 되어 매우 기뻤다.

  사마르칸트 중심부에서 조금 북쪽으로 가면, 먼지가 자욱한 고

속도로에 둘러싸인 작은 언덕 위에 천문대의 폐허가 있다. 이 천문대는 위대한 통치자이자 학자였던 울루그 베그Ulugh Beg가 세운 것이다. 그는 14세기 중앙아시아를 누비며 델리와 카불, 카스피해 연안까지 원정을 떠났던 유명한 전사 티무르Timur(타메를란)의 손자였다. 베그는 그의 할아버지처럼 전사였지만, 동시에 학문에도 조예가 깊었다. 사마르칸트와 부하라에 이슬람 신학과 과학, 예술을 가르치기 위한 학교를 세웠고, 여성 교육도 장려할 만큼 진보적이었다.

베그의 천문대는 당시 세계에서 가장 크고 정교한 시설이었다. 오늘날 남아 있는 것은 많지 않지만, 거대한 육분의를 이루었을 거대한 곡선형 이중 레일 한 쌍을 찾아볼 수 있다. 옆으로 눕힌 트럼펫을 닮은 나팔 모양의 금속 지붕이 비바람을 막아 주고, 롤러코스터처럼 깊은 도랑 속으로 곤두박질쳤다가 다시 위로 솟아오른다. 하얀 내리석으로 된 매끄러운 표면은 금속처럼 반짝인다.

40미터의 원호를 이루는 육분의는 한때 천문대를 이루던 3층짜리 원형 탑의 대부분을 차지했을 것이다. 아래쪽 레일은 언덕의 원석을 깎아 만들었고, 위쪽 가장자리는 벽돌 벽이 받쳐 주었다. 레일에는 각도와 더 작은 눈금을 표시하는 아랍어 기호와 선이 새겨져 있다. 천문학자들은 지붕의 구멍을 통해 어두운 천문대로 들어오는 희미한 별빛이 그리는 선의 각도를 읽어냈을 것이다. 이렇게 거대한 육분의를 사용한 덕분에 600분의 1도에 이르는 정밀도를 얻을 수 있었고, 이 정밀도는 2세기 동안 아무도 넘지 못했으며 오늘날에도 여전히 인정받는 수준이다.

베그의 연구 방식은 체계적이었고, 오늘날 기준으로 보아도 매우 현대적이었다. 그는 60명이 넘는 천문학자와 수학자를 고용해 관측을 수행했고, 모든 관측에는 최소 두 사람이 참석해야 했다. 어떤 결과든 여러 명이 모여 함께 검토하도록 했고, 토론과 반대 의견도 장려했다. 심지어 아첨하는 사람들을 가려내기 위해 일부러 틀린 질문을 던지기도 했다. 베그가 원한 것은 듣기 좋은 말이 아니라, 우주가 어떻게 움직이는지에 대한 올바른 지식이었다. 오늘날처럼 연구 환경이 빠르게 변화하는 시대에는 이처럼 데이터를 꼼꼼히 검증하고 의문을 제기하는 일이 종종 간과되곤 한다.

육분의 맞은편에 있는 작지만 매력적인 박물관에는 한때 사마르칸트천문대에서 쓰였던 여러 천문 기구들의 복제품이 전시되어 있다. 그중에는 태양과 달을 비롯한 여러 천체의 궤적을 서로 맞물린 고리로 표현한 지구본 모양의 혼천의도 있다. 이 혼천의는 페르시아에서 중국, 유럽에 이르기까지 실크로드를 따라 발견된 다른 혼천의들과도 유사하다. 유리 캐비닛에는 오래된 아랍어 서적들이 보관되어 있으며, 대부분 후대에 필사된 베그의 저서로 책장을 펼치면 과학 삽화와 관측 기록을 살펴볼 수 있다. 천문대 축소 모형의 단면을 보면, 육분의의 곡선형 골조에서 떨어진 내부 구조와 방들을 알 수 있다.

베그의 수많은 업적 중 주목할 만한 것은 천 개가 넘는 밝은 별의 목록을 작성한 것이다. 《지이Zij》로 알려진 이 목록은 프톨레마이오스의 《알마게스트》보다 훨씬 정확했으며, 아랍어와 페르시아어로 널리 번역되었다. 베그는 프톨레마이오스 이후 서양 과학이 본격적으로 발달하기 전까지의 시기에서 가장 위대한 천문학자로 널리 인정받고 있다.

베그의 영향력은 먼저 이슬람 세계 전역으로 퍼져 나갔다. 콘스탄티노플(현 이스탄불)의 왕실 천문학자 타키 앗 딘은 오스만 제국의 차기 술탄을 설득해, 베그의 천문대에 필적할 만큼 거대한 천문대를 건설하도록 했다. 1577년에 완공된 이 천문대에도 베그의 천문대처럼 정교한 관측 장비가 갖춰졌다. 하지만 몇 년 후, 앞서 살펴본 것처럼 혜성 출현에 대한 타키 앗 딘의 해석이 술탄의 기대와 맞지 않자 파괴되고 말았다. 후에 18세기 인도의 자이 싱Jai Singh 왕은 델리와 자이푸르를 포함한 다섯 지역에 베그의 천문대와 아주 유사한 거대한 석조 관측 장비를 세웠다.

서양에서는 베그의 선구적인 업적이 오랫동안 알려지지 않아 다른 천문학자들이 그의 업적을 따라잡을 기회를 얻었다. 이슬람과 고대 그리스 과학 문헌의 번역본은 '암흑시대' 동안 꾸준히 유럽 학계로 들어갔지만, 《지이》가 라틴어로 번역되어 런던에서 출판된 것은 1650년이 되어서였다. 베그의 별 목록이 유럽에 출판되기까지는 15년이 더 걸렸다. 한편 콘스탄티노플의 천문대가 철거되는 사이, 덴마크의 귀족 천문학자 티코 브라헤는 스웨덴 우라니보르그에 세계적인 수준의 천문대를 짓고 있었다. 브라헤는 성능이 뛰어난 육분의와 사분의를 사용해 베그의 업적을 뛰어넘을 수 있었고, 1580년에는 더욱 정밀한 밝은 별 천 개의 목록을 출판했다. 더 큰 도약을 이루려면 이제 망원경, 무역, 그리고 모험이 필요했다.

이후 몇 세기 동안 관측 기술은 크게 향상되었다. 17세기 초 망원경이 등장하면서 천문학자들은 수천 개의 희미한 별을 관측할 수

모든 것은 별에서 시작되었다

있게 되었다. 유럽이 '신대륙'으로 진출하면서 남반구 하늘도 더욱 정밀하게 조사할 수 있었다. 하지만 여전히 무언가가 부족했다. 성도와 별 목록은 별의 위치를 수직과 수평, 두 개의 차원으로만 나타낸다. 여기에는 세 번째 차원, 즉 거리가 없었다. 별까지의 거리를 측정하려는 시도가 이어지면서, 비로소 우리 주변의 별들과 우주 속 우리의 위치에 대한 지도가 그려지기 시작했다.

멀고도 가까운 우주

19세기 천문학자들은 별까지의 거리를 측정하기 시작했다. 지상의 지도 제작 기술을 응용해 삼각측량, 즉 시차라는 개념을 활용했다. 한쪽 눈을 감았다가 다른 쪽 눈을 감으면 물체가 좌우로 조금씩 움직이는 것처럼, 지구에서 바라보는 별의 위치도 지구의 공전 궤도 상 위치에 따라 약간씩 달라진다. 가까운 별일수록 움직임이 더 크게 나타나며, 천문학자들은 1년 중 서로 다른 두 시기의 관측으로 그 차이를 계산할 수 있었다.

이 측정을 통해 얻은 처음 확인된 사실은 별들이 정말 멀리 떨어져 있다는 것이었다. 별들의 움직임은 너무나 미세해서, 이를 관측 장비로 감지할 수 있을 만큼 기술이 발전하는 데 수 세기가 걸렸다. 1838년 독일 천문학자 프리드리히 베셀Friedrich Bessel은 지구에서 가장 가까운 별의 움직임을 관측하는 데 성공했다. 프록시마 센타우리proxima centauri는 6개월마다 1초 미만의 각도로 흔들렸다. 이는 10미터 거리에서 보는 모래알 크기보다 10배 더 미세하며, 베그나 브라헤의 육분의로 측정할 수 있는 한계보다 수백 배 작은 값이었다.

관측을 통해 얻은 숫자는 충격적이었다. 프록시마 센타우리는 39조 9천억 킬로미터 떨어져 있으며, 이는 지구와 태양 사이 거리의 27만 1,000배에 해당한다. 초당 30만 킬로미터를 이동하는 빛조차도 프록시마 센타우리에서 지구에 도달하는 데 4년 이상이 걸린다. 더 멀리 있는 별들은 빛의 이동 거리가 더 길고 시차도 더 작다.

시차를 측정하는 일은, 선원들이 지도에 표시된 방위만 보고 목적지에 도달하기 어려운 것과 같은 이유로 어렵다. 배는 해류와 바람 때문에 직선 항로를 그대로 따라갈 수 없기 때문에 빠르게 흐르는 강이나 바람이 부는 바다를 건너려면 약간 상류나 바람의 반대 방향으로 항로를 수정해야 한다. 마찬가지로 천문학자들도 지구의 움직임을 보정해야 한다.

별까지의 거리를 처음 측정할 때는 하나씩 공들여 관측해야 했지만, 사진 기술이 등장하면서 여러 별을 동시에 관측할 수 있게 되었다. 또한 장시간 노출 덕분에 눈으로 볼 수 없는 훨씬 희미한 별빛도 포착할 수 있었다.

처음으로 사진에 담긴 별은 1850년에 촬영된 베가였다. 이후 수십 년 만에 하늘 전체가 사진에 담겼다. 파리천문대가 주도한 카르트 뒤 시엘Carte du Ciel 프로젝트에서는 전 세계 20개 천문대와 수많은 직원, 이른바 '컴퓨터'를 동원해 수백만 개 별의 위치를 기록했다. 1910년까지 360개가 넘는 별의 거리가 측정되었으며, 이는 반년 간격으로 촬영된 사진을 비교해 위치가 조금씩 변하는 별들을 찾아낸

모든 것은 별에서 시작되었다

결과였다.

1970년대부터 사진 건판과 필름은 전자 카메라와 디지털 성도로 대체되었지만, 1990년대에도 대학과 천문대에서는 오래된 건판의 복사본이 여전히 널리 쓰였다. 대학원생 시절 어느 날 오후, 도서관 옆방에서 차 한 잔을 들고 앉아 밤하늘의 여러 부분을 담은 사진 필름을 스캔하던 기억이 있다. 30센티미터 너비의 네거티브 건판에는 작은 회색 점과 얼룩이 흩뿌려져 있었다. 각각의 흔적에는 이야기가 담겨 있었다. 여기에는 죽어가는 별이, 저기에는 새로 태어난 별들의 요람이 있었다. 또 어떤 곳에는 왜소은하가, 다른 곳에는 중심에 블랙홀이 있는 거대한 은하가 있었다. 모두 테이블 위에 흩어진 케이크 부스러기처럼 보였다. 내가 맡은 일은 이 점들이 무엇인지 밝혀내는 것이었다. 나는 이 작업에 완전히 빠져들었다.

하지만 별의 위치를 아주 정확하게 측정하려면 지구의 아무리 뛰어난 눈과 망원경, 카메라도 한계가 있다. 대기의 움직임 때문에 별이 깜빡이는 것처럼 보이기 때문이다. 이러한 문제를 피하기 위해, 천문학자들은 망원경을 우주로 보냈다. 2013년 ESA는 20억 개 별의 위치를 기록하고 지구에서 수만 광년(빛이 진공 상태에서 1년 동안 나아가는 거리―옮긴이) 떨어진 수백만 개 별까지의 거리를 측정하는 가이아 프로젝트를 시작했다. 이와 같은 꾸준한 프로젝트 덕분에 가까운 우주의 지도가 점점 정확하게 그려지기 시작했다.

태양계가 우리의 직계 가족이라면, 12광년 이내에 있는 40개의 별은 우리의 사촌이다. 이 가운데 맨눈으로 볼 수 있는 별은 9개뿐이다. 우리와 가장 가까운 이웃은 4광년 남짓 떨어진 알파 센타우리 A,

B, C라는 세 개의 별이다.

이 세 별은 남반구 하늘에 자리한다. 알파 센타우리 A와 B는 쌍둥이처럼 서로를 공전하며, 한 바퀴를 도는 데 80일이 걸린다. 수년 동안 두 별은 하나로 보였고, 하늘에서 세 번째로 밝은 별과 맞먹는다고 여겨졌다. 매우 높은 배율로 관측해야만 두 별을 분리해서 볼 수 있었다. 이 별은 또한 남십자성을 향하는 두 개의 밝은 '포인터(다른 별이나 별자리의 방향을 알려주는 길잡이 별―옮긴이)' 중 하나다.

알파 센타우리 C는 세 별 중 우리와 가장 가까우며, 흔히 프록시마 센타우리라고도 불린다. 이 별은 희미한 '적색왜성(태양 질량의 0.08~0.5배로 핵융합이 가능한 가장 작은 별―옮긴이)'으로 작은 잔불처럼 은은하게 빛난다. 하지만 이 별이 우리에게 가까이 느껴지는 또 다른 이유가 있다. 2016년 지구보다 약간 큰 행성이 프록시마 센타우리를 11일마다 공전하는 것이 발견되었기 때문이다.

이 '창백한 붉은 점'의 표면은 액체 상태의 물이 존재할 만큼 충분히 따뜻할 것으로 보이며, 바다가 존재할 가능성도 크다. 하지만 이곳에서 생명체를 찾을 가능성은 거의 없다. 쪼그라든 별은 강력한 자기장을 형성해 주변의 가스를 끌어당기고, 가스가 연소하면 별이 타오르며 치명적인 X선이 행성 표면을 뒤덮는다. 만약 이곳을 여행한다면 방사선에서 몸을 보호하기 위해 납으로 된 보호막이 필요할 것이다.

맨눈으로 볼 수 있는 별 가운데 가장 유명한 것은 시리우스다. 하늘에서 가장 밝게 빛나는 이 별은 지구에서 9광년 떨어져 있어 알파 센타우리 별 무리보다 두 배쯤 멀다. 이렇게 눈부신 존재인 시리

모든 것은 별에서 시작되었다

우스는 여러 문화권에서 다양한 의미를 지녀 왔다. 고대 이집트인들은 시리우스가 떠오르는 시기를 나일 강 범람과 연관 지어, 땅의 비옥함을 약속하는 신호로 여겼다. 시리우스라는 라틴어 이름은 '빛나다' 또는 '뜨겁다'는 뜻의 고대 그리스어 '세이리오스seirios'에서 유래했다. 또한 큰개자리에 있어 '개의 별'로도 알려져 있다. 중국에서는 '천랑성天狼星', 즉 하늘의 늑대별이라고 부른다. 고대 그리스인들은 시리우스가 떠오르는 시기를 더위가 견딜 수 없을 정도로 심해지는 '한여름의 무더위dog days of summer'와 연결 지어 생각했다. 이들은 시리우스의 기운이 해롭다고 여겼고, 여기에 사로잡힌 이들을 '별에 홀린star-struck' 사람이라고 묘사했다.

시리우스는 안개 낀 날에도 강렬하게 반짝이는 것처럼 보일 수 있다. 다이아몬드에 반사된 빛처럼 색도 다채롭게 변한다. 그러나 이것은 시리우스의 실제 색이 아니라, 지구 대기가 빛의 빨간색, 초록색, 파란색 파장을 각각 다르게 굴절하여 만들어 내는 무지갯빛 섬광이다.

하지만 어떤 별들은 특정 색이 두드러지며, 이는 별의 온도를 보여준다. 뜨거운 숯이나 달궈진 쇠막대처럼 아크투루스Arcturus 같은 붉은 별은 시리우스 같은 하얀 별보다 온도가 낮다. 리겔Rigel 같은 푸른 별은 훨씬 더 뜨겁다. 별의 색은 핵융합이 진행되면서 변한다. 태양과 같은 평균적인 별은 처음에는 청백색으로 빛나다가 수십억 년에 걸쳐 점차 녹슨 듯한 갈색으로 바뀐다. 이후 식으면서 부풀어 오르다 마침내 내부의 불꽃이 꺼진다. 핵은 붕괴하여 백색왜성이라는 차갑고 밀도가 높은 별로 남는다.

시리우스는 실제로 이러한 두 종류의 별을 모두 보여 준다. 시리우스 역시 눈으로는 분간할 수 없을 정도로 가까운 거리에서 서로를 공전하는 한 쌍의 별이다. 태양보다 더 밝고 무거운 별이 창백한 백색 왜성과 얽혀 있다. 지금의 모습은 매우 다르지만, 수억 년 전만 해도 두 별은 훨씬 닮았다. 하지만 그 작은 차이가 두 별의 운명을 좌우했다. 둘 가운데 조금 더 큰 별이 연료를 더 빨리 소모하며 먼저 수명을 다했다.

태양보다 큰 별은 수십만 년 안에 더 뜨겁게 타오르며 빠르게 수명을 다한다. 별이 타오르면서 발생하는 열은 압력을 생성하여 별을 팽창시키지만, 이 팽창은 안쪽으로 끌어당기는 중력으로 억제된다. 중심부의 핵융합이 멈추고 열로 인한 압력이 사라지면, 중력은 물질을 더 밀도가 높은 중심으로 끌어당긴다. 그러다 외부 가스층이 중심으로 격렬하게 충돌하면서 별 전체가 흔들리며 초신성으로 폭발한다. 폭발이 끝난 뒤에는 고밀도의 핵, 즉 중성자별만 남으며, 이 핵은 주변 가스 속에서 자신이 날려 보낸 희박한 거품 속에 자리한다.

오늘날 천문학자들은 태양과 그 근처 별들이 '초신성 거품' 속에 자리하고 있다고 생각한다. 이 거품은 지름 300광년에 달하는 거대한 공간으로, 과거 별이 폭발하면서 형성되었다. 모래시계 모양을 하고 있으며, 폭발을 막은 밀도 높은 가스 구름 때문에 가운데가 좁아져 있다. 우리가 속해 있는 이 거품은 다른 별들의 폭발로 만들어진 여러 공간과 서로 연결되어 있다. 우리는 다른 별들과 가까이 있을 뿐만 아니라, 수소 구름을 뚫고 만들어진 스펀지 같은 미로 속에서 살아가고 있다.

우리 태양계 이웃 별들의 움직임을 고대 천문학자들이 알았더라면, 새로운 혼란을 느꼈을 것이다. 가까운 별들은 고대 그리스인이 생각한 것처럼 하늘에 '고정'되어 있지 않기 때문이다. 태양이 우리은하를 여행하듯, 별들도 우주를 유목민처럼 떠돈다. 대부분의 별의 움직임은 너무 느려서 관측하기 어렵기 때문에 하늘은 변하지 않는 것처럼 보인다. 그러나 수천 년, 때로는 수백만 년이 지나면, 한때 익숙했던 밤하늘의 모습이 달라진다. 예를 들어 시리우스는 프톨레마이오스가 《알마게스트》에서 기록한 이후 하늘에서 약 0.5도 이동했다. 1830년대에 천문학자들은 알파 센타우리 별들이 지구를 향해 다가오고 있다는 사실을 발견했다.

수만 년이 흐르면, 포인터 별들은 더 이상 길잡이 역할을 하지 못한다. 별자리 속 별들은 지구에서 보는 모습 외에는 서로 어떤 관계도 갖지 않는다. 알파 센타우리는 남십자성 북쪽을 지나 북서쪽으로 움직이며 은하수 띠에서 점점 멀어질 것이다. 지구에 가까워지면서 서서히 밝아지고, 마침내 3광년 거리까지 다가올 것이다. 이후 별들은 다시 점차 멀어지고 어두워질 것이다. 울루그 베그의 천문대가 현대 도시 한가운데에 잔해로 남아 있듯, 10만 년 후 이 별들은 반짝이는 은하수 속에서 희미한 점으로 사라질 것이다.

다채로운 별자리들을 아우르는 은하수의 희미한 빛줄기는 대략 동서 방향으로 하늘을 가로지른다. 이는 라틴어로 '비아 락테아 via lactea'이며, 그리스어로 '우유의 고리'라는 뜻의 '갈락시아스 키클로스 galaxías kýklos'라 불렸다. '은하 galaxy'라는 단어도 '갈락시아스'에서 유래한다. 별자리만큼 명확히 정의되지는 않았지만, 이 희미한 띠는 여전히 많은 문화권에서 천상을 안내하는 '표지'로서 중요한 역할을 해 왔다. 이 은하수의 비밀을 밝혀내는 과정에서 놀라운 발견들이 이어 졌다. 우리가 속해 있는 별들의 무리, 즉 우리은하가 수많은 은하 중 하나에 불과하다는 사실도 그중 하나였다.

은하수에 대한 해석들

은하수란 무엇일까? 고대 그리스 철학자들은 수 세기 전부터 이 질 문에 관심을 가졌다. 아리스토텔레스는 은하수가 불타는 듯한 가스 가 엷게 깔린 것이라고 생각했다. 반면 아낙사고라스, 데모크리토스 Democritus, 일부 이슬람 학자들은 별들이 모여 있는 곳이라고 생각했 고, 이들의 추측이 결국 옳았다. 1610년, 이탈리아 천문학자 갈릴레 오 갈릴레이는 망원경으로 은하수를 관찰하며, 띠가 수많은 별로 분 해되는 모습을 확인했다. 이제는 은하수가 태양을 포함한 수천억 개 의 별과 가스 구름, 희미한 띠를 따라 어두운 얼룩처럼 드리운 먼지 구름으로 이루어져 있다는 사실이 알려져 있다.

하늘에서 은하수가 띠처럼 보이는 이유는 무엇일까? 은하수의 별들은 가운데 타원형 돌출부가 솟은, 마치 계란 프라이 두 개의 뒷 면을 맞붙인 듯한 납작하고 얇은 원반에 퍼져 있다. 우리가 올려다보 는 은하수는 이 원반 속 별들의 평면을 옆에서 바라본 모습이다. 태 양은 은하수 가장자리에 자리하고 있어, 하늘의 한쪽에 더 많은 별 이 몰려 보인다. 그 중심은 남반구 궁수자리에 있으며, 바로 이 위도에서 은하수의 띠가 가장 극적으로 드러난다. 은하수가 가장 큰 문화적 영향을 미친 곳 또한 이 지역이다.

예로 호주 원주민에게 은하수는 하늘을 활 모양으로 가로지르는 거대한 강이었다. 밝은 별은 물고기, 작은 별은 수련의 알뿌리였다. 페루 안데스산맥의 케추아족은 은하수를 두 갈래로 갈라지는 강으로 그렸고, 두 강줄기는 남십자성 근처에서 거품을 내며 부딪친다고 묘사했다.

다른 부족들은 은하수를 뱀이나 우주의 생식을 상징하는 정액의 흐름으로 혹은 인간, 동물, 영혼이 따라가는 희미한 길로 저마다 다르게 보았다. 기아나의 원주민은 '맥(남미와 중앙아메리카에 서식하는 포유류—옮긴이)의 길' 또는 '흰 진흙의 길'이라고 불렀다. 볼리비아의 아바 과라니족은 남십자성 자리에 머리가 있는 '레아(남아메리카에 서식하는 조류—옮긴이)의 길'로 보았다. 브라질의 트루마이족은 사후 세계로 향하는 길로 여겼다. 타피라페족은 인간의 영적 안내자들이 천체를 찾아갈 때 따르는 '주술사의 길'로 여긴다.

남반구 하늘을 관측하는 사람들에게 은하수 안의 검은 구름은 밝은 별들의 무리만큼이나 중요한 천상의 표식이었다. 이 구름들은 종종 동물의 모습으로 인식되었다. 케추아족은 뱀, 두꺼비, 새끼를 데리고 있는 어미 라마, 라마를 쫓는 여우로 보았다. 열대 우림에 사는 사람들은 은하수 길을 따라 개미핥기와 사슴을 쫓는 재규어를 떠올렸다. 서양에서 '석탄자루'로 부르는 남십자성 근처의 눈에 띄는 검은 구름을 페루 중부의 캄파족은 벌집으로 여겼고, 아마존의 무라족은 바다소로 보았다. 이 잿빛 천체가 하늘에 나타났다가 사라지는 주기는 사냥철과 같은 자연의 순환과도 맞물려 있었다.

중국에서는 은하수를 고대 신화에 따라 '은강銀河'이라고 불렀다. 이 신화에서 천상의 여왕은 하늘에 은빛 실로 두 연인을 갈라놓는 선을 그었다. 한쪽 끝에는 밝은 별 베가에 자리한 베를 짜는 직녀織女가, 다른 쪽에는 또 다른 밝은 별 알타이르에 자리한 소몰이 우랑牛郎이 있었다. 시로도 전해지고 지금도 여전히 중국 경극에서 상연되는 이 전설의 기원은 최소 2000년 전으로 거슬러 올라간다.

전해지는 이야기에 따르면 직녀는 천상의 여왕이 낳은 일곱 딸가운데 막내로, 아름다운 구름을 엮는 존재였다. 어느 날 직녀와 자매들은 궁궐을 벗어나 개울에서 목욕을 즐겼다. 목욕을 마치고 나오자, 직녀는 자신의 고운 비단옷이 사라진 것을 발견했고, 그 때문에 하늘로 돌아갈 수 없게 되었다.

그때 우랑이 비단옷을 쥐고 불쑥 나타났다. 우랑은 고아였고, 인정 없는 형 부부에게 쫓겨난 뒤 유일한 친구인 소와 함께 살고 있었다. 그는 아내를 간절히 원하며 직녀에게 곁에 있어 달라고 간청했고, 직녀는 그가 바란 대로 지상에 머물렀다. 두 사람은 결혼하여 행복하게 살았다. 그러던 어느 날 천상의 여왕이 직녀가 자취를 감춘 것을 알고 그녀를 천상으로 불러올렸다.

아내가 하늘로 날아오르는 모습을 지켜보던 우랑은 두려움에 떨었다. 그는 충직한 소가 남긴, 벽에 걸린 가죽을 집었다. 가죽은 그를 들어 올려 직녀를 따라 하늘로 데려갔다. 거의 직녀에게 닿을 즈음, 여왕이 나타나 두 사람 사이에 마법의 은빛 선을 그었다. 이 선은 '은강' 곧 은하수가 되어 별빛에 홀린 두 연인을 양쪽으로 갈라놓았다. 왕비는 두 사람을 불쌍히 여겨 1년에 한 번, 음력 7월 7일 밤에만 은하수에서 만나도록 허락했다. 이 만남은 오늘날에도 중국에서 '칠석절七夕節'로 기념된다. 발렌타인데이처럼, 신혼부부는 천상의 부부에게 결혼 생활의 행복을 빈다. 여인들은 직녀에게 바느질 솜씨가 뛰어나게 해 달라고, 좋은 남편을 만나게 해 달라고 기원한다.

일본에서는 이에 상응하는 신을 오리히메織り姫와 히코보시彦星라고 부르며, 이들을 기리는 행사를 '별 축제'라고 한다. 이 축제는 타나바타七夕라고도 불리며, 일본의 전통 종교 신토의 의식에서 사용되던 베틀에서 유래했다. 신토 의식과 결합된 별 축제에서는 젊은 신토 무녀가 신에게 풍년을 기원하는 특별한 천을 짠다.

나는 1990년대 호주 시드니대학교 대학원생 시절, 뉴사우스웨일스주 시골에 있는 앵글로-오스트레일리안 망원경Anglo-Australian Telescope을 정기적으로 찾아 먼 은하에서 오는 빛을 연구하며 은하수에 대한 사랑을 키웠다. 밤새 관측을 이어가면서 틈틈이 돔 밖 철망 발코니에 올라, 도시에서 멀리 떨어진 곳에서 밤하늘의 장엄함을 감상하곤 했다.

남반구 하늘은 북반구처럼 검은 벨벳 위에 수백 개의 별이 다이아몬드처럼 흩뿌려진 듯한 텅 빈 공간이 아니다. 색색의 카펫처럼 보이는 빛의 태피스트리가 사방 끝까지 펼쳐져 있다. 어둠에 눈이 익을수록 점점 더 많은 별이 모습을 드러내어 빛나는 먼지의 욕조에서 헤엄치듯 반짝인다. 석탄자루처럼 어두운 가스 구름은 은하수의 흐름 속에 그늘진 웅덩이처럼 자리 잡고 있다. 대마젤란은하와 소마젤란은하는 지평선을 향해 비스듬히 누워 있고, 하늘 위에 엄지손가락

지문만 한 크기에 불과하지만 각기 수십억 개의 별을 품은 머나먼 대도시처럼 보인다.

분명 거대한 천체지만, 우리은하의 정확한 크기를 밝히는 일은 절대 단순하지 않았다. 오늘날 ESA의 가이아처럼 정교한 우주 탐사에서는 시차, 즉 삼각측량을 이용해 수억 개 별들의 거리를 측정하고 지도를 그리기 시작했다. 하지만 은하수에는 별이 너무 많아, 모든 별의 위치를 기록할 수는 없다. 천문학자들은 여전히 우리은하의 세부 구조에 대해 대략적인 수준에서만 이해하고 있다. 그리고 아주 최근까지도 2차원의 하늘만 볼 수 있었고, 멀리 있는 밝은 별과 가까이 있는 어두운 별을 구분할 방법이 없었다.

게다가 밤하늘에는 별뿐만 아니라 훨씬 다양한 천체들이 있다. 별은 하늘에서 빛나는 점, 또렷하게 선명한 점처럼 보인다. 하지만 망원경으로 자세히 보면 그 사이사이에 흐릿한 천체들도 흩어져 있다. 어떤 천체는 흐릿하게 번진 얼룩이나 페인트가 튄 흔적처럼 보이고, 어떤 천체는 타원형으로 길게 뻗어 있다. 또 어떤 천체는 소용돌이 모양, 즉 작은 나선 형태를 띠며, 마치 중세 유럽의 고문 도구인 캐서린의 수레바퀴나 커피잔 위의 크림을 저은 모습처럼 보인다. 이 흐릿한 소용돌이는 과연 무엇일까? 초기 천문학자들은 그 정체를 전혀 알지 못했다. 다만 수많은 이론이 있었을 뿐이다.

모든 것은 별에서 시작되었다

밤하늘이 어두운 이유

갈릴레오의 관측으로 은하수가 수많은 별로 이루어져 있다는 사실이 밝혀진 이후, 그 모양과 크기를 둘러싼 논쟁은 끊이지 않았다. 그러던 중 별들이 원반을 이루고 있다는 주장이 힘을 얻었다. 1750년 영국의 토머스 라이트Thomas Wright는 은하수가 마치 '거대한 태양계'처럼 태양을 포함한 모든 별이 평면 내에서 궤도를 따라 공전하는 구조일 것이라고 주장했다. 이 주장은 상당히 설득력 있었지만, 라이트는 한 걸음 더 나아가 별들 사이에 보이는 희미한 얼룩들이 은하계의 일부가 아니라 '우리가 아는 경계 너머, 망원경으로도 닿을 수 없는 먼 외부의 창조물'일 것이라고 추측했다. 그러나 이 대담한 생각을 뒷받침할 증거는 제시하지 못했다.

이 주장에 흥미를 느낀 독일 철학자 임마누엘 칸트는 1755년 라이트의 연구를 이어《보편적 자연사와 천체 이론》을 발표했다. 그러나 이 논문은 약 50년 동안 세상에 나오지 못했다. 칸트가 익명으로 집필한 원고들이 출판사의 파산으로 압수되었기 때문이다. 그럼에도 그의 연구는 결국 영향력을 발휘하게 되었다.

칸트는 은하수의 밝은 띠가 별들의 원반이며, 태양계의 행성들이 태양을 공전할 때와 매우 유사한 움직임을 보일 것이라는 라이트의 주장에 동의했다. 그러나 여기에서 더 나아가, 그 이유를 별들이 행성과 유사한 운동 법칙, 즉 아이작 뉴턴이 1687년《프린키피아》에서 제시했던 중력의 법칙을 따르기 때문이라고 보았다.

칸트는 중력이 별에 작용한다면, 그 힘이 별과 행성을 구성하는 물질도 끌어당겼을 것이라고 보았다. 이는 훨씬 이전에, 이 물질이 우주 공간을 가득 채운 원자의 안개처럼 넓게 퍼져 있었음을 의미한다. 중력은 무거운 원소 위에 가벼운 원소가 쌓이도록 작용했을 것이다. 칸트는 여기에 척력(끌어당기는 인력에 반대로 미는 힘을 뜻함 — 옮긴이)도 함께 작용했을 것으로 보았다. 입자들은 너무 가까워지면 서로를 밀어내어 향수처럼 흩어진다는 것이다. 칸트는 이 모든 밀고 당기는 힘이 입자를 거대한 소용돌이로 휩쓸었고, 그 소용돌이가 점차 원형 원반으로 가라앉으면서 천체가 형성되었을 것이라고 생각했다.

이는 꽤 놀라운 통찰이었고, 그 의미도 컸다. 이러한 '맹목적 기계론'만으로 태양계 행성의 궤도, 별들, 어쩌면 우주의 모든 현상을 설명할 수 있다는 사실은 놀라운 일이었다. 칸트는 이에 따라 '신성한 창조자'가 필요 없다고 보았다. 다만 자연법칙을 처음에 정립한 존재가 있었을 가능성은 배제하지 않았다.

칸트의 대담한 발상은 과학적이라기보다는 개념적이었다. 그는 중력 외에 에너지 보존이나 회전과 같은 다른 물리 법칙을 설명하지 못했다. 또한 우리은하의 크기는 물론 별까지의 거리조차 아직 알려진 바가 없었다. 그러나 달리 근거가 없자, 칸트는 하늘의 흐릿한 성운 중 일부가 우리은하 너머에 존재하는 별개의 물질 덩어리일 수 있다는 라이트의 가정을 받아들였다. 그는 이 성운들을 '섬우주island universes'라고 불렀다.

1785년 영국의 천문학자 윌리엄 허셜은 우리은하의 형태를 더 정확히 파악하기 위해 하늘의 여러 구역에서 별의 수를 세어 보았다. 그는 별들이 넓은 타원형 띠를 이루고 있는 모습을 보여 주는 지도를 발표했다. 허셜은 이 별들이 비교적 균일하게 분포한다고 보았고, 이를 근거로 태양이 별 무리의 중심에 있을 것이라고 추정했다. 그러나 코페르니쿠스 이전 천문학자들이 지구를 우주의 중심이라 믿었던 것처럼, 허셜의 가설도 맞지 않았다. 먼지구름이 지구 반대편의 별들을 가린다는 사실을 고려하지 못했기 때문이다. 결과적으로 가까운 별들의 밀도만 측정한 셈이었다.

이런 깨달음은 더 많은 논쟁으로 이어졌다. 먼지구름에 가려진 별은 얼마나 될까? 1823년 독일 천문학자 하인리히 빌헬름 올베르스Heinrich Wilhelm Olbers는 이렇게 별빛이 가려지는 현상을 바탕으로 오래된 철학적 수수께끼였던 '밤하늘이 어두운 이유'를 설명할 수 있다고 주장했다. 하지만 이 주장은 곧 반박되었다. 만약 이 가설이 옳다면, 흡수된 빛의 에너지가 주변 물질을 데워 밤하늘을 적외선 영역에서 환하게 밝혀야 한다. 하지만 실제로는 그렇지 않았다. 그럼에도 왜 밤하늘이 어두운지에 대한 질문은 그 이후로 '올베르스의 역설'로 알려져 왔다.

이것이 왜 역설일까? 우주의 별들이 영원하다면, 어디를 바라보든 그 끝에는 반드시 별 하나쯤은 보여야 한다. 광활한 숲 속에 있다고 상상해 보자. 시선을 어디로 돌려도 나무뿐이라 숲 너머의 풍경은 보이지 않는다. 마찬가지로 하늘도 사방이 별빛으로 가득 차 밤이 존재하지 않아야 한다. 그러나 현실은 그렇지 않다.

그렇다면 밤하늘은 왜 어두울까? 요하네스 케플러는 1610년에 우주에 존재하는 별의 수에 한계가 있다고 주장했다. 그런 이유로 하늘을 가득 채우지 못한다. 이 주장은 오늘날 천문학자들도 사실로 받아들인다. 하지만 우리가 별을 볼 수 있는 '범위'가 제한되는 이유는 훨씬 더 복잡하고 심오하며, 그 비밀을 밝히는 데에는 수 세기가 걸렸다.

밤하늘이 어두운 이유에 대한 세 번째 설명은 흥미롭게도 미국의 작가 에드거 앨런 포Edgar Allan Poe가 1848년에 발표한 장문의 산문시에서 나왔다. 포는 《유레카Eureka》에서 우주의 본질에 대한 자신의 생각을 밝히며 뉴욕 강연에서도 이를 소개했다. 하지만 강연에는 청중이 거의 없었고, 문학 비평가들은 작품의 가치를 제대로 알아보지 못한 채 학생이 쓴 글 같다거나 미치광이의 외침처럼 보인다고 비난했다. 그럼에도 포는 이 작품을 자신의 인생에서 가장 중요한 작품으로 여기며 끝까지 지켰고, 서문에는 자신이 세상을 떠난 뒤에야 제대로 평가될 것이라고 적었다.

포는 나름대로 우주 전체의 성격을 그려보려 했다. 그에게 우주는 '상상할 수 있는 최대 범위의 공간과 그 범위 안에 존재한다고 상상할 수 있는 모든 정신적, 물질적 존재'였다. 포는 마치 탐정 소설을 풀어가듯, 우주의 변천사와 결국 맞이하게 될 최후까지 추론하고자 했다. 이 추론은 거의 2세기가 지난 지금까지도 놀랄 만큼 설득력을 발휘한다.

포는 먼저 유머를 활용해, 사고의 틀에 갇힌 철학자와 과학자들을 비판했다. 그중에는 아리스토텔레스를 가리키는 '아리스 토틀'과 과학적 방법론의 아버지 프랜시스 베이컨Francis Bacon을 비튼 '호그'가 있었다. 포는 과학자들이 사실과 이론이라는 장막 뒤에 숨어 탐구 범위를 제한한다고 맹렬히 비난했다. 차라리 아무것도 모른다고 인

모든 것은 별에서 시작되었다

정하는 편이 낫다고 적었다.

'무한'을 예로 들어 보면, 포는 무한하다는 개념이 단지 하나의 개념일 뿐이라고 설명했다. 실제로 이는 불가능하고 완전히 터무니없는 생각이라는 것이다. 대신 포는 머릿속에 그려지는 '상상할 수 있는 최대 범위의 공간'이라는 표현을 선호했다. 그는 프랑스의 수학자이자 물리학자인 블레즈 파스칼Blaise Pascal이 우주를 두고 '중심이 어디에나 있고 둘레는 어디에도 없다'라고 묘사한 말을 인용했다.

포는 별과 성운이 얼마나 멀리 떨어져 있는지는 알지 못했지만, 우리가 보는 모습은 이미 오래전에 빛이 천체들을 떠난 시점의 모습임을 알아차렸다. 이들은 '오래전에 끝난 과정의 환영'과 같았다. 그는 또한 망원경을 통해 우주가 '무리들의 무리'임을 확인할 수 있다는 사실도 깨달았다. 우리은하는 그러한 별들의 무리 중 하나다.

포는 올베르스의 역설을 설명하며, '끝없이 벌어진 에레보스 Erebus(암흑을 형상화한 그리스 신화 속 어둠의 신―옮긴이)보다 더 어두운 심연'과 같은 우주의 깊은 어둠 속에 있는 천체들이 너무 멀리 떨어져 있어, 그곳에서 나온 빛은 아직 우리에게 도달하지 못했을 것이라고 보았다. 또 우리가 관측할 수 있는 우주 너머에 무엇이 있더라도, 그것은 우리 우주의 일부가 아니며 우리에게 어떤 영향도 미치지 못한다고 생각했다.

포는 우주에 어떤 운명이 기다리고 있을지 묻는 것으로 이 상상력 넘치는 작품을 마무리했다. 그는 결국 중력이 이길 것이라고 생각했다. 모든 별이 결국 대격변 속에서 하나로 합쳐지며 '만물의 포옹'을 이루고, 그 순간 물질적, 정신적 만물이 하나가 된다는 것이다.

《유레카》는 놀라운 여정의 기록이다. 당시의 다양한 사상을 한데 모아 흥미롭게 정리한 이야기이기도 하다. 그렇다면 이 이야기는 믿을 만할까? 놀랍게도 내용의 상당 부분은 오늘날 과학적 지식과 맞닿아 있다. 다르게 말하면, 우리는 여전히 이러한 생각들을 굳게 믿고 있는 셈이다. 하지만 언제나 그렇듯 20세기 천문학자들이 밝혀낸 것처럼, 이보다 훨씬 더 많은 이야기가 이어진다.

우주를 둘러싼 대논쟁의 시작

이후 100년 동안 천문학자들은 우리은하의 크기를 정확히 파악하기 위해 노력했다. 그러던 중 캘리포니아주 로스앤젤레스 인근 윌슨산천문대Mount Wilson Observatory에서 연구하던 미국의 천문학자 할로 섀플리Harlow Shapley가 완전히 다른 접근법을 제시했다. 섀플리는 '구상성단'에 매료되었다. 구상성단은 수많은 별이 구형으로 뭉쳐 있는 집단으로, 별들이 중력으로 단단히 결합해 있고 중심부가 매우 빽빽하여 마치 폭죽이 터지는 것처럼 보인다.

섀플리는 하늘에 있는 구상성단의 위치를 지도에 표시한 뒤, 성단이 하늘에 고르게 분포하지 않고 한쪽 절반에 몰려 있다는 사실을 발견했다. 이를 바탕으로 그는 우리가 구상성단 분포의 중심에 있지 않다는 결론을 내렸다. 이후 최신 천문학 기법을 적용해 성단의 움직임과 거리를 측정했다.

섀플리는 성단이 우리를 기준으로 어떻게 움직이는지 알아낼

모든 것은 별에서 시작되었다

수 있었다. 우리에게 다가오는 별에서 방출되는 빛은 약간 압축되어 더 푸르게 보이며, 이를 '청색 편이'라고 한다. 반대로 우리에게서 멀어지는 별에서 방출되는 빛은 늘어나면서 약간 더 붉게 보이며, 이를 '적색 편이'라 부른다. 구급차가 지나갈 때 음파에서도 비슷한 효과를 경험할 수 있다. 사이렌 소리가 다가올 때는 높게, 지나가면서는 낮게 변하며 날카롭게 울린다. 이 현상을 '도플러 편이'라 부르며, 1842년 이 현상을 설명한 크리스타인 도플러Christian Doppler의 이름을 따왔다. 최근에는 밝기가 예측 가능한 방식으로 변하는 특별한 별의 특성을 측정하는 방법도 제안되었다. 이 별은 세페이드 변광성으로 이 이름은 1784년 영국의 아마추어 천문학자 존 구드릭John Goodricke이 세페우스자리에서 최초로 발견한 변광성인 델타 세페이에서 유래했다.

헨리에타 스완 레빗Henrietta Swan Leavitt은 하버드대학교의 저명한 여성 천문학자들 가운데서도 별의 성질을 밝히는 데 여러 획기적인 성과를 남긴 인물이었다. 1912년 레빗은 세페이드 변광성이 밝을수록 변광주기가 길어진다는 사실을 밝혀냈다. 이 밝기와 주기 사이의 관계는 별의 거리를 추정하는 데 활용될 수 있다. 별이 밝아졌다가 희미해지는 데 걸리는 시간을 측정하면 별의 실제 밝기를 알 수 있고, 이 실제 밝기에 비해 얼마나 어둡게 보이는지를 알면 별까지의 거리를 계산할 수 있다. 멀리 있는 별일수록 더 어둡게 보이기 때문이다. 천문학자들은 이렇게 실제 밝기를 정의할 수 있는 세페이드 변광성과 같은 천체를 '표준 촛불standard candle'이라 부른다. 마치 전력량이 정해져 있는 표준 전구와 같다.

1919년 새플리는 모든 자료를 종합했다. 구상성단의 분포를 설명하려면, 대부분의 구상성단은 태양이 아닌 궁수자리 방향의 한 지점을 중심으로 하는 구 안에 있어야 했다. 그 지점은 최소 3만 광년 떨어져 있었다. 그는 또한 우리은하가 매우 크다는 사실도 증명했다. 지름이 최소 30만 광년으로, 이전 추정치보다 열 배나 더 컸다.

우리은하가 이토록 거대하다는 사실에서, 새플리는 별들 사이에 있는 나선 성운도 우리은하의 일부일 것이라고 확신했다. 그렇지 않다면, 나선 성운이 있어야 하는 거리는 최소 수백만 광년으로 엄청나게 멀어야 했다.

하지만 모두가 이에 동의한 것은 아니었다. 바로 인근에서 연구를 수행하던 또 다른 저명한 천문학자는 다른 관측을 바탕으로 정반대의 결론을 내렸다. 캘리포니아주 산호세 근처 릭천문대의 히버 커티스Heber Curtis는 나선 성운이 별개의 '섬우주'라는 라이트와 칸트의 견해를 지지했다. 예를 들어 안드로메다자리에서 발견된 가장 큰 나선 성운은 다른 평범한 나선 성운보다 더 많은 신성(죽어가는 별이 밝게 빛나는 현상)을 품고 있을 뿐 아니라, 적색 편이가 너무 커서 우리은하에 중력으로 묶여 있을 수 없었다. 속도가 너무 빨라 우리은하를 벗어나야만 했다. 커티스는 또한 여러 성운에서 어두운 줄무늬를 발견했고, 우리은하에서 볼 수 있는 먼지구름과 유사하다고 생각했다. 나선 성운이 우리은하와 매우 닮았다는 점에서, 먼 친척일 가능성도 있었다.

누가 옳았을까? 과학은 새로운 가설을 세우고, 잘못된 가설을 반증하면서 발전한다. 어떤 위대한 발견들은 학계의 치열한 논쟁 속

모든 것은 별에서 시작되었다

에서 탄생하며, 명성이 걸린 논쟁일수록 과격해지기 마련이다. 우리 은하의 크기는 바로 그런 격렬한 논쟁을 불러일으킬 만한 주제였다. 1920년 4월 26일, 섀플리와 커티스는 워싱턴 D.C.의 스미소니언 자연사 박물관에서 설전을 벌일 준비를 했다.

각자에게 40분이 주어졌고, 두 사람은 자신의 주장을 차례로 펼쳤다. 젊고 야심차지만 긴장한 기색이 역력한 도전자 섀플리가 먼저 나섰다. 그는 타자로 작성한 한 장의 원고를 차분히 읽어나갔다. 그 뒤를 이어 경험과 명성이 풍부한, 대머리에 안경을 쓴 커티스가 발언했다. 한 동료의 표현을 빌리자면, '눈에 띄게 재채기를 하는 작고 조용한 남자'였던 커티스는 학업을 이어가기 전 교사로 일했던 경험 덕분에 예리하면서도 힘 있는 연설을 펼칠 수 있었다. 경험 많은 강사답게 슬라이드를 활용해 자신의 주장을 강조했고, 학자와 일반인이 섞인 청중에게 더 깊은 인상을 남겼다.

섀플리는 성운들이 별들과 비슷한 거리에 있다는 자신의 주장을 뒷받침하기 위해, 나선 성운 중 가장 큰 안드로메다 성운의 크기를 예로 들었다. 그는 이 성운이 멀리 떨어져 있다면 상상할 수 없을 만큼 거대해야 하기 때문에 가까이 있어야 한다고 말했다. 또 안드로메다 성운에서는 모든 신성을 압도할 정도로 밝은 신성 하나가 발견되었다. 이 신성이 멀리 떨어져 있다면, 실제 밝기는 상상을 초월할 정도로 밝을 것이라고 주장했다.

한편 커티스는 나선 성운이 우리은하 내의 다른 가스 구름들과 다르다고 주장했다. 그는 안드로메다 성운에 주변 다른 지역보다 더 많은 신성이 존재한다는 증거를 제시했다. 만약 단순히 가까운 가스 구름이라면, 왜 이렇게 특이해 보이겠는가?

청중들은 분명 혼란스러웠을 것이다. 그러나 즉각적인 결론은 나오지 않았다. 몇 년이 지나서야 비로소 결론이 내려졌다. 그 사이 두 사람은 모두 자신이 옳다고 주장했다. 하지만 결과를 보면, 두 사람 모두에게 부족한 점이 있었다. 섀플리의 은하는 지나치게 컸고, 커티스의 은하는 너무 작았으며 그 중심이 태양에 너무 가까웠다.

1923년 이 논쟁은 미국의 또 다른 천문학자 에드윈 허블Edwin Hubble의 관측으로 해결되었다. 허블은 당시 세계 최대 망원경이던 윌슨산천문대의 100인치 후커 망원경을 사용하여 안드로메다 성운 속 낱별들을 구분해 냈다. 10월에는 세페이드 변광성도 발견했는데, 이는 나선 성운까지의 거리를 가늠할 수 있는 중요한 단서였다. 허블은 이 별이 약 70만 광년 떨어져 있으며, 우리은하 외곽을 훨씬 넘어선다고 보고했다(현재는 약 250만 광년으로 밝혀졌다). 이어서 그는 세페이드 변광성을 이용해 다른 나선 성운들의 거리도 측정했고, 이들이 훨씬 더 멀리 떨어져 있음을 확인하면서 자신의 발견을 뒷받침했다.

결국 커티스가 옳았다는 것이 입증되었고, 그는 침착하게 결과를 받아들였다. '나는 항상 이러한 관점을 가지고 있었고, 나선 성운의 변광성에 대한 허블의 최근 관측 결과는 이 이론을 한층 확실하게 뒷받침해주는 듯하다.' 반면, 섀플리는 이 사실을 인정하기 어려워했다고, 당시 그의 연구실에 있었던 하버드대학교의 동료 세실리아 H. 페인가포슈킨Cecilia H. Payne-Gaposchkin이 훗날 회상했다. 허블이 보낸 한 장의 종이를 내밀며 섀플리는 이렇게 말했다고 전해진다. '이 편지가 내 우주를 무너뜨렸다.'

모든 것은 별에서 시작되었다

이 엄청난 과학적 발견에 대한 학계 밖의 반응은 생각보다 미미했다. 허블이 추가 관측을 진행하고 그 결과를 천문학 학술지인 〈애스트로피지컬저널Astrophysical Journal〉에 게재하기까지는 2년이 더 걸렸다. 결과가 발표되었을 때 〈뉴욕타임스〉는 그다지 큰 관심을 보이지 않았다. 우리은하의 크기와 그 너머의 은하들에 대한 새로운 인식이 화성 생명체에 관한 흥미진진한 소식만큼 시선을 끌지 못한다는 사실이 분명해지자 1926년 1월 22일, 신문 편집진은 이 발견을 짧은 요약본으로만 싣기로 했다. 제목은 '천문학자가 본 또 다른 우주'였고, 제목만으로는 그 의미가 쉽게 와닿지 않았다. 허블의 말을 인용한 부분 역시 이 발견의 중요성을 제대로 설명하지 못했다.

우리은하계 밖에 있다고 처음으로 확인된 대상에 기존의 관계식을 적용해 보니, 그 법칙이 그대로 들어맞는다는 사실이 밝혀졌다. 이는 매우 중요한 의미를 지닌다.

이조차도 충분한 뉴스거리가 되지 못했는지, 이 짧은 보도는 전날 일어난 두 가지 천문학적 사건을 덧붙이며 마무리되었다. 히드라자리에서 혜성이 발견되었다는 소식과 미주리주의 한 농장에 큰 운석이 떨어져 지름 1.2미터의 구멍이 생겼다는 내용이었다.

왜 이렇게 화제가 되지 못했을까? 뉴스의 관점에서 보면, 설령 획기적인 논문일지라도 학술 논문의 출판 소식은 대다수 사람들의 일상에 큰 영향을 미치지 못한다. 수년에 걸쳐 쌓은 연구 성과를 운석 충돌처럼 갑작스러운 발견이나 사건만큼 흥미롭게 전달하기도 쉽지 않다. 대부분의 사람들이 허블의 발견을 온전히 이해하지 못했다는 점도 한몫했을 것이다. 20세기 물리학은 빠른 속도로 발전하고 있었다. 그 과정에서 천문학과 우주에 대한 묘사는 점점 더 추상적으로 변해 일상과의 연결고리가 희미해졌다.

또 미국의 일반 시민들은 급속한 경제 성장과 산업화 같은 다른 사안에 더 관심을 두었을 것이다. 허블의 눈부신 성과는 오늘날의 가치로 수십억 달러에 달하는 최첨단 망원경을 사용할 수 있었기에 가능했다. 이 막대한 재원은 과학에 관심이 많은 부유한 자선가들의 후원으로 마련되었다. 이러한 자금의 유입 덕분에 미국 천문학자들은 먼 은하처럼 매우 희미한 천체를 연구할 때 다른 나라의 경쟁자들보다 우위를 점할 수 있었다.

예를 들어 허블이 관측에 사용한 윌슨산천문대의 100인치 후커 망원경은 1917년부터 1949년까지 세계 최대 규모였고, 후원자인 철강회사 사장 존 대깃 후커John Daggett Hooker의 이름을 따서 명명되었다. 천문대 자체는 1904년, 부유한 상인의 아들인 태양 천문학자 조지 엘러리 헤일George Ellery Hale이 설립했다. 설립 자금은 미국의 철강 재벌 앤드루 카네기Andrew Carnegie가 과학 연구를 지원하기 위해 설립한 자선 재단인 위싱턴 카네기협회에서 지원했다.

캘리포니아주 산호세 인근의 산 정상에 자리한 릭천문대는 세계 최초로 연구진이 상주하며 상시 운영되는 천문대였다. 1876년에서 1887년 사이에 건설되었으며, 당시로써는 가장 크고 성능이 뛰어난 망원경이 설치되었다. 현재 가치로 약 2천만 달러에 달하는 건설 비용은 사망 당시 캘리포니아에서 최고의 부호였던 제임스 릭James Lick

의 유증으로 마련되었다.

오늘날에도 이러한 기부는 이어지고 있다. 하와이에 있는 거대한 쌍둥이 망원경인 켁Keck 망원경은 설치 당시 세계 최대였던 10미터 너비의 거울을 갖추었으며, 1990년대에 1억 4천만 달러의 민간 보조금으로 건설되었다. 이 보조금은 1954년 석유 재벌 윌리엄 마이런 켁William Myron Keck이 설립하여 미국의 과학 연구를 후원하고 있는 W. M. 켁 재단에서 지원했다. 2007년 가동을 시작한 캘리포니아주 북부에 있는 전파 망원경인 앨런 망원경은 마이크로소프트 공동 창립자 폴 앨런Paul Allen이 3천만 달러 넘게 기부하여 개발되었다.

이러한 후원자 가운데는 본인도 과학에 관심이 많아, 큰돈을 의미 있는 곳에 쓰고 싶어 한 이들도 있었다. 하지만 어쩌면 거대과학의 발전과 우주론적 발견의 물결이 자신에게도 영향을 미치기를, 적어도 눈에 띄는 기념비로 남기를 바랐을지도 모른다. 예를 들어 제임스 릭은 말년에 자신의 재산을 처리할 여러 계획을 검토했다. 샌프란시스코 시내에 자신의 동상이나 심지어 거대한 피라미드를 세우려던 계획은, 결국 자신의 이름을 딴 천문대를 세우기로 하면서 무산되었다. 이후 릭의 유해는 천문대의 돔 아래에 안치되었다. 그럼에도 초창기 자선가들은 자신들이 후원한 장비가 훗날 어떤 발견으로 이어질지는 상상조차 못했을 것이다.

우리은하의 등장

허블의 획기적인 발견 이후 한 세기가 지난 지금, 우리는 우리은하가 안드로메다 나선 성운과 매우 비슷한 특징을 지닌 은하임을 알게 되었다. 우리은하의 중앙에는 별들이 밀집된 핵, 즉 '팽대부'가 있으며, 이 팽대부는 약간 길쭉한 '막대' 모양을 하고 있다. 네 개의 느슨하게 감긴 나선팔이 막대 가장자리에서 흘러나와 가스와 먼지, 별들로 이루어진 뒤틀린 원반을 휩쓸고 지나간다. 전체 구조는 별과 구상성단으로 이루어진 구형의 '헤일로$_{halo}$'가 감싸고 있다.

나선팔은 회전하면서 새로운 별이 태어나는 가스 구름을 휘젓는다. 대체로 대부분의 별은 태어날 때 푸르고 밝지만, 나이가 들면서 점점 희미해지고 붉게 변한다. 우리은하의 중앙 팽대부에는 대부분 나이가 많은 붉은 별들이 가득하며, 나선팔은 새로 태어난 별들 때문에 푸른빛을 띤다.

하지만 더 깊이 들여다보면 우리은하는 나선 구조 외에도 여러 특징을 지니고 있다. 곳곳에서 발견되는 이상한 모습들은 우리은하의 과거를 보여 준다. 예로 천문학자들은 주변 별과 색이 뚜렷하게 다른 별들이 모여 있는 곳을 발견했다. 이들 중 일부는 마치 수프에 치즈를 저어 녹이듯, 언젠가 우리은하로 끌려 들어와 휩쓸린 근처 '왜소은하'의 잔해로 여겨진다. 이러한 별들의 띠 중 하나는 처녀자리 방향으로 약 3만 광년 떨어져 있다.

우리은하는 최소 50개 이상의 은하로 이루어진 은하군에 속하며, 이 은하군은 수백만 광년에 걸쳐 뻗어 있다. 그중 안드로메다은

모든 것은 별에서 시작되었다

하는 가장 큰 동반 은하로, 우리은하보다 약 두 배 크다. 수십억 개의 별들로 이루어진 작은 은하인 대마젤란은하와 소마젤란은하도 우리은하의 이웃으로 각각 16만 광년과 20만 광년 떨어져 있다. 이 정도 거리라면 두 은하에서 흘러나오는 수소 가스가 우리은하로 끌려 들어와 이 작은 은하들이 앞으로 별을 만들 재료를 빼앗기기에 충분하다. 이 거대한 '마젤란 가스 흐름'은 하늘의 4분의 1을 가로질러 뻗어 있다.

우리은하는 움직이면서 주변 은하들을 서서히 흡수하고 있다. 천문학자들은 약 50억 년 안에 우리은하와 안드로메다은하가 충돌할 것으로 예측한다. 두 은하가 서로를 격렬하게 찢어 놓으면서 기존의 뚜렷한 나선팔은 부서지고, 눈에 띄는 구조가 없는 타원형 덩어리, 즉 '타원은하'로 합쳐질 것이다. 그 너머에 있는 수십 개의 왜소은하들은 더 천천히 끌려 들어가겠지만, 결국 중력에 굴복하게 될 것이다.

그 밖에 우리는 우리은하에 대해 무엇을 알고 있을까? 현재 추정에 따르면, 우리은하의 지름은 약 10만 광년에 이르는 반면, 원반의 두께는 1000광년에 불과하다. 우리은하에는 1000억 개에서 4000억 개의 별이 있다. 은하 중심에서 약 2만 8000광년 떨어진 태양은 시속 약 80만 킬로미터의 속도로 회전하고 있다. 태양이 은하를 한 바퀴 도는 데는 약 2억 3000만 년이 걸린다.

우리은하의 나이는 약 140억 년이다. 이를 어떻게 알 수 있을까? 천문학자들은 은하에서 가장 오래된 별을 찾아냈고, 이 별들은 주로 헤일로 바깥쪽에 자리한다. 일반적으로 연구자들은 헤일로가 먼저 형성되었고, 원반은 그보다 약 10억 년 뒤에 생겨났다고 본다. 별의 종류는 다양하며, 천문학자들은 각 종류별로 일반적인 진화 과정을 밝혀냈다. 태양보다 수십 배 무거운 별들은 밝고 뜨겁게 타오르지만, 수천만 년에서 수억 년 만에 빠르게 연료를 소진한다. 반면 작은 별은 훨씬 오래, 천천히 타오른다.

최초의 별들은 주로 수소와 소량의 헬륨, 일부 가벼운 원소로 이루어진 비교적 순수한 형태의 가스에서 형성되었을 것으로 추정된다. 이들이 수명을 다하면 신성이나 초신성으로 폭발한다. 별의 핵은 중력을 견딜 만큼 충분한 열을 만들지 못해 자체 중력으로 붕괴된다. 외곽부는 가스 껍질로 폭발하며 우주로 흩어진다. 이 껍질 속에는 별이 진화 과정에서 만들어 낸 질소, 산소, 규소, 철과 같은 무거운 원소들도 함께 포함된다.

별은 핵융합을 통해 빛과 열을 낸다. 수소와 헬륨 같은 가벼운 원소의 원자는 별 내부에서 극도로 압축되어 서로 융합하면서 열을 방출한다. 이 과정으로 주기율표의 원소들이 생성되며, 적어도 철까지는 비교적 안정한 원자가 만들어진다. 이보다 무거운 원소들은 초신성 폭발에서 생기는 충격파 등 다른 방식으로 만들어진다. 별은 말 그대로 거대한 화학 공장이다.

별이 수명을 다하면 무거운 원소들이 우주 공간에 흩어지고, 이 원소들은 다시 가스 구름 속에 모여 새로운 세대의 별을 형성한다. 따라서 초기 별에는 형성 당시 존재하지 않았던 무거운 원소들이 거의 없었을 것이다. 천문학자들은 이러한 원시별을 찾기 위해 은하 구석구석을 샅샅이 살폈고, 오늘날 우리은하에는 수천 개가 알려져 있다. 하지만 예상과 다른 점이 있었다.

이 원시별들이 모두 헤일로에만 있지는 않았다. 일부는 은하 원반에도 자리한다. 원반과 헤일로가 동시에 형성되었을 가능성도 있지만, 일부 천문학자들은 이들 가운데 상당수가 수십억 년 전 원반으로 끌려 들어왔거나 과거 은하 합병 과정에서 외부로부터 유입되었다고 생각한다. 우리은하는 안정된 계와는 거리가 먼, 매우 역동적인 곳이다. 별과 가스 구름은 주변 은하들의 영향으로 끊임없이 휘저어지고, 새로운 물질도 계속 흘러 들어온다. 은하 너머에는 정확히 무엇이 있을까? 다시 캘리포니아의 윌슨산천문대로 돌아가 보자. 에드윈 허블과 동료 밀턴 휴메이슨Milton Humason은 뛰어난 후커 망원경을 다시 멀리 있는 나선 성운으로 돌려, 가능한 한 많은 천체의 도플러 편이를 정밀하게 측정하기 시작했다.

이들이 확인하고 싶었던 것 중 하나는, 10년 전 애리조나 로웰천문대의 베스토 슬라이퍼Vesto Slipher가 발견한 현상이었다. 슬라이퍼는 안드로메다를 포함한 몇몇 나선 성운에서 특정 파장의 선이 파란쪽으로 치우쳐 보여 이들이 우리 쪽으로 다가오고 있다는 사실을 알아냈다. 반면 대부분의 나선 성운은 스펙트럼이 붉은 쪽으로 이동해, 지구에서 멀어지고 있었다. 그 속도는 초당 1000킬로미터가 넘는 경우도 있었고, 이는 우리은하의 어떤 별보다도 빨랐다. 성능이 뛰어난 후커 망원경을 사용하면, 슬라이퍼가 관측했던 것보다 더 많은 대상을 살펴볼 수 있었다.

허블은 곧 또 다른 사실을 알아차렸다. 크기가 작고 희미한 은하일수록 더 빠르게 멀어지는 경향이 있었다. 그가 1929년에 발표한 이 관계는 현재 '허블의 법칙'으로 알려져 있다(허블의 법칙은 은하의 '거리'와 '후퇴 속도'가 비례함을 나타내며, 크기가 작고 희미한 은하는 실제 특성이 아니라 단지 더 멀리 있는 은하를 의미한다 — 옮긴이). 이 관계를 거리-속도 그래프로 나타냈을 때 직선의 기울기, 즉 거리에 따라 은하가 우리에게서 얼마나 빠르게 멀어지는지를 나타내는 비율은 '허블 상수'로 알려져 있다. 허블의 법칙과 허블 상수는 먼 우주의 본질을 이해하는 데 매우 중요한 역할을 했다.

이번에는 허블의 관측 결과가 큰 반향을 일으켰다. 오늘날 알려진 것처럼, 허블이 발견한 것은 은하가 우리에게서 멀어지고 있을 뿐만 아니라 서로에게서도 멀어지고 있다는 증거, 즉 공간 자체가 팽창하고 있다는 증거였다. 우리은하의 동반 은하인 안드로메다은하를 포함한 근처 은하들은 중력으로 묶여 있다. 하지만 국부 은하군Local Group(우리은하와 안드로메다은하를 중심으로 하여 약 50개 은하들이 모여 있는 은하군—옮긴이) 너머에 있는 은하들은 거리가 멀수록 더 빠른 속도로 멀어지고 있다. 이 현상은 당시에도, 지금도 믿기 어려울 정도로 놀라운 사실이다.

그 전까지는 우주가 '정적'이라는 것이 일반적인 통념이었다. 즉 전체적으로 보면 어느 시점에서 보나 거의 동일하게 보인다는 뜻이었다. 큰 그림에서 보면, 우주는 항상 그래왔고 앞으로도 그럴 것이었다. 은하는 때때로 움직이거나 충돌할 수 있고, 별들은 가스 구름 속에서 태어나 생애 주기를 거치며 타오르지만, 그 외의 우주적 사건들은 꾸준히 이어졌다. 우주를 바라보는 느낌은 마치 심해를 들여다보는 것과 같았다. 수많은 사건과 발견으로 가득 차 있어 모두 헤아리

모든 것은 별에서 시작되었다

기 어렵지만, 어쨌든 하나의 정형화된 작품처럼 보였다.

물리학자들은 처음에 허블의 결과를 수학적으로 설명하는 데 어려움을 겪었다. 시공간이 어떻게 풍선처럼 부풀어 오를 수 있을까? 알베르트 아인슈타인Albert Eisntein 조차도 처음에는 이렇게 생각했다. 1915년을 앞두고, 아인슈타인은 특수 상대성 이론과 일반 상대성 이론, 즉 시공간의 물리학으로 명성을 얻고 있었다. 이 이론들은 공간의 3차원과 시간의 1차원을 '시공간'이라는 4차원 안에서 수학적으로 설명할 수 있음을 보여 주었다. 중력은 시공간의 곡률에서 발생하며, 물체는 마치 공이 언덕을 오르내리는 것처럼 움직인다. 하지만 아인슈타인의 방정식에서는 중력을 상쇄하거나 물체를 떼어놓기 위한 반발력이 필요하지 않았다.

물리학자들이 관측 결과에 맞는 방정식과 설명을 찾아내는 데는 1년이 더 걸렸고, 이 과정에서 큰 역할을 한 사람은 벨기에의 천문학자이자 성직자였던 조르주 르메르트Georges Lemaître였다. 1931년 르메르트는 현재 우주가 원시 원자의 폭발로 탄생했다고 묘사하며, 이를 '밝지만 순간적으로 터지는 불꽃놀이의 재와 연기'에 비유했다. 르메르트의 '불꽃놀이 이론'은 우주의 기원을 설명하는 현대의 '빅뱅 이론'을 예고했다. 이 이론은 곧 우주에서 일어나고 있는 현상을 설명하는 틀로 받아들여졌지만, 폭발의 원인과 본질, 그리고 팽창이 실제로 일어나고 있는지에 대한 논쟁은 수십 년 동안 계속되었다.

은하들이 멀어지는 모습을 통해 얻을 수 있는 또 다른 결론은, 과거에는 은하들이 지금보다 훨씬 가까이 있었을 것이라는 점이다. 오래전에는 모든 은하가 하나의 특이점에서 서로 합쳐져 있었을 가능성이 있다. 허블의 법칙을 역으로 적용하면(현재 관측되는 은하의 속도와 거리를 이용해 이 속도로 얼마나 오랜 시간 동안 팽창했는지를 계산하면, 과거 모든 은하가 한 점에 모여 있던 시점을 추정할 수 있다 ― 옮긴이), 우주의 나이가 수십억 년에 달하며 고유한 시작점이 있었음을 알 수 있다. 오늘날 천문학자들은 팽창 속도를 측정하거나 세페이드 변광성 등 다양한 증거를 활용하여 우주의 나이를 약 138억 년으로 추정한다.

허블의 발견은 물리학의 다른 분야들도 빠르게 발전하던 시기에 이루어졌다. 원자 수준까지 내려가는 새로운 지식의 물결은 천문학과 더불어 세상을 뒤바꿔 놓았다. 이러한 발전들이 모여 우주 전체를 다루는 새로운 과학, 즉 '우주론'이 탄생했다. 점차 드러나는 우주의 모습은 당혹스러울 정도였다. 현대 천문학은 직관보다는 수학에 의존하며, 단순히 감탄하는 데 그치지 않고 우리가 사는 우주를 깊이 분석하고 이해하도록 이끈다.

현대 물리학으로 풀어 낸 우주의 비밀

20세기에 접어들 무렵, 원자보다 작은 입자들이 발견되었다. 1897년 조지프 존 톰슨Joseph John Thomson은 전기의 흐름을 설명하기 위해 전자의 존재를 추론했다. 전자는 음전하를 띠며, 가장 가벼운 원자보다도 약 1000배 가벼운 입자다. 1919년에는 어니스트 러더퍼드Ernest Rutherford가 양성자를 찾아냈다. 양성자는 전자보다 훨씬 무겁고 전하량은 같지만 반대 전하를 띠며, 원자의 밀도 높은 핵 안에 자리한다. 1932년, 제임스 채드윅James Chadwick은 중성자를 발견했다. 중성자는 양성자와 질량은 비슷하지만 전하를 띠지 않는 입자로, 역시 원자핵에서 발견된다. 이로써 원자에 대한 기본적인 그림이 비로소 완성되었다.

이 세 입자의 조합으로 서로 다른 원자의 특성을 설명할 수 있다. 원자핵에 들어 있는 양성자와 중성자의 수는 원자의 질량을 결정한다. 수소는 양성자 하나와 전자 하나로 이루어진 가장 가벼운 원소다. 헬륨은 그다음으로 가벼운 원소로, 양성자 두 개와 중성자 두 개, 전하의 균형을 이루는 전자 두 개로 구성된다. 더 무거운 원소들은 그만큼 더 많은 양성자와 중성자, 전자를 지닌다. 물리학자들은 원자의 질량과 그 안에 들어 있는 양성자와 중성자의 수를 기준으로 원소들을 배열하고 분류할 수 있었다.

이후 물리학자들은 원자에 중성자를 충돌시키면 원자핵이 붕괴되어 다른 원소가 생성된다는 사실을 알게 되었다. 예를 들어 질소 원자에 중성자를 충돌시키면 헬륨 원자핵이 튕겨 나가고 붕소 원자핵이 남는다. 1939년 리제 마이트너Lise Meitner와 오토 한Otto Hahn은 우라늄에 중성자를 충돌시키면 이 무거운 원소가 가벼운 원소로 분열된다는 사실을 발견했다. 이 과정을 핵분열이라고 한다. 역사가 증명하듯, 이러한 지식은 결국 원자력과 원자폭탄의 개발로 이어졌고, 이 원자폭탄은 1945년 제2차 세계대전 종전 당시 일본의 두 도시, 히로시마와 나가사키에 투하되어 10만 명이 넘는 목숨을 앗아가는 참혹한 결과를 낳았다.

최근 등장한 원자물리학의 선구자들은 원소의 기원에서 별이 빛나는 원리, 우주의 물리적 본질에 이르기까지 천체물리학과 우주론의 풀기 어려운 수수께끼에 그들의 지식을 적용하는 데 몰두했다. 예를 들어, 1930년대 소련계 미국인 물리학자 조지 가모프George Gamow는 온도와 밀도가 높은 초기 우주 환경에서 원자와 방사선에 관한 물리 법칙이 작용하여 화학 원소가 처음 만들어지고, 이렇게 생성된 원자들이 모여 별과 은하를 형성하는 과정을 그려 보았다.

가모프는 오데사와 레닌그라드에서 연구를 시작하던 시절, 원자핵이 왜 그렇게 강하게 결합해 있는지, 방사성 붕괴로 어떻게 분열되는지 이해하려고 노력했다. 1931년 이탈리아에서 열리는 학회에 참석하려 했으나 허가가 거부되자 그는 아내와 함께 소련을 탈출하려고 시도했다. 흑해를 건너 터키로, 무르만스크에서 노르웨이로 카약을 타고 가려 했지만, 악천후로 실패하고 말았다. 그러나 1933년 브뤼셀에서 열린 물리학 학회에는 참석 허가를 받았고, 이후 유럽에서 임시로 연구를 이어가다 1934년 미국으로 이주했다.

가모프는 자신의 박사 과정 학생 랠프 앨퍼Ralph Alpher에게 르메르트의 '불꽃놀이' 모델을 기반으로 우주 초기의 수학적 원리를 연구하게 했다. 이들의 이론에 따르면, 우주 초기에는 온도와 밀도가 너무 높아 원자들이 서로 결합할 수 없었을 것으로 추정되었다. 당시 우주는 원시 물질의 바다였으며, 이들은 이를 중세 영어 또는 고대 히브리어로 '만물의 근원이 되는 최초의 물질'을 뜻하는 '아일렘ylem'이라고 불렀다.

이 최초의 물질은 광자, 전자, 양성자, 중성자로 이루어진 뜨거운 수프와 같았다. 모든 입자는 매우 빠르게 회전하며 서로 충돌했다. 우주가 팽창하면서 이 물질은 서서히 식었고, 입자들의 충돌 속도도 점차 느려졌다. 결국 수소 원자가 형성되었고, 양성자는 중성자를 포획하여 점점 더 무거운 원자핵을 만들어 갔다. 가장 먼저 만들어진 무거운 수소는 양성자 하나와 중성자 하나로 이루어진 중수소였으며, 이어서 헬륨을 비롯해 리튬, 베릴륨과 같은 여러 가벼운 원소들이 형성되었다.

이들의 발견은 별을 구성하는 수소와 헬륨의 비율, 즉 3:1의 비율을 설명하는 데는 성공적이었다. 그러나 탄소, 질소, 산소와 같은 다른 무거운 원소의 존재는 설명하지 못했고, 철이나 우라늄에 대해서는 더더욱 그랬다.

앨퍼와 가모프는 1948년 연구 결과를 논문으로 발표했다. 유머 감각이 뛰어났던 가모프는, 지적인 농담으로 저자 목록이 그리스 알파벳의 첫 세 글자, 알파, 베타, 감마처럼 보이도록 두 사람 이름 사이에 세 번째 저자인 한스 베테Hans Bethe를 넣었다. 베테는 실존 인물이었고, 저명한 물리학자이자 가모프의 친구였으며, 이 논문에 서명하고 연구 내용을 지지하기로 했다.

가모프의 창의적인 상상력은 그의 경력 전반에 걸쳐 두드러졌으며, 특히 원자와 우주라는 새로운 과학의 난해한 개념을 설명하기 위해 대중을 대상으로 쓴 책과 기사에서 잘 드러났다. 대부분의 다른 과학자들이 단순히 강연 원고를 출판하는 데 그친 것과 달리, 가모프는 과학을 열정적으로 좋아하는 평범한 은행원 톰킨스 씨라는 가상의 인물을 만들어, 독자들이 던질 법한 질문들을 대신하게 했다.

예로 톰킨스 씨는 살기 힘든 여러 유형의 우주를 체험해 본다. 빛줄기가 시공간의 곡선을 따라 이동하여 다시 돌아오는 구면 거울 안에 앉아 있는 것처럼 느껴지는 좁은 우주도 있었고, 공간이 팽창과 수축을 반복하는 우주도 있었다. 그는 시야가 끝없이 펼쳐진 팽창하는 우주에서 살아간다는 사실에 안도감을 느꼈다.

'우주적 오페라Cosmic Opera'라는 이야기에서 톰킨스 씨는 다름 아닌 조르주 르메르트와 가모프의 아리아를 즐긴다. 르메르트는 주님을 찬양하며 자신의 원시 원자가 어떻게 무수한 은하계로 흩어져 나가는지 노래한다. 가모프는 벨기에 사제와 실랑이를 벌이며, 우주의 기원이 '그대가 말하는 원시 원자가 아니라 중성자의 흐름'이라고 노래한다.

세 번째 아리아는 또 다른 천문학자가 부른다. 그는 갑자기 빈 공간에서 나타나 주머니에서 갓 태어난 은하를 꺼낸다. '늙어가는 은하들은 흩어지고, 타들어 가며, 무대에서 사라지네. 그 모든 순간에도 우주는 존재하고 존재했네. 앞으로도 존재할 것이고, 늘 존재해 왔으리니. 머물러라, 오 우주여, 오 우주여! 변함없이 머물러라! 정상상태여, 여기 선언하노라!'

세 번째 아리아의 주인공은 케임브리지대학교의 영국 천문학자 프레드 호일Fred Hoyle이었다. 제2차 세계대전 동안 호일은 동료 토머스 골드Thomas Gold, 헤르만 본디Hermann Bondi와 함께 레이더 연구에 매달렸다. 세 사람은 당시 널리 받아들여지던 '팽창하는 우주'라는 개념을 선뜻 인정하지 못했다. 그들에게는 어딘가 억지처럼 보였다.

1948년 라디오 강연에서 호일은 우주가 한 지점에서 '빵 터져서

모든 것은 별에서 시작되었다

big bang' 생겨났다는 발상은 현실성이 없다고 주장했다. 그는 공격하던 와중에 무심코 '빅뱅'이라는 표현을 내뱉었고, 이 말은 대중의 머릿속에 깊이 박혔다가 결국 천문학 용어로 자리 잡게 되었다. 그는 한때 이 이론이 마치 '장난감 인형이 생일 케이크에서 튀어나오는 것만큼이나 유치하다'고 말한 적도 있다.

호일은 우주가 그렇게 짧은 순간의 폭발로 시작했다면, 우리 주변의 모든 것이 만들어질 여유가 없었을 것이라고 보았다. 허블의 초기 추정에 따르면 우주의 나이는 20억 년 미만이었지만, 당시 과학자들은 암석의 방사성 붕괴 속도를 통해 지구의 나이가 그보다 많다는 사실을 알고 있었다(오늘날 지구의 나이는 45억 년으로 알려져 있다). 복잡한 생명체가 등장하는 데에도 오랜 시간이 필요했다. 거대한 불꽃놀이 같은 폭발에서 사람과 식물, 행성이 한꺼번에 생겨났다는 발상은 너무나 갑작스럽고 혼란스러워 보였다.

호일과 본디, 골드는 다른 가설인 '정상 상태 우주론'을 제안했다. 이 모형에서의 우주는 과거에서 현재까지 거의 변함이 없고, 마치 정적 우주(아인슈타인이 한때 가정했던, 팽창도 수축도 없는 우주—옮긴이)처럼 영원히 이어진다. 다만 이들은 곳곳에서 새로운 별과 은하가 갑자기 생겨날 수 있다고 보았다. 그러려면 주변 공간이 이를 받아들일 만큼 팽창해야 했고, 은하들이 우리은하에서 멀어져 가는 현상도 이렇게 설명했다. 세 사람은 물질과 에너지가 동일하다는 아인슈타인의 상대성 이론, 그 내용을 함축한 유명한 방정식 $E=mc^2$을 바탕으로 물질이 실제로 생성될 수 있다고 보았다. 그렇게 빈 공간의 순수한 에너지에서 입자가 생성될 가능성이 열렸다.

호일에 따르면 '정상 상태'라는 발상은 케임브리지의 한 영화관에서 공포영화 〈악몽의 밤Dead of Night〉을 본 뒤 떠올랐다고 한다. 영화는 여러 에피소드로 이루어져 있었으며, 각각은 반복되는 악몽을 보여 주었다. 골드는 이런 영화라면 계속 이어서 상영할 수 있으니, 어느 지점에서든 들어가 관람을 시작해도 무리가 없다고 생각했다. 그는 우주도 이처럼 끝없이 순환할 수 있다고 보았다. 호일과 본디, 골드는 이런 우주의 모습을 구체적으로 그려 보기 시작했다.

한편, 호일은 별에서 원소가 만들어지는 과정에도 깊은 관심을 보였다. 이후 윌리 파울러Willy Fowler, 제프리 버비지Geoffrey Burbidge, 마거릿 버비지Margaret Burbidge와 함께 1957년 〈별에서의 원소 합성 Synthesis of the Elements in Stars〉이라는 기념비적인 논문을 발표했으며, 천문학자들은 지금도 네 사람의 성 머리글자를 따서 BBFH 또는 B2FH 논문으로 부른다. 이 논문은 원소들이 안정적인 핵을 가진 철에 이르기까지 일련의 핵반응을 통해 어떻게 만들어지는지 설명했다(철보다 무거운 원소들은 초신성 폭발처럼 격렬한 과정에서 만들어진다).

예로 뜨겁고 밀도가 높은 별의 내부에서는 탄소 원자핵이 융합하여 네온, 나트륨, 마그네슘, 산소가 만들어질 수 있다. 산소가 연소하면 규소, 인, 황으로 이어졌다. 더 나아가 염소, 아르곤, 칼륨, 칼슘과 같은 다른 원소들도 별의 용광로에서 만들어진다. 이러한 연쇄 반응은 많은 것을 설명해 주었지만, 정작 이 모든 과정의 출발점인 최초의 수소와 헬륨이 어디에서 생겨났는지는 설명하지 못했다.

1960년대에 이르러 물리학자들은 원소가 어떻게 형성되었는지, 원자가 어디에서 유래했는지에 대한 설득력 있는 설명을 제시했다.

모든 것은 별에서 시작되었다

은하는 초기의 우주적 힘으로 우리에게서 멀어지고 있었고, 중력은 별들을 뭉치게 하고 내부의 짙은 불꽃 속에서 수소를 태웠다. 대부분 천문학자들은 우주가 역동적이고 끊임없이 변화한다는 데 동의했다. 하지만 그 기저에 있는 개념들은 여전히 제대로 자리 잡지 못했다. 여러 주장이 엇갈리자, 일부 과학자들은 새로운 우주론을 '별로 과학적이지 않다'고 깎아내렸다.

당시 우주를 설명하는 근본 이론을 택하는 일은 본질적으로 미학적 선택, 즉 철학적 신념이었다. 참고할 만한 증거가 거의 없었기 때문이다. 일부 천체물리학자들은 우주의 전 역사를 설명하려는 시도가 과학이 감당할 수 있는 범위를 넘어서는 지나치게 어려운 도전이라고 보았다. 빅뱅 이전에는 무엇이 있었을까? 아무도 대답할 수 없었고, 애초에 질문 자체가 성립하지 않았다. 그렇다면 호일과 동료들이 믿었던 것처럼, 어떻게 은하 사이의 공간에서 물질이 끊임없이 만들어질 수 있을까? 핵폭탄과 원자력의 등장을 지켜본 세대에게는 그럴듯해 보였지만, 이러한 입자들이 어떻게, 왜 갑자기 나타나는지, 또는 왜 태초부터 존재했는지 정확히 설명할 수 있는 사람은 아무도 없었다.

다른 이들은 우주론이라는 새로운 과학에서 자신의 신념을 뒷받침할 근거를 찾았다. 1951년 교황 비오 12세는 '물질과 함께 무에서 빛과 복사의 바다가 갑자기 모습을 드러내고, 원소들이 분열하고 뒤섞여 수백만 개의 은하가 생겨나는 과정'에 경탄했다. 그가 보기에 이는 분명 신의 존재를 증명하는 것이었다. 소련과 중국의 공산주의자들은 정반대의 결론을 내렸다. 크기와 나이, 구성이 무한한 우주는 창조라는 행위를 전제로 할 필요가 없었고, 그런 점에서 그들의 무신론적 관점에 더 잘 맞았다.

하지만 이후 수십 년 동안 경쟁하던 여러 이론의 연결고리가 하나둘 드러나면서, 학계의 흐름은 빅뱅 이론 쪽으로 기울었다. 우주에 헬륨이 풍부하다는 사실이 결정적인 근거였다. 관측에 따르면, 헬륨은 수소의 약 3분의 1 정도로 흔하며, 오리온성운에서 태양에 이르기까지 다양한 곳에서 발견된다. 이 비율은 앨퍼, 로버트 허먼Robert Herman, 제임스 폴린James Follin이 초기 우주와 같이 뜨겁고 밀도가 높은 환경을 가정하고 예측한 값과 유사했다. 모든 가스는 이러한 기본 구성에서 출발했고, 시간이 흐르며 별에서 만들어진 원소들이 섞여 들어갔다.

곧 다른 증거들도 잇따라 발견되었다. 이 증거들은 우주를 향한 새로운 창문이 열리면서 등장했다. 우주에서 전파가 검출되자, 매우 다른 종류의 '정적' 우주가 드러났다. 지금까지는 수학적 공식으로만 존재하던 우주의 면면이 실제로 드러났다. 현대 우주는 단순한 물질 이상의 것으로 이루어져 있다는 사실이 밝혀졌다.

전파천문학,
우주를 읽으려는 새로운 시도

전파, 즉 주파수가 낮은 전자기파는 1887년 독일의 물리학자 하인리히 헤르츠Heinrich Hertz가 발견했지만, 전파 수신기를 하늘로 향하는

모든 것은 별에서 시작되었다

데는 수십 년이 더 걸렸다. 태양에서 오는 전파를 감지하려는 초기 시도는 실패했고, 일부 시도는 다소 엉뚱해 보이기도 했다. 예를 들어, 토머스 에디슨Thomas Edison은 태양의 전기 신호 변화를 포착하기 위해 자성을 띤 거대한 광석 더미를 쌓을 계획을 세웠다.

1920년대 모스 부호를 전송하는 방식에서 음성을 전달하는 방식으로 통신 기술이 전환되면서, 전기적 잡음을 제거하는 등의 여러 개선이 필요해졌다. 뉴저지주 홀름델에 있는 벨 연구소에서 현장 근무를 하던 칼 잰스키Karl Jansky가 이러한 작업을 맡고 있었다. 1931년 8월, 잰스키는 매일 밤 하늘을 따라 움직이는 듯한 정체불명의 약한 잡음 신호를 포착했다. 이 잡음은 이른 저녁에는 남동쪽, 자정에는 남서쪽, 새벽에는 서쪽에서 감지되었다.

잰스키는 뇌우 때문이라고 생각했지만, 하늘에서 들려오는 이상한 잡음은 끊이지 않았고, 시시때때로 이어폰을 타고 귀에 속삭이듯 들려왔다. 1932년 1월 그는 이 소리가 끊임없이 웅웅거리며 방향을 바꾸어 '정확히 24시간 주기로 나침반을 한 바퀴 돈다'는 사실을 깨달았다. 태양에서 오는 신호일 가능성을 의심했지만, 소리의 방향이 늘 태양과 일치하는 것은 아니었다. 부분일식 중에도 그 소리는 변하지 않아, 태양과는 무관한 현상임이 분명해졌다.

신호의 위치가 1년 동안 어떻게 변했는지 그려 보던 잰스키는 천문학에 관심이 있는 동료의 도움을 받아, 이 신호가 하늘의 특정 지점, 즉 우리은하 중심부에서 온다는 것을 깨달았다. 1933년 그는 자신의 발견을 〈외계 기원으로 보이는 전기적 교란Electrical disturbances apparently of extraterrestrial origin〉이라는 다소 소박한 제목의 논문으로 발표했다. 〈뉴욕타임스〉는 이 발견을 1면에 대서특필하면서도, 혹시 불안해할 독자들을 위해 '성간 신호라는 증거는 없다'고 덧붙였다.

그 후 몇 년간 별다른 진전은 없었다. 천문학자들은 망원경 사용에는 익숙했지만, 공학자의 영역인 전파 기술은 잘 알지 못했다. 새로운 전환점은 일리노이주 휘턴의 잼 공장 주인의 아들이 등장하면서 찾아왔다. 그로트 레버Grote Reber는 전기공학을 전공하고, 취미로 무선 통신을 즐기던 사람이었다. 그는 잰스키가 발견한 '우주적 잡음'에 매료되어, 직접 기기를 만들어 측정해 보기로 했다.

레버는 포물선 모양의 거대한 접시 안테나를 사용하여 우주에서 오는 전파를 중앙 수신기로 모으는 방안을 생각해 냈다. 1937년 여름, 그는 뒷마당에 전파 망원경을 만들기 시작했다. 9미터 너비의 접시 안테나는 강철판으로 만들어졌고, 콘크리트 기둥에 고정된 곡선형 나무 프레임 위에 설치되었다. 또한 트럭 차축에 연결된 손잡이 회전 장치를 이용해 북쪽이나 남쪽으로 회전할 수 있었다. 전체 높이는 15미터에 달했다. 이웃 주민들은 이 어마어마한 구조물이 극비 군사 시설이나 물 저장 장치라고 생각했다. 레버의 어머니는 그 위에 빨래를 널었고, 아이들은 접시에 올라탔으며, 아래에서는 풀이 무성하게 자랐다.

레버는 부지런히 접시 안테나를 조정하고, 망원경 위로 여러 지역이 스쳐 지나가는 동안 북반구 하늘 전체에서 오는 전파 신호의 지도를 그리기 시작했다. 관측 결과는 놀라웠다. 지도를 통해 우리은하의 윤곽이 드러났고, 백조자리와 카시오페이아자리, 큰개자리 방향에 몇 개의 밝은 얼룩도 발견되었다. 또한 레버는 태양에서 오는 전

모든 것은 별에서 시작되었다

파를 감지하는 데 성공했다.

10여 년 후, 제2차 세계대전이 끝난 1950년대에 전파 망원경으로 하늘을 더 관측한 결과, 백조자리의 밝은 얼룩, 이른바 백조자리 A가 우리은하에서 멀리 떨어진 작은 전파 방출원이라는 사실이 밝혀졌다. 이 발견은 영국 케임브리지와 호주 시드니를 비롯한 여러 연구팀이 유사한 전파원을 찾아 나서도록 이끌었다.

호주에서 존 볼턴John Bolton을 비롯한 연구자들은 전파원의 정확한 위치를 파악하고, 가시광 영역에서 관측되는 대응 천체를 사진 건판에서 찾기 시작했다. 그러나 눈에 띄게 밝은 별과 일치하는 경우는 없었다. 결국 일부 전파원은 가스 구름이나 성운과 대응되기 시작했다. 황소자리 A는 900년 전 중국 천문학자들이 기록한 초신성 폭발의 잔해인 '게 성운'과 관련이 있었다. 처녀자리 A는 하나의 별이 아니라, 수백만 광년 떨어진 타원은하 전체와 연관되는 것으로 보였다. 전파원은 이렇게 다양한 천체와 관련 있는 것으로 드러났다.

한편 지구 반대편에서는 케임브리지대학교 캐번디시연구소의 마틴 라일Martin Ryle 연구팀과 맨체스터 인근 조드럴뱅크천문대Jodrell Bank Observatory의 버나드 로벨Bernard Lovell 연구팀도 비슷한 연구를 하고 있었다. 캐번디시연구소는 원자 연구의 선구자 어니스트 러더퍼드를 비롯한 이전 세대의 혁신적 물리학자들이 다져 놓은 '검소한 실험 정신'을 이어오던 곳이었다. 라일과 동료들은 근처 들판에 세운 기둥에 간단한 철사 배열을 수신기로 달아, 그 신호를 전자적으로 합성해 전파원의 위치를 훨씬 더 정밀하게 찾는 기법을 개발했다.

1953년까지 약 200개의 전파원이 발견되었다. 이듬해 라일은 전파원을 이용해 우주론 모형을 검증할 수 있다고 주장했다. 호일의 정상 상태 우주론이 옳다면, 무한한 수의 전파원이 존재해야 하며(정상 상태 우주론에서는 우주의 평균적인 모습이 변하지 않으므로, 전파원도 어디에서나 비슷한 밀도로 분포해야 한다. 우주가 무한하다고 가정되기 때문에, 이론적으로 전파원의 총 수도 무한한 것이다 — 옮긴이), 거리가 멀어질수록 일정한 규칙에 따라 점차 희미해질 것이었다. 반면 빅뱅 우주론에서는 그와 다른 양상을 보이게 된다.

1961년 라일은 호일의 우주론을 기각할 수 있는 확실한 관측 자료를 내놓았다. 얼마 지나지 않아 빅뱅 이론을 더욱 굳건하게 하는 증거들이 잇따라 등장했다. 1964년 잰스키가 한때 일했던 뉴저지 홀름델에 있는 벨 연구소의 두 물리학자 아노 펜지어스Arno Penzias와 로버트 윌슨Robert Wilson은 초기 우주가 남긴 희미한 열 신호를 포착했다.

이 열은 앨퍼, 허먼, 가모프가 예측했던 것처럼 마이크로파 주파수에서 희미한 빛으로 나타났다. 처음에는 이것의 정체를 알지 못했다. 다시 말하지만, 이것은 사라지지 않는 잡음처럼 보였다. 신호는 우리은하에서 멀리 떨어진 곳까지, 온 하늘에서 오는 것처럼 보였다. 전해지는 이야기에 따르면 처음에 펜지어스와 윌슨은 자신들이 사용하던 깔때기 모양의 안테나가 비둘기 배설물에 막힌 것은 아닌지 의심했다고 한다. 한편 멀지 않은 곳의 프린스턴대학교에서 로버트 디키Robert Dicke가 이끄는 물리학 연구팀은 잡음 문제를 우연히 접하고, 여러 단서를 종합해 곧바로 그 의미를 알아차렸다.

이들의 이론에 따르면, 초기 우주는 원자가 만들어지기에는 아직 너무 뜨거워 빛과 입자가 뒤섞인 '수프' 같은 상태였다. 빛은 이 안개 속에서 하전 입자에 부딪혀 튕겨 나갔다. 빅뱅 이후 약 40만 년이 지나 우주가 충분히 식어 수소 원자가 만들어지자, 그제야 빛은 안개 밖으로 빠져나올 수 있었다. 이후 우주가 팽창하면서 그 빛의 파장은 늘어났고, 오늘날에도 스펙트럼의 마이크로파 영역에서 긴 파장의 빛을 약하게 방출하고 있다. 이 열은 본질적으로 절대영도(이론적으로 가능한 가장 낮은 온도)보다 겨우 몇 도 높은 온도의 석탄에서 아주 미약하게 새어 나오는 빛에 비할 만하다. 우주 마이크로파 배경복사로 알려진 이 신호를 포착하면서, 펜지어스와 윌슨은 빅뱅 이론이 예측한 또 하나의 증거를 확인했다.

그럼에도 호일을 비롯한 정상 상태 우주론 지지자들은 쉽게 물러서지 않았다. 실제로 호일을 포함한 일부 천문학자들은 남은 연구 경력 내내 빅뱅 이론에 회의적인 태도를 유지했다. 물론 새로운 이론에는 이를 비판적으로 살피는 이들이 필요하다. 이후로도 수많은 발견이 빅뱅 이론의 기본 틀을 꾸준히 뒷받침해 왔지만, 동시에 우주의 기원을 둘러싼 더욱 심오한 철학적 물음도 함께 던졌다.

작은 녹색 인간

전파천문학은 곧 더 많은 놀라움을 안겨주었다. 1967년 캐번디시 연구소의 대학원생 조셀린 벨 버넬Jocelyn Bell Burnell은 비교적 단순한 구조의 망원경을 운영하던 중 규칙적인 전파 섬광을 포착했다. 이 망원경은 테니스장 50개를 합친 넓은 부지에 1000개의 기둥이 늘어서 있고, 그 사이를 약 200킬로미터에 달하는 전선이 얽힌 거대한 기기였다. 하늘 한쪽에서 맥박처럼 반복되는 신호가 나타나자 조셀린은 더 정밀한 기록 장치로 교체했다. 그녀는 이후 만찬 연설에서 '한 달 동안 아무 신호도 기록되지 않다가, 1967년 11월 28일, 1과 3분의 1초 간격의 주기적인 신호가 다시 나타났다'고 회상했다.

처음에는 신호의 규칙성이 의아했다. 조셀린은 농담 섞어 이렇게 말했다. "가끔 알아볼 수 없는 신호가 있으면 물음표를 붙이거나, '작은 녹색 인간Little Green Men(외계인의 모습을 상상해 빗댄 표현―옮긴이)'을 뜻하는 LGM을 적기도 했죠." 하지만 완전히 농담은 아니었다. 천문학자들은 이 신호가 의도된 메시지일 가능성을 진지하게 검토했고, 신호의 발신지가 먼 별을 공전하고 있는 행성일 가능성이 있는지 자세히 검토했다. 만약 그렇다면 신호의 주파수가 조금씩 변했을 테지만, 실제로는 그렇지 않았다.

벨 버넬과 그녀의 지도교수 앤터니 휴이시Antony Hewish는 과학 학술지 〈네이처〉에 흥미로운 연구 결과를 발표하면서, 한때 이 신호가 다른 문명에서 온 것일지 모른다고 생각했다는 짧은 언급도 포함했다. "논문이 발표되자 언론이 몰려들었어요." 벨 버넬은 회상했다. "제가 여성이라는 사실이 알려지자, 관심은 더 뜨거워졌죠." 그녀는 사진 촬영 현장을 떠올리며 이렇게 말했다. "둑에 서고, 앉고, 서서 기록을 살펴보는 척하기도 하고, 앉아서 보기도 했어요. 심지어는 둑을 따라 달리며 팔을 흔들라고도 했어요. '행복한 표정 지어 봐요! 방금 발견을 한 것처럼!'이라면서요."

모든 것은 별에서 시작되었다

이 규칙적인 전파 신호는 사실 '펄사'라는 별에서 나온 것이었다. 펄사 표면의 자기장은 전파 빔(좁고 강한 방향성을 가진 전파—옮긴이)을 생성하며, 이 빔은 등대처럼 별과 함께 회전한다. 조셀린의 이야기는 나에게도 흥미롭다. 나도 케임브리지대학교에서 작은 전파 망원경을 관리했던 경험이 있기 때문이다. 1990년대 후반이었고, 내가 본 망원경은 조셀린이 연구하던 시절과는 사뭇 달랐다. 폭 10미터의 T자형 알루미늄 회전 받침대 위에는 바구니만 한 크기의 깔때기 모양 안테나 세 개가 하늘을 향해 있었다. 이 모든 장치는 지구의 일상적인 전기 활동으로 생기는 정전기를 차단하도록 설계된, 낮고 각진 알루미늄 울타리 안에 둘러싸여 있었다.

화창한 날이면 금속 표면마다 반사되는 빛과 열이 강렬했고, 겨울에는 얼음과 눈을 표면에서 긁어내야 했다. 그 기계 소리는 아직도 생생하다. 수신기 냉각 장치에서 나는 쉬익거리는 소리와 덜컹거리는 소리가 주기적으로 울렸다. 매일 아침, 나는 로드 브리지에 있는 망원경 관측소까지 차를 몰고 가 데이터를 다운로드하고 망원경이 제대로 작동하는지 확인했다. 때로는 회전 받침대 아래로 기어들어가 수리하기도 했다.

실험실을 벗어나 케임브리지셔 시골로 떠나는 자유를 만끽하며, 당시에는 마치 금기처럼 느껴졌던 BBC 라디오 4의 '우먼스 아워 Woman's Hour' 프로그램을 종종 들었다. 캐번디시 연구소의 전파천문학 연구팀에는 여전히 전쟁 시절의 분위기가 남아 있었다. '디-다-디-다-디-다'와 같은 모스 부호로 티타임을 알리거나, 사무실 사람들을 계단 통로로 불러냈다. 당시 연구팀에는 여성이 거의 없었다. 극소수였고, 나는 영국 천문학회에서 대표로 나갈 때마다 조셀린을 꽤 자주 마주쳤다. "안녕하세요, 또 오셨네요." 남자들로 가득한 방에서 우리 둘만 여자인 것을 발견하면, 그녀는 씩 웃으며 말했다.

우주 비등방성 망원경Cosmic Anisotropy Telescope으로 불린 이 망원경은 우주 마이크로파 배경복사를 지도로 만들기 위해 특별히 제작된 장비로, 펜지어스와 윌슨이 발견한 빅뱅의 잔광 속에서 더 세밀한 구조를 찾아내는 것이 목표였다. 실제로 우주 배경에서 조금 더 따뜻하거나 차가운 지점을 찾아내는 데 성공했고, 제작한 지도에서는 이러한 영역이 빨간색과 파란색으로 표시되었다. 이 지점들은 이전의 어떤 관측보다 훨씬 미세한 구조를 보여 주었지만, 관측 범위는 하늘의 작은 구역에 국한되어 있었다.

수년 전, 우주배경 탐사선 COBE(COsmic Background Explorer)는 하늘 전체에 걸쳐 따뜻하고 차가운 지점들을 보여 주는 대규모 지도를 발표하며 또 하나의 중요한 이정표를 세웠다. 1992년 4월 24일, 〈뉴욕타임스〉는 COBE의 지도를 '중대한 발견'이라고 소개하며, '태초의 순간을 되돌아보는 천문학자들은 우주의 구조에서 거대한 주름을 발견했다'고 보도했다. 당시 나는 호주에 있었고, 캔버라에서 급히 열린 회의에 참석해 그 결과를 함께 검토했던 기억이 있다. 결과가 예상과 정확히 맞아떨어지자, 모두가 입을 다물지 못했다.

이 지도에는 몇 가지 눈에 띄는 특징이 있었다. 먼저 전반적으로 우주 배경복사의 점무늬 같은 패턴은 지구의 움직임과 우리은하에서 나오는 복사 에너지를 보정하면, 하늘 어느 방향을 보더라도 거의 같은 모습을 보인다. 이는 우주의 모든 영역이 어떤 방식으로든 서로에 대해 '알고' 있음을 암시한다. 우주가 훨씬 작았던 아주 먼 과거에는 신호가 빛의 속도로 이동하면서 모든 영역을 서로 이어주었을 것이다. 우주 망원경이 측정한 온도 변동은 상대적으로 아주 작았다. 현재 절대영도보다 섭씨 2.7도 높은 것으로 정밀하게 측정된 배경 온도에 비하면, 그 차이는 겨우 10만분의 1도에 불과했다. 하지만 이러한 뜨겁고 차가운 지점들은 중요한 의미를 담고 있었다.

〈뉴욕타임스〉는 이 발견을 두고 '처음에는 균일했던 우주가 오늘날 별과 은하, 거대한 은하단으로 이루어진 장관으로 어떻게 진화했는지를 보여 주는 최초의 증거'라고 보도했다. 각 지점은 빅뱅 40만년 후, 빛이 자유롭게 빠져나가던 시점에 밀도가 약간 더 높거나 낮았던 영역을 나타낸다. 중력이 물질 덩어리를 끌어당기면서, 이 씨앗들은 오늘날 우리가 보는 다채로운 우주로 진화했다.

COBE 이후, WMAP와 플랑크를 비롯한 여러 우주 망원경과 지상의 관측 장비들은 이 초기 우주의 모습을 더욱 세밀하게 들여다보았다. 지금까지 얻어진 관측 결과는 모두 이론 천문학자들이 빅뱅 모형으로 예측한 그대로였다. 다양한 실험 결과 사이에는 아직 해결해야 할 모순들이 있지만, 근본적으로 새로운 현상을 발견하지 못했다는 사실은 경이로우면서도, 다른 한편으로는 조금 오싹하기도 하고 실망스럽기도 하다. 하지만 마이크로파 너머에는 우리가 살펴볼 것이 훨씬 더 많다. 우주는 우리가 이해할 수 있는 범위를 훌쩍 넘어설 만큼 복잡하며, 블랙홀과 같은 천체는 우리의 가장 뛰어난 이론으로도 설명하기 어렵다.

과학자들의 숙제 블랙홀

1963년 전파천문학은 새로운 놀라움을 선사했다. 캘리포니아주 샌디에이고 인근 팔로마천문대Palomar Observatory의 마르턴 스밋Maarten Schmidt은 허블이 사용했던 망원경의 두 배에 달하는 거울을 가진, 당시 세계 최대 규모의 헤일 망원경Hale Telescope을 사용해 희미한 푸른 별의 스펙트럼을 관측하려 했다. 이 별은 케임브리지 연구진이 정리한 목록에 적힌 밝은 전파원 근처에 있었다. 스밋은 이 별을 확인하며, 다양한 전파원에 대해 더 깊이 알고자 했다. 천문학자들은 이러한 천체를 '준항성 전파원quasi-stellar radio sources', 줄여서 '퀘이사'라고 불렀다.

스밋은 별빛을 모으는 데 가까스로 성공했다. 그러나 스펙트럼을 살펴보니 이전에는 본 적이 없는 모습이었다. 마침내 그는 수소에서 방출되는 일련의 특정 주파수들과 같은 익숙한 특징들을 찾아냈다. 하지만 그 특징들은 붉은색 쪽으로 멀리 이동하여 희미하게 나타났다. 이 '별'에서는 나선 성운과 비슷한 거리에 있는 듯한 적색 편이가 나타나는 것처럼 보였다.

별처럼 보이는 천체가 이토록 밝으면서도, 동시에 이렇게 멀리 떨어져 있다는 사실은 큰 수수께끼였다. 마치 한 은하계의 모든 별빛이 한 점에 집중된 것 같았다. 어떻게 그렇게 밝을 수 있을까? 곧 다른 퀘이사들이 몇 개 더 발견되었고, 일부는 전파를 방출하지 않아 간단히 '준항성체quasi-stellar objects'로 불렸다. 다양한 주파수대에서 퀘이사를 관측할 수 있게 되면서, 퀘이사가 별과는 다르다는 사실이 분명해졌다. 퀘이사는 전파에서 X선, 감마선에 이르기까지 전자기 스펙트럼 전체에 걸쳐 빛을 방출했다. 하지만 어떻게 그렇게 작은 공간에서 막대한 에너지를 만들어낼 수 있을까?

천문학자들은 자신들이 알고 있는 우주에서 가장 강력한 힘, 중력에 관심을 돌렸다. 특히 블랙홀에 주목했다. 블랙홀은 빛조차 빠져나올 수 없을 정도로 시공간을 강하게 왜곡하는 엄청난 질량을 가진 영역이다. 예를 들어 공을 공중으로 던지면 중력은 공을 지구로 끌어당긴다. 동시에 공을 더 세게 던질수록 더 높이 날아오른다. 만약 로켓처럼 충분히 빠른 속도로 발사할 수 있다면 공은 지구 궤도에 머물 수도 있다.

공이 다시 떨어지지 않기 위해 가져야 하는 속도를 탈출 속도라고 하며, 이는 지구의 질량에 따라 달라진다. 지구가 더 무거웠다면, 공은 더 빠른 속도로 움직여야 탈출할 수 있을 것이다. 블랙홀의 질량은 너무 커서 탈출 속도가 빛의 속도를 넘어 버리기 때문에, 아무것도 블랙홀에서 탈출할 수 없다. 블랙홀은 우주 속 끝없는 검은 구덩이처럼, 내부가 우리와 차단되어 있다.

그러나 블랙홀은 주변에 존재하는 물질에 영향을 미친다. 퀘이사의 경우, 문제의 블랙홀은 먼 은하의 중심에 자리한다. 퀘이사의 밝은 빛은 블랙홀에서 직접 나오는 것이 아니라, 블랙홀 바로 바깥에서 휘몰아치는 가스와 먼지 덩어리에서 나온다. 물질이 블랙홀로 빨려 들어가면서 서로 모이고 충돌하며 뜨겁게 달궈져, 마침내 강렬하게 빛난다.

입자들이 기둥 모양으로 뿜어져 나오는 제트는 블랙홀 주변 자기장에 의해 특정 방향으로 뻗으며 가속된다. 제트는 은하의 별을 훌쩍 넘어 수백만 광년까지 뻗을 수 있으며, 전파 대역에서 빛나기도 한다. 제트의 끝에는 분출된 입자가 모여 '로브$_{lobe}$'를 이루며, 전파천문학자들이 관측할 수 있는 것은 바로 이 로브다.

내 박사 학위 연구 주제는 퀘이사의 작동 원리와 3차원 구조를 이해하는 것이었다. 천문학자는 여느 과학자들과는 달리, 연구 대상을 직접 찾아가 관찰하거나 만질 수 없다. 멀리서 관측하고, 여러 천체를 비교하며 무슨 일이 일어나고 있는지 추론할 뿐이다. 퀘이사의 경우, 대부분의 구조가 거대한 가스와 먼지구름에 가려져 있다. 이는 우리은하를 가리는 먼지와 비슷한 장애물이다. 마찬가지로, 퀘이사를 측면에서 보면 밝은 빛의 상당 부분이 가려진다. 반면 은하를 정면에서 바라보면 먼지층이 얇아 가장 선명하고 밝은 모습을 볼 수 있다.

퀘이사를 활성화하는 특정 유형의 블랙홀은 매우 거대하며, 그 질량은 태양의 수백만 배에서 수십억 배에 이른다. 현재 거의 모든 은하가 중심에 이러한 초대질량 블랙홀$_{supermassive\ black\ hole}$을 품고 있으며, 그 질량은 해당 은하 질량의 수 퍼센트 정도라는 사실이 밝혀졌다. 우리은하의 중심에도 태양 질량의 400만 배에 달하는 블랙홀이 자리하고 있다.

대부분의 은하 중심에 있는 블랙홀은 활동적이지 않다. 퀘이사로 관측될 수 있을 만큼 활동적으로 빛과 열을 내는 블랙홀은 극히 일부에 불과하다. 천문학자들은 이러한 활동성이 간헐적으로 나타나며, 중심의 블랙홀이 다양한 방식으로 가스를 빨아들이고 방출하면서 은하 전체의 별 형성 과정에 영향을 미친다고 생각한다. 블랙홀은 모든 은하의 모습과 그 형성 및 진화 과정에 영향력을 행사했을 가능성이 크지만, 그 작동 원리에는 여전히 풀어야 할 부분이 많다.

블랙홀이라는 개념은 뜻밖에도 1783년 영국의 시골 목사 존 미첼John Michell에게서 처음 등장했다. 수학과 지질학을 공부한 미첼은 특히 중력에 관심이 많았고, 중력이 어떻게 별들을 쌍으로 묶어두는지 알고 싶어 했다. 별의 질량을 측정하는 방법을 고안하기 위해, 그는 별 표면에서 빛의 입자가 방출된다고 가정했다. 위성이 지구의 중력을 벗어나려면 일정 속도를 넘어야 하듯, 빠른 속도로 움직이는 빛은 별을 빠져나갈 것이다. 그러나 별이 더 무거워지면 빛을 잡아둘 수 있다고 미첼은 생각했다. 그리고 아주 무거운 별이라면, 빛은 아예 빠져나가지 못할 수도 있었다. 이런 별은 외부 관찰자에게 보이지 않을 것이다.

이 발상에 대한 현대적 해석은 1915년에 등장했다. 아인슈타인이 일반 상대성 이론을 발표한 지 1년 뒤, 독일의 물리학자 카를 슈바르츠실트Karl Schwarzschild는 빛조차 빠져나오지 못할 만큼 아주 무거운 천체를 상정하고 아인슈타인의 방정식을 풀었다. 이에 따르면 시공간은 거대한 구형의 질량 주변에서 매우 좁게 휘어져, 빛줄기조차 그 둘레를 따라 휘감겨 흐른다. 이런 현상이 일어나는 표면을 '사건의 지평선'이라고 한다.

슈바르츠실트는 제1차 세계대전 당시 러시아 전선의 참호에서 싸우던 중 이 결론에 도달했다. 그는 자신의 해를 아인슈타인에게 보내며 편지에 이렇게 적었다.

총탄이 빗발치던 와중에도, 전쟁은 제게 관대함을 베풀어 이 모든 현실에서 벗어나 당신의 사유 세계로 산책을 떠날 여유는 허락해 주었습니다.

하지만 안타깝게도 슈바르츠실트는 이 대화를 오래 이어가지 못했다. 같은 해 희귀한 피부병이 생겨 그만 세상을 떠나고 말았기 때문이다.

하지만 그의 아이디어는 받아들여졌고, 물리학자들은 그러한 천체가 무거운 별이 붕괴할 때 생겨날 수 있다고 설명했다. 무거운 별이 핵연료를 소진하면 바깥층을 지탱하던 힘이 사라져 무너지기 시작한다. 결국 별의 모든 물질이 핵을 향해 안쪽으로 떨어진다.

앞서 보았듯이 태양처럼 질량이 작은 별들은 내부 물질이 원자 내부의 힘으로 지탱되면서 결국 수축을 멈춘다. 이 별들은 작고 희미해 보이는 백색왜성으로 태양 내부의 모든 물질이 지구 크기의 공간에 들어 있다.

초기 질량이 더 큰 별은 더 강하게 압축되면서 모든 양성자와 전자가 서로 결합해 중성자로 변하고, 결국 중성자별을 형성한다. 이 중성자별은 엄청나게 밀도가 높아 태양의 질량이 도시 하나 크기의 공간에 압축된 것과 같다. 각설탕 크기의 물질 덩어리가 산과 맞먹을 정도로 무겁다.

하지만 이보다 더 무거운 별이라면, 이러한 원자핵의 힘마저 버티지 못한다. 별을 지탱할 힘이 완전히 사라지면 모든 물질은 하나의 지점, 즉 특이점으로 응축될 것이다. 아인슈타인의 일반 상대성 이론

모든 것은 별에서 시작되었다

에 따르면 별의 물질은 사실상 사라지지만, 그 질량은 여전히 주변의 시공간을 왜곡하여 블랙홀이라는 형태로 드러난다.

관측자 입장에서는 블랙홀 가장자리에서 시간이 점점 느려지다가 결국 멈춘 것처럼 보인다. 블랙홀로 떨어지는 물질도 시간이 멈춘 것처럼 보일 것이다. 하지만 사건의 지평선에 닿기 직전, 물질은 극한의 중력으로 길게 늘어나고 뒤섞인다. 물리학자들조차 이 현상을 '스파게티화'라고 부른다. 블랙홀 내부, 특히 특이점에서 정확히 무슨 일이 일어나는지는 아무도 모른다. 이론적으로는 시간 자체가 사라져야 한다. 물론 한 번 블랙홀로 들어간 것은 다시 빠져나올 수 없다.

'블랙홀'이라는 이름은 1967년 뉴욕에서 열린 한 학회에서, 발표 도중 청중이 외친 말을 미국 물리학자 존 휠러John Wheeler가 받아들여 정착시킨 것이다. 휠러는 훗날 자서전에서 블랙홀이 주는 교훈을 다음과 같이 아름답게 표현했다.

공간이 종잇장처럼 구겨져 아주 작은 점으로 변할 수 있고, 시간은 꺼진 불꽃처럼 사라질 수 있으며, 우리가 신성하고 불변한다고 여기는 물리 법칙도 그렇지 않을 수 있다.

블랙홀은 실재하지 않는 것처럼 들린다. 공상과학 소설에서 블랙홀은 종종 무시무시한 자연재해나 평행 차원 또는 우주의 다른 영역으로 통하는 통로로 등장한다. 그러나 블랙홀의 존재를 뒷받침하는 증거는 분명히 있다. 1970년대 천문학자들은 별에서 방출되는 X선을 탐색하기 시작했다. 그중 가장 밝은 사례 중 하나인 백조자리

X-1의 경우, 천문학자들은 이 천체 주위를 블랙홀, 혹은 최소한 태양 질량의 약 열 배에 달하면서도 눈에 보이지 않는 어떤 천체가 공전하고 있다는 사실을 밝혀냈다. 이 X선은 큰 별에서 블랙홀로 빨려 들어가는 물질에서 방출되었다.

더 큰 규모에서 천문학자들은 우리은하를 비롯한 은하 중심부의 블랙홀 근처를 지나가는 별과 가스 구름의 위치도 추적해 왔다. 태양 주위를 도는 혜성처럼, 이들은 블랙홀에 가까워질수록 속도가 빨라지고 타원형이나 비대칭 궤도로 다시 튕겨 나간다. 한편 천문학자들은 전 세계의 여러 전파 망원경을 동원하여 우리은하 중심부의 블랙홀과 일치하는 지점에 있는 어두운 점을 포착해 사진을 얻어냈다.

블랙홀은 주변의 시공간을 왜곡하기 때문에, 그 뒤에 있는 별과 은하에서 오는 빛의 경로를 바뀌놓는다. 오목거울을 들여다볼 때처럼, 블랙홀 주변 하늘에 비친 먼 천체들은 길게 늘어진 모습으로 나타난다. 이처럼 블랙홀은 일종의 '중력 렌즈'처럼 작용한다. 가장 극단적인 경우, 블랙홀 바로 뒤에 있는 천체에서 오는 빛은 원이나 고리 모양으로 퍼져 보인다.

무거운 천체라면 정도의 차이만 있을 뿐 동일한 현상을 보이며, 이로 인해 우리는 먼 우주의 어떤 부분을 관측하더라도 선명하게 보기 어렵다. 멀리 떨어진 은하들은 하늘에서 색을 띠는 선처럼 보인다. 그러나 이렇게 왜곡된 모습은 천문학자들에게 오히려 유용할 수 있다. 이러한 변화를 일으키려면 우리와 천체 사이에 질량이 어떻게 분포해야 하는지 역으로 계산할 수 있기 때문이다. 이 현상은 우주를 들여다보는 또 하나의 창, 곧 '중력의 창'을 열어준다. 그리고 전파를 비롯한 다른 파장 영역을 관측했을 때처럼, 이 새로운 시야 역시 많은 놀라움을 안겨주었다.

예로 별이 폭발하거나 무거운 천체들이 우주를 휘저으며 서로 부딪히고 폭발하면, 아인슈타인의 시공간 구조는 뒤틀리고 늘어나, 마치 연못에 돌을 던졌을 때처럼 잔물결이 일어난다. 2015년, 미국의 레이저 간섭계 중력파 관측소LIGO, Laser Interferometer Gravitational Wave Observatory에서는 서로 4킬로미터 떨어진 질량의 위치 변화를 정밀하게 관측하여 이러한 잔물결, 즉 중력파를 처음으로 검출했다.

이 실험에서 처음 관측된 중력파는 태양 질량의 약 30배인 블랙홀 쌍성이 서로를 돌다가 안쪽으로 나선을 그리며 결국 합쳐지면서 발생했다. 두 블랙홀이 합쳐지면서 태양 질량의 약 60배에 해당하는 하나의 블랙홀이 형성되었다. 중력파가 통과하면서 지구의 질량이 미세하게 흔들렸고, 이 변화는 레이저를 이용해야 간신히 감지할 수 있다. 중력파는 우주적 격변의 현장에서 발생하지만, 지구에 도달할 무렵에는 매우 약해진다. 우주의 시공간 구조는 견고하지만, 천체의 움직임으로 미세하게 떨린다.

중력파의 존재는 일부 중성자별의 회전 속도 변화에서도 필사 형태로 확인되었다. 강력한 자기장을 지닌 이 붕괴된 별은 회전하면서 전파 빔을 방출해 관측자에게 규칙적인 섬광을 보인다. 중성자별 표면이 울퉁불퉁하거나 주변에 동반성이 있으면, 중력파를 방출하면서 에너지를 잃을 수 있다. 필사는 또한 우리은하를 통과하는 중력파의 흐름을 감지하는 시계로도 사용된다. 별과 지구 사이를 지나는 파동은 공간을 일시적으로 늘리며, 펄사 신호의 주기를 매우 미세하게 변화시킨다.

이처럼 전파천문학을 비롯한 여러 분야의 관측을 통해 우주에는 물리 법칙이 예상대로 적용되는 것들도 많지만, 뜻밖의 현상도 많다는 사실이 드러났다. 멀리 있는 우주는 우리의 눈에 왜곡되어 보이며, 그 중력적 풍경 곳곳에는 깊게 벌어진 빈 공간 사이로 천체들의 충돌과 폭발로 일어난 진동이 흩어져 있다. 하지만 이것이 전부가 아니다. 눈에 보이지 않는 영역에 훨씬 더 많은 것이 숨어 있다. 수 세기 동안 천문학자들은 빙산의 일각처럼 빛나는 점들을 연구해 왔지만, 반짝이는 우주의 표면 아래에는 보이지 않는 존재가 무수히 많다. 그리고 그 안개 속에는 우리를 불안하게 하는 것들도 적지 않다.

보이지 않는 우주

우주는 가스와 먼지로 이루어진 구름으로 가득 차 있어 별빛을 가리고 흡수한다. 다른 별들을 보려면, 우리은하의 이런 장막 너머를 살펴야 한다. 그 너머에는 훨씬 더 많은 우주의 부스러기가 흩어져 있다. 죽은 별의 잔해와 태양 빛이 비칠 때에야 비로소 존재가 드러나는 행성과 소행성, 얼음 덩어리 등이다. 다른 은하도 우리은하처럼 저마다 온갖 종류의 천체들을 거느리고 있을 것이다.

하지만 천문학자들은 이처럼 익숙한 형태의 물질이 훨씬 더 거대한 '어둠의 케이크' 위에 올려진 장식에 불과할지도 모른다고 의심

모든 것은 별에서 시작되었다

한다. 우주 마이크로파 배경복사 패턴 등 여러 증거를 바탕으로, 우주 전체 질량과 에너지 가운데 단 5퍼센트만이 양성자와 중성자로 이루어진 일반 원자 즉 행성과 별, 우리와 같은 유기체를 구성하는 물질로 이루어져 있다는 사실이 밝혀졌다. 나머지 즉 우주 대부분을 구성하는 성분이 실제로 무엇인지는 아직 밝혀지지 않았지만, 천문학자와 물리학자들은 그 정체를 밝히기 위한 흥미로운 단서들을 찾고 있다.

별과 은하의 움직임을 살펴보면, 나머지 25퍼센트는 빛과 상호작용하지 않지만 중력으로 그 존재를 드러내는 낯선 형태의 물질이 차지한다는 사실이 드러난다. 이러한 '암흑물질'의 필요성은 1930년대 초, 스위스 천문학자 프리츠 츠비키Fritz Zwicky가 머리털자리에 있는 은하단을 관측하면서 예상과 맞지 않는 부분을 발견했을 때 처음 제기되었다. 은하들은 서로 너무 빠르게 움직여, 별들의 질량으로 계산한 자체 중력만으로는 은하단을 유지할 수 없었다. 츠비키는 아직 발견되지 않은 숨겨진 물질이 은하단의 질량을 더해주고 있을 것이라고 추정했다.

수십 년 후, 미국 천문학자 베라 루빈Vera Rubin은 나선 은하를 구성하는 별의 속도에서 이와 비슷한 수수께끼 같은 현상을 발견했다. 태양계에서 외곽 행성들이 안쪽 행성보다 더 느리게 움직이듯, 천문학자들은 나선 은하의 외곽에서도 속도가 감소할 것으로 예상했다. 그러나 외곽에 있는 별들의 속도는 안쪽 별들만큼 빨랐다. 루빈은 '나선 은하에서 눈에 보이는 것이 전부가 아니다'라는 결론을 내렸다. 즉 별만으로는 은하를 이루는 근본적인 물질을 알 수 없다는 뜻이었다.

　별들은 마치 다른 종류의 물질의 영향 아래 움직이는 듯했다. 그 물질의 질량은 별 자체의 열 배에 달했다. 이 은하 질량의 약 90퍼센트가 눈에 보이지 않는 암흑물질로 이루어져 있었다. 빛을 내거나 배경 은하의 빛을 흡수하지도 않아 일반적인 가스로도 설명할 수 없었다. 이 물질은 전혀 보이지 않았다. 하지만 우주는 그 물질로 가득 차 있었다. 오늘날까지도 천문학자들은 이 물질의 정체를 여전히 알지 못한다. 작은 블랙홀에서 떠돌이 행성, 새로운 유형의 입자에 이르기까지 다양한 가설이 제시되었지만, 확실한 증거는 발견되지 않았다.

　천문학자들은 두 가지 후보에 장난스러운 이름을 붙였다. 하나는 '겁쟁이'를 뜻하는 WIMP, 다른 하나는 반대로 '남자다운 남자'를 뜻하는 MACHO였다. WIMP는 약하게 상호작용하는 무거운 입자Weakly Interacting Massive Particles를 가리키고, MACHO는 무거운 고밀도 헤일로 천체MAssive Compact Halo Objects, 즉 떠돌이 행성이나 작은 블랙홀처럼 발견하기 어려운 매우 작고 밀도가 높은 천체를 의미한다. WIMP를 찾는 연구는 대부분 어둠 속에서 오래된 광산이나 얼음, 호수, 바다 밑에서 실험을 진행한다. 예를 들어 남극의 아이스큐브IceCube 실험에서는 얼음 속 깊숙이 묻힌 수천 개의 검출기를 사용해, 일반 원자와 매우 드물게 상호작용하여 지구를 그대로 통과할 수도 있는 중성미자라는 입자에서 나오는 빛의 섬광을 기록한다. 그러나 중성미자가 우주에서 어떤 역할을 하는지는 아직 명확히 밝혀지지 않았다.

　1990년대 후반 초신성을 관측하던 천문학자들은 또 한 번 눈에 보이지 않는 수수께끼와 맞닥뜨렸다. 더 먼 거리에 있는 초신성이 예상보다 더 어둡다는 사실이었다. 가스나 먼지가 빛을 가릴 가능성을 배제하자, 천문학자들은 우주의 팽창 속도가 일정하지 않고 오히려 가속되고 있다는 결론에 이를 수밖에 없었다. 즉 우주가 팽창하고 있을 뿐만 아니라, 그 팽창 속도가 점점 더 빨라지고 있다는 것이었다. 일부 모형에 따르면 초기에는 중력이 팽창을 억제했지만, 수십억 년이 지난 뒤에는 다른 힘이 작용하여 우주가 더 빠르게 팽창하게 되었다.

하지만 그 원인은 여전히 밝혀지지 않았다. 우주 공간이 더 빠르게 팽창할 가능성은 아인슈타인의 일반 상대성 이론 방정식, 특히 우주 상수라는 매개변수에 존재한다. 본질적으로 우주 상수는 중력의 반대 방향으로 작용하는 가상의 반발력의 크기를 설정하는 항이다. 1910년대에 아인슈타인은 이 값을 0으로 설정하여 사실상 삭제했다. 당시 계산에는 아무런 영향을 주지 않았기 때문에 우주 상수는 필요하지 않았다. 가모프에 따르면 아인슈타인은 자신의 방정식에 이 항을 포함한 일을 '최대의 실수'라고 불렀다. 하지만 이 값이 0이 아니라면, 팽창 속도에 영향을 미치게 된다. 우주 상수는 수학적으로 우주에서 무슨 일이 일어나고 있는지를 설명하는 한 가지 방법이지만, 이를 제대로 이해하기는 어렵다.

단서가 거의 없는 상황에서 천문학자들은 자신들의 답답한 처지를 반영하듯 또다시 '암흑'이라는 표현을 사용해 '암흑 에너지'라는 용어를 만들어냈다. 이 개념이 더 완전한 이론이 나타나기 전에 잠시 끼워 넣은 임시방편에 불과하다는 점을 인정하면서도, 이 암흑 에너지가 우주 전체 질량과 에너지의 약 70퍼센트를 설명할 수 있다고 보았다.

암흑 에너지의 본질에 대해서는 여러 주장이 있지만 모두 추측에 불과하다. 이 에너지는 어떤 방식으로든 우주의 진공 속에 저장된 에너지가 방출되는 현상과 관련이 있을 수 있다. 양자물리학에 따르면 진공 속 에너지의 바다에서는 입자들이 순간적으로 나타났다 사라지며, 이 과정에서 진공은 일종의 음압, 즉 공간을 바깥으로 밀어내는 힘을 만들어 낼 수 있다. 그러나 수학적으로 이 과정은 어떤 매개변수를 선택하느냐에 따라 결과가 크게 달라진다. 진공 에너지의 크기를 계산한 물리학자들은 그 값이 너무 커서 우주가 너무 빠르게 팽창해 별과 은하가 형성될 수 없거나 반대로 너무 작아 거의 영향을 주지 않는 두 극단 중 하나로 나온다는 것을 발견했다.

다른 가설은 일반 물질과 다른 성질을 지닌 일종의 에너지장이나 유체가 존재할 수 있다는 것이다. 이 개념은 고대 그리스 철학자들이 천체를 이루는 물질로 상정했던 '다섯 번째 원소'에서 유래해 '퀸테센스quintessence'라는 별칭으로 불린다. 시공간의 균열과 불연속성으로 암흑 에너지를 설명하려는 시도도 있으며, 단순히 현재의 우주론 방정식 자체가 틀렸을 가능성을 제시하기도 한다.

천문학자들은 감각으로 직접 느낄 수 없는 '암흑'의 우주를 거의 전적으로 수학의 영역 안에서 탐구한다. 마치 우주의 잠재의식처럼 암흑 물질과 암흑 에너지는 우리가 관측하는 우주의 움직임을 통제한다. 이들의 기원은 심오하지만, 본질은 여전히 신비에 싸여 쉽게 드러나지 않는다. 천문학자들은 자신들이 알고 있다고 믿었던 것이 전부가 아님을 받아들여야 했다. 알려진 답보다 훨씬 더 많은 질문들이 남아 있다. 새로운 답을 찾으려면 삶과 존재의 의미를 탐구하는 것과 같은 기본적인 철학적 원리로 돌아가야 한다.

우주에 대한 근원적 질문

천체와 물리 법칙이 질서 있게 펼쳐지도록 우주를 이루는 힘과 입자들의 모호한 특성을 하나하나 연결하고 정리하는 일은 쉽지 않다. 천체물리학자들은 우주가 왜 '정확히 지금과 같은 모습'을 띠고 있는지에 대해 수많은 의문을 안고 있다.

한 가지 수수께끼는 오늘날 암흑 에너지가 우주에 절묘하게 작용한다는 점이다. 암흑 에너지의 세기는 어떤 모형으로도 명확하게 값을 제한할 수 없고 상상을 초월할 만큼 거대할 수도, 거의 무시할 만큼 미미할 수도 있으며, 사실상 우주에 아무런 영향을 주지 않을 수도 있다. 암흑 에너지는 쉽게 균형을 잃을 수 있으며, 그 결과 우주의 빈 공간을 너무 빠르게 팽창시켜 우주가 마치 물집이 생기듯 부풀고 찢겨질 수도 있다. 그러나 이 암흑 에너지의 반중력적 효과는 정교하게 조절되어 그런 극단을 피하는 것으로 보인다. 암흑 에너지는 은하의 움직임을 압도하지 않고, 살짝 간섭하는 수준에서만 작용한다.

또 다른 수수께끼는 우주가 어느 방향을 보아도 매우 비슷하다는 점이다. 예를 들어 우주 마이크로파 배경 복사는 비교적 균일하며, 온도 변동이 10만 분의 1도에 불과하다. 그러나 40만 년 전, 이 복사가 방출되었을 당시 우주는 너무 커서 멀리 떨어진 영역들이 빛의 속도로 서로 영향을 주고받을 수 없었다. 그렇다면 어떻게 모든 곳이 이렇게 비슷할 수 있었을까?

또한 중력 렌즈 현상으로 한두 번 굴절되는 경우를 제외하면, 빛은 왜 이렇게 먼 거리를 거의 직선으로 이동할까? 마이크로파 배경복사에서 온도가 높은 부분과 낮은 부분의 크기는 빛이 직선을 따라 이동한다는 가정 하에 빅뱅 이론에서 예측한 바와 일치한다. 수십억 년 동안 우주를 여행한 광자조차 거의 흔들리지 않았다.

이 마지막 두 문제를 설명하는 한 가지 해결책으로, 1980년대 물리학자 앨런 구스Alan Guth는 '인플레이션' 이론을 제안했다. 그는 초기 우주가 짧은 시간 동안 급격히 팽창하는 시기를 겪었다고 주장했다. 따라서 마이크로파 배경복사에서 나타나는 뜨겁고 차가운 점들의 씨앗은 우주가 훨씬 작고 모든 것이 서로 맞닿아 있을 때 이미 형성된 것이었다. 인플레이션은 또한 우주가 갑자기 폭발하거나 붕괴하지 않고, 부드럽게 팽창하며 안정적인 물질의 밀도를 유지하도록 만들었다. 초기 우주의 큰 밀도 차이도 마치 풍선 표면처럼 매끈하게 정리되어 빛이 방해받지 않고 부드럽게 이동할 수 있었다.

이러한 인플레이션의 원인은 아직 밝혀지지 않았다. 지금까지 100가지가 넘는 가설이 제시되었다. 우주가 극도로 뜨겁고 밀도가 높았던 초기 단계를 연구하려면, 물리학자들은 입자가 매우 높은 에너지 상태에서 어떻게 움직이는지에 대한 근본 원리를 이해해야 한다. 하지만 이는 실험으로 확인하기 어려운 영역이다.

또 다른 핵심 질문은 우주가 왜 반물질이 아닌 일반 물질로 이루어져 있는지이다. 1928년 영국의 물리학자 폴 디랙Paul Dirac은 양전하를 띤 양전자(또는 반전자)처럼 일반 입자와 반대 전하를 띠고 물리적 성질도 반대인 입자를 예측했고, 곧 실제로 발견되었다. 그럼에도 대부분의 물질은 일반 물질로 이루어져 있다. 초기 우주에서 분명 이 균형을 깨는 사건이 있었을 것이다. 한 가지 설명은 입자와 반입자의 붕괴 속도에 미세한 차이가 있었기 때문이라는 것이다. 어쩌면 우주가 팽창하면서 일반 물질 입자가 더 많이 살아남았을 수도 있다.

물리 법칙을 이용하면 우주의 역사를 먼 과거까지 거슬러 올라갈 수 있지만, 그 한계는 빅뱅 후 100만분의 1초 시점까지다. 그 이전은 미지의 영역이며, 짧은 순간처럼 보여도 매우 중요한 시기다. 궁극적으로는 원자보다 작은 규모의 양자적 움직임과 중력, 시공간을 하나로 통합하는 새로운 '양자 중력' 이론이 필요할지도 모른다.

이러한 설명들이 풀어야 할 또 다른 문제는, 우주가 지금과 같은 상태에 이르기까지 우연이 지나치게 큰 역할을 한 것처럼 보인다는 점이다. 다양한 물리적 힘의 정확한 세기와 범위에서 지구의 생명으로 이어진 여러 단계의 화학 반응에 이르기까지, 많은 요소들이 통계적으로는 일어날 가능성이 낮다.

우리가 사는 우주는 왜 인간이 생존하기에 그토록 완벽한 조건을 갖추고 있을까? 이 문제는 '인류 원리'라고도 한다. 중력이 조금 더 강했거나 암흑 에너지가 조금이라도 더 강했다면, 별과 은하는 형성되지 못했을 것이다. 하물며 산소가 풍부한 대기와 복잡한 탄소 화학 반응을 통해 인간을 만들어 낼 수 있는 행성은 더욱 만들어지지 못했을 것이다. 즉 과거의 조건이 조금만 달랐더라면 우리는 여기에 없었을 것이다. 그럼에도 모든 것이 이토록 정밀하게 균형을 이루어야 하는 이유는 여전히 의문으로 남는다. 이러한 질문은 수 세기 동안 철학자들을 잠 못 이루게 했다.

우주가 어떻게 '정확히 지금과 같은 모습'을 띠고 있는지에 대한 답을 설명하려는 한 가지 접근은, 적어도 이론적으로는 우리 우주가 여러 우주 중 하나일 가능성을 고려하는 것이다. 이른바 '다중우주 multiverse' 안에서는 어떤 일도, 적어도 어딘가에서는 일어날 수 있다. 조건이 들어맞을 가능성이 매우 낮더라도, 우리는 우리에게 가장 적합한 우주에 살고 있는 셈이다.

서로 조금씩 성질이 다른 여러 우주가 존재한다는 생각은 고대부터 이어져 왔다. 기원전 6세기 피타고라스를 비롯한 고대 그리스 철학자들은 여러 '코스모이kosmoi'가 동시에 존재한다고 생각했다. 코스모이는 원자들의 서로 다른 배열과 질서, 조화('코스모스kosmos')를 뜻하며, 이 원자들이 어우러져 행성과 별이 만들어진다.

'다중우주'라는 말 자체는 철학자 윌리엄 제임스William James가 1895년 저서 《인생은 살아야 할 가치가 있는가?Is Life Worth Living?》에서 처음 사용했지만, '도덕적 다중우주'라는 다른 맥락에서였다. 과학자들은 19세기에 오늘날 다중우주의 의미에 가까운 개념을 생각해냈다. 1895년 독일의 물리학자 루트비히 볼츠만Ludwig Boltzmann은 우주의 여러 영역이 각기 다른 열적 성질을 가지면서도 모두 여전히 하나의 우주 안에 있는 모습을 상상했다.

1957년, 미국의 물리학자 휴 에버렛Hugh Everett은 '다세계many

모든 것은 별에서 시작되었다

worlds'라는 개념을 발표하며, 다중우주에 대한 현대적 관점을 여는 계기가 되었다. 이 관점에 따르면, 적어도 수학적으로는 양자 규모에서 사건이 발생할 때마다 평행 우주가 분리된다. 이 주장은 대중의 상상력을 빠르게 사로잡았다. 1965년 영국의 공상과학 작가 마이클 무어콕Michael Moorcock은 소설 《분열된 세계The Sundered Worlds》에서 다중우주를 서사적 장치로 사용했다. 그 이후로 다중우주는 1998년 영화 〈슬라이딩 도어즈Sliding Doors〉에서처럼 삶의 선택이 가져오는 커다란 변화를 탐구하는 데 널리 사용되는 허구적 비유로 자리 잡았다.

연구자들마다 다중우주의 실재성을 받아들이는 정도는 제각각이다. 어떤 이들은 다중우주를 단지 확률을 계산하거나 실존적 불안을 덜기 위해 만들어 낸 수학적 해석에 불과하다고 본다. 반면 다중우주가 현실의 한 단면을 반영하며, 우리가 아직 이해하지 못하는 방식에 따라 입자와 에너지로 이루어진 물리적 우주와 이어져 있다고 보는 이들도 있다.

대안 이론 가운데 하나로 '끈 이론'이 있으며, 이 이론은 입자들이 사실 다른 차원에서 작은 고리 형태를 띤 1차원의 끈으로 존재한다고 설명한다. 이러한 고리는 특징적인 진동 패턴을 보이며, 그 패턴이 입자의 물리적, 양자적 성질을 결정한다. 끈 이론에는 여러 변형이 있으며, 이 이론들은 관측 범위를 훨씬 뛰어넘는 우주의 기원과 본질에 대한 가설을 세우는 데 사용될 수 있다. 예로 우주는 어떻게 시작되었을까? 에너지의 섬광이나 여러 차원의 시공간이 부딪치면서 우연히 탄생했을까? 아니면 한 번의 사건이 아니라 연속적으로 일어난 폭발, 이른바 '빅 바운스big bounce(우주가 반복적으로 팽창과 수축을 거듭한다는 가설 — 옮긴이)'의 결과였을까?

하지만 아무리 깊이 탐구해도, 언제나 우리가 이해할 수 없는 영역이 존재한다. 어떤 양자적 에너지 폭발이 하나의 입자를 만들고, 그 입자가 더 많은 입자를 만들어 우주, 혹은 다중우주가 시작되었다면 처음에 누가, 혹은 무엇이 이 질서를 움직이게 했을까? 또 다른 예로 양자물리학 실험에서는 입자가 불연속적인 점처럼 움직일지, 파동처럼 움직일지가 사전에 정해진 측정 방식에 따라 달라진다는 사실이 확인되었다(전자를 두 개의 틈에 통과시키는 이중슬릿 실험에서, 전자는 파동처럼 행동하며 간섭무늬를 만들다가, 실험자가 전자의 이동 경로를 관측하면 간섭무늬가 사라지고 입자처럼 행동한다 — 옮긴이). '관측자'가 실험에 영향을 미치는 셈이다. 모든 것은 서로 얽혀 있다.

이탈리아의 작가 이탈로 칼비노Italo Calvino는 1965년에 출간한 훌륭한 책《코스미코믹스Cosmicomics》에서 이런 인식의 한계를 재치 있게 다룬다. 열두 편의 단편 소설로 이루어진 이 책에서, Qfwfq라는 영원한 존재는 우주 역사 속 사건들을 둘러싼 이야기들을 들려준다. 한 이야기에서 Qfwfq는 먼 은하계에 걸린 표지판을 발견한다. 표지판에는 "내가 다 보고 있었지"라고 적혀 있었다. 은하에서 온 빛이 2억 년 전에 출발했다는 사실을 알게 된 Qfwfq는 당시 자신이 무엇을 하고 있었는지 떠올리며 부끄러움을 느낀다. "나는 섬뜩한 예감에 사로잡혔다." 하지만 그는 문득 의문을 품는다. 그렇게 먼 은하에서 어떻게 나를 봤다는 말인가?

Qfwfq는 이 문제를 어떻게 해결해야 할지 고민한다. "그래서 뭐 어쩌라고?"라는 표지판을 세워야 할까? 그러나 그의 머릿속은 점점 복잡해진다. 이 메시지는 수백만 년 동안 얼마나 멀리 퍼졌을까? "마치 모든 은하를 품은 우주 속에서, 내가 그날 한 일의 모습이 끊임없이 부풀어 오르는 구 안에 빛의 속도로 투영되는 것 같았다." 지금 바랄 수 있는 것은, 은하들이 아주 빠르게 멀어져 영원히 시야에서 사라지는 것뿐이었다.

이 모든 의문은 나를 그리고 대부분의 천문학자들을 Qfwfq처럼 혼란스럽게 만든다. 많은 물리학자들은 방정식으로 표현된 수학과 물리 법칙을 실제 우주와 동등한 것으로 받아들이며, 이를 통해 우주의 작동 원리와 특정 사건이 발생하는 이유까지 설명할 수 있다고 믿는다. 하지만 적어도 나에게는 그 사이에 간극이 느껴진다. 마치 책 속의 요리법이 실제 음식만큼 만족스러울 수 없는 것처럼.

우주의 종말에 관하여

이제 마지막으로 우주의 운명에 대해 생각해 보자. 우주는 영원히 팽창할까, '빅 크런치Big Crunch(빅뱅과 반대로 온 우주가 한 점으로 축소하면서 종말한다는 가설―옮긴이)'로 다시 붕괴할까? 아니면 팽창과 수축을 반복할까? 그 답은 물질과 에너지뿐만 아니라 다양한 힘의 균형에 달려 있다. 어떤 미래를 상상하는지는 우리가 시간을 어떻게 느끼고 받아들이느냐에 따라 달라지기도 한다.

한 세기가 넘는 세월 동안 별과 은하, 우주 마이크로파 배경복사를 관측한 결과, 우주의 나이는 약 140억 년으로 추정되며, 앞으로도 최소한 그만큼은 계속 존재할 것으로 보인다. 이는 어마어마한 숫자라 앞으로도 여유가 충분해 당분간 걱정할 필요는 없어 보인다. 하지만 최근 발견들은 이러한 그림에 새로운 불확실성을 더했다. 지금 당장, 즉 앞으로 수십억 년 동안은 별다른 일이 없겠지만 우리가 이해하는 한, 우주의 이야기는 열린 결말을 지닌다 해도 과언이 아니다. 어쩌면 바로 그 점이 우주 이야기를 더욱 흥미롭게 만드는지도 모른다.

1990년대 암흑 에너지가 발견되기 전만 해도 대부분의 천문학자들은 우주의 미래를 어느 정도 예측할 수 있다고 믿었다. 우주의 질량과 팽창 속도를 고려하면, 팽창 속도는 점차 느려지겠지만 아마 영원히 팽창할 것으로 여겨졌다. 그러나 암흑 에너지의 발견으로 모든 것이 불확실해졌다. 우주의 시작이 불가해하듯, 그 끝 또한 알 수 없다.

암흑 에너지의 본질은 여전히 수수께끼로 남아 있다. 이 반중력이 실제로 어떻게 작용할지는 전혀 알 수 없다. 만약 은하들이 서로 멀어지는 속도가 계속 빨라진다면, 은하들은 모두 우리 시야에서 사라지고 우리는 수많은 별로 이루어진 우리은하 속에 홀로 남게 될지도 모른다. 시간이 흐르면 결국 은하들조차 별들로 흩어져 버릴 수 있다. 그 별들마저 역시 언젠가는 온 우주를 가득 채운 원자의 안개 속으로 사라질 것이다.

하지만 아직 알려지지 않은 어떤 이유로, 이 암울한 상황을 바꾸고 팽창을 늦추거나 되돌릴 다른 근본적인 힘이 나타날 가능성은 없을까? 먼 미래에 우주가 수축하고 붕괴하여, 다시 빅뱅을 일으킬 수도 있을까? 눈에 보이지 않는 우주에 대해 알려진 것이 너무 적어, 우리는 어떤 것도 확신할 수 없다.

하지만 우리가 이런 질문들을 고민하는 이유를 생각해 보는 일은 그 자체로 흥미롭다. 우주는 왜 우리처럼 삶의 궤적과 운명을 가져야 할까? 우리가 우주를 해석하는 방식의 핵심에는 우리 자신이 지닌 시간 감각이 놓여 있다. 과학자들을 비롯한 오늘날 대부분의 사람들은 시간을 과거에서 현재를 거쳐 미래로 이어지는 선형적 '화살'처럼 인식한다. 예를 들어 달이나 태양을 기준으로 한 달이나 한 해를 정하면, 우리는 5년 후 무엇을 할지, 또는 태어난 지 얼마나 되었는지를 이야기할 수 있다. 하지만 본질적으로 이러한 시간의 척도는 지구를 도는 달이나 태양을 도는 지구의 움직임을 기준으로 결정된다. 즉 인간에 맞추어진 시간의 틀이기에 우리가 이해할 수 있는 것이다.

우주에 대해서도 같은 방식으로 이야기해도 될까? 우리가 나이를 먹으며 성장하듯, 우리는 우주도 마치 고급 와인처럼 시간이 흐르면서 성숙하며, 점점 더 복잡하고 정교해진다고 생각한다. 우리는 우주의 진보에 대해 이야기한다. 행성은 혼란스러운 가스 구름 속에서 태어나고, 은하가 모습을 갖추며, 블랙홀은 점점 커진다. 생명이 탄생하며, 지적 존재가 뒤를 잇는다. 다시 말해 모든 것은 처음부터 우리를 만들어 내기 위해 계획되어 있다.

하지만 물리학의 밑바탕에 있는 차갑고 엄밀한 논리는 다른 이야기를 들려준다. 물리학자들은 종종 시간의 화살을, 빅뱅 이후 열이 퍼지면서 모든 것이 점점 더 무질서해진 과정으로 설명한다. 시간은 우주가 점점 더 무질서해지는 흐름을 따라 서서히 흘러가는 듯하다. 이러한 이해는 1850년 루돌프 클라우지우스Rudolf Clausius가 제시한 열역학 제2법칙에 근거한다. 이 법칙은 '우주의 엔트로피는 최대치를 향한다'고 말한다. 엔트로피는 무질서의 척도다. 예를 들어 얼음 조각이 녹아 물웅덩이를 만들면, 그 분자는 더욱 무질서해진다.

열역학 제2법칙은 우주의 나이가 유한하며, 따라서 분명 시작이 있었음을 암시한다고 널리 받아들여졌다. 만약 우주가 무한히 오래되었다면, 이미 대부분의 에너지는 소진되었을 것이다. 영원한 우주라면, 우리가 지금처럼 질서 있는 세계에 존재할 가능성은 거의 없었다. 방사성 광물이 존재하고, 그 안의 원자가 다른 원소로 붕괴되어 방사선과 입자를 방출한다는 사실 역시 이들이 영원히 존재하지 않았음을 보여 준다.

클라우지우스는 이처럼 한쪽 방향으로만 진행되는 과정 때문에 우주가 순환할 수 없다고 주장했다. 그는 우주의 마지막 상태를 '열죽음heat death'이라고 불렀다. 엔트로피가 최대치에 도달하면, '더 이상 어떤 변화도 영원히 일어나지 않는다'는 것이다. 원자보다 작은 입자들의 안개 속에서 끝을 맞이하는 우주는 이러한 조건에 거의 맞아떨어진다.

하지만 당시 다른 물리학자들은 이 암울한 전망에 불편함을 느꼈다. 만약 우주가 막다른 길로만 이어진다면 무슨 의미가 있겠는가? 클라우지우스를 비판하는 이들은 열역학 제2법칙이 우주의 먼 과거나 미래에는 적용되지 않을 수도 있다고 주장했다. 또는 최대 엔트로

피에 도달하는 데 무한한 시간이 걸려 결코 도달하지 못할 수도 있다고 보았다. 우주의 일부 지역에서는 엔트로피가 다른 곳만큼 빠르게 증가하지 않아, 열죽음이 불규칙하게 나타날 가능성도 있었다. 비록 우주론자들이 방정식에서 모든 곳을 동일하다고 가정하더라도, 살아남는 지역이 있을까?

이런 허점은 오히려 더 큰 희망의 여지를 남겼다. 많은 문화권에서 '세상의 종말'을 상상했지만, 대부분은 인간의 영혼, 후손, 업적 등 어떤 형태로든 무언가가 살아남기를 바라는 마음을 놓지 않았다. 시간이 순환하여 사건들이 끊임없이 되풀이된다는 개념은 전 세계의 여러 문화에서 흔히 찾아볼 수 있다.

마야인들은 다양한 길이의 달력들을 사용했다. 그중에는 인간의 임신 기간과 거의 비슷한 260일 달력과 1년에 가까운 달력뿐 아니라 더 장기적인 사건을 기록하기 위한 400년에 가까운 달력도 있었다. 고대 인도의 철학자들은 수십억 년에 이르는, 실제로 우주적 시간 규모의 훨씬 긴 주기를 상상했다. 1신년, 즉 마하 유가maha yuga는 1만 2000년 동안 이어졌다. 이러한 주기 360개가 모여 432만 년에 달하는 우주적 주기가 된다. 1000개의 마하 유가는 브라흐마Brahmā 신의 하루를 이루며, 브라흐마 신은 이런 날들을 백 년 동안 살아간다. 브라흐마 신이 사라진 뒤에도 이 주기는 계속 반복된다. 이렇게 순환하는 시간은 윤회와도 연결된다. 불교 신자들은 윤회의 흐름을 끊고 시간을 초월하기 위해 명상에 힘쓴다.

우리 모두는 시간의 순환적인 측면을 어느 정도 안고 살아간다. 생체 시계는 낮과 밤, 달의 주기에 맞춰 움직이고, 지구의 계절은 일정한 초침 소리처럼 배경에 깔려 있다. 기념일은 매년 되풀이된다. 지구가 태양을 한 바퀴 돌 때마다 우리는 생일과 결혼기념일, 사랑하는 이의 기일로 돌아간다. 달력과 연감은 사람들이 매년이든 별과 행성이 일직선상에 놓이는 때든, 적절한 시기에 기도하거나 기념할 수 있도록 만들어졌다. 전쟁과 법령, 조약의 날짜는 수 세기가 지난 뒤에도 다시 돌아본다. 인간이 정한 '몇 번째 해'라는 숫자에는 아무런 의미가 없다. 손가락이 열 개인 인간이 단지 배수를 좋아했을 뿐이다. 미술사학자 E.H. 곰브리치E.H. Gombrich는 이렇게 썼다. '오직 기념일만이 공동체에, 업적이 죽음을 초월할 수 있다는 확신을 준다.'

하지만 우리 자신에 관한 것이든 우주에 관한 것이든, 이야기를 전할 때는 선형적인 시간 개념이 훨씬 유용하다. 그리고 모든 서사에는 시작점이 필요하다. 한 가지 예를 들자면 성경에 담긴 우주의 창조에 대한 종교적 이야기는 유대교, 기독교, 이슬람교를 통해 전 세계로 퍼져 나갔다. 이후 지질학자들은 19세기에 화석과 방사성 광물을 통해 지구의 나이와 기원을 밝혀냈다. 이는 진화론 또한 시작을 서술하는 한 가지 방법이 되었다.

그러나 현대 물리학은 클라우지우스가 예상하지 못했을 뿐 아니라, 현실 사회가 생활의 기반으로 삼기에는 너무 복잡한 시간관을 보여 준다. 아인슈타인의 특수 상대성 이론과 일반 상대성 이론에 따르면, 우주에는 절대적인 시간이 존재하지 않는다. 시공간이 연결되어 있고 빛의 속도가 유한하기 때문에 사람들은 우주의 다른 영역에 있거나 서로 다른 속도로 이동할 때 시간을 다르게 경험하게 된다. 시공간은 휘어져 있어 빠른 속도로 이동하는 사람에게는 시간이 더 느리게 흐른다.

이를 설명하기 위해 아인슈타인은 '쌍둥이 역설'을 제시했다. 쌍둥이 중 한 명은 지구에 남고, 다른 한 명은 달까지 여행했다가 돌아오는 상황을 가정한다. 아인슈타인의 이론에 따르면 우주를 여행한 쌍둥이의 시간이 더 느리게 흐르기 때문에, 여행을 마치고 돌아오면 쌍둥이의 나이는 서로 달라지고, 결국 여행한 쪽이 더 젊어진다. 비행기에 실어 보낸 정밀한 시계와 지상에 고정된 시계를 비교해도 같은 효과가 관측되었다. 다만 비행기의 속도로는 이 시간 차이가 아주 미미하다.

이런 사실이 우주 전체를 이해하는 데 갖는 의미는 말로 설명하는 것보다 방정식으로 표현하는 편이 더 쉽다. 본질적으로 모든 것은 연결되어 있으며, 시공간은 마치 직물의 날실과 씨실처럼 얽혀 있다. 어쩌면 한 방향으로 흘러가는 '우주의 이야기' 같은 것은 없고, 우주는 그저 끊임없이 형태를 바꿔가며 존재할 뿐인지도 모른다.

예술가들 역시 세상을 바라보는 이 새로운 방식을 이해하려고 여러 시도를 이어 왔다. 아인슈타인의 4차원 시공간은 파블로 피카소Pablo Picasso와 조르주 브라크Georges Braque를 비롯한 입체파 화가들에게 영향을 주었을 가능성이 있다. 이들은 전통적인 관점을 해체하여, 한 사물의 여러 측면을 나란히 보여 주는 왜곡된 시점을 보여 주었다. 이탈리아의 화가 조르조 데 키리코Giorgio de Chirico는 시계와 강렬한 햇볕이 내리쬐는 기차역이 가득 담긴 건축적 요소가 두드러진 유화를 그렸다. 이 작품은 아인슈타인이 기차에서 느낀 상대적 운동이 그의 이론에 남긴 영감을 반영한다. 스페인의 초현실주의 화가 살

바도르 달리Salvador Dali의 1931년 작품 〈기억의 지속〉에 등장하는 회중시계는 나뭇가지와 벽에 걸린 채 녹아내리며, 우주적 질서가 무너지는 모습을 상징하는 이미지로 해석되었다.

아인슈타인이 시공간의 개념을 뒤흔들고 허블이 우주가 팽창한다는 사실을 발견한 지도 한 세기가 지났지만, 우리는 여전히 그 변화가 만들어 낸 흐름 속에서 헤엄치고 있다. 우리가 우주에 대해 더 많은 사실을 알아갈수록 우주의 복잡한 작동 원리는 더욱 신비롭게 느껴진다. 수학은 잘 작동한다. 기술도 발전했다. 하지만 우리의 이성과 감성은 그만큼 따라가고 있을까? 갑자기 나타났다 사라지는 양자입자, 블랙홀, 끝없이 멀어지는 은하들이 우리 주변을 채우고 있다는 사실을 우리는 기꺼이 받아들이고 있을까? 여기에 감성적인 매력이나 소속감을 느낄 수 있을까? 아니면 늘 그랬던 것처럼 감정적이고 본능적이며 직관적인 인간의 방식으로 달, 행성, 별에 마음을 기대고 있을까?

망원경이 점점 커질수록 멀리 있는 은하의 더 희미한 부분까지 포착된다. 그러나 이렇게 더 많은 것을 알게 될수록, 우리는 밤하늘에서 찬란하게 빛나는 우리은하로 돌아온다. 다른 별을 도는 행성을 더 많이 발견할수록 지구를 포함한 가까운 행성들의 풍경을 더욱 소중히 여기고 갈망한다. 블랙홀과 암흑 물질, 암흑 에너지는 21세기에 마주하는 달 표면의 그림자와 같으며, 그 칠흑 같은 어둠의 정체를 더 깊이 들여다보라고 우리를 재촉한다.

이번 세기는 어떤 새로운 답을 안겨줄까? 나도 알 수 없다. 다만 우리가 속한 우주를 이해하려는 노력을 결코 멈추지 않을 것이라는

모든 것은 별에서 시작되었다

점은 분명하다. 그리고 그 안에서 우리는 시선을 돌리는 곳마다 우리 자신을 마주하게 될 것이다.

에필로그

우주는
인간의 삶에 실재한다

매년 지구상 어딘가에서 최소 두 번의 개기일식을 관측할 수 있다. 개기일식은 대부분 인도양 한가운데나 페로 제도처럼 외딴 지역에서만 일어난다. 그렇기 때문에 대부분의 사람들은 사람들은 평생 한두 번 정도만 볼 수 있다.

내가 처음 목격한 개기일식은 1999년 영국 남서부에서였다. 아쉽게도 옅은 회색 구름에 가려져 일식의 장엄한 광경을 온전히 볼 수는 없었지만, 일식이 시작되면서 달이 태양의 원반을 조금씩 먹어치우는 모습은 볼 수 있었다. 나는 영국 해협을 내려다보는 언덕 위에 서서, 뇌우가 다가올 때처럼 어둡고 거대한 개기일식의 그림자가 물 위를 가로질러 몰려오던 장면을 기억한다. 잠시 동안 주변은 어둠에 휩싸였고, 그림자는 해안을 따라 빠르게 지나갔다.

2017년 8월에는 더 나은 경험을 기대하며 또 다른 개기일식을 보기 위해 미국 북서부 아이다호로 떠났다. 이번에는 실망하지 않앉다.

　일식은 눈에 띄지 않게 시작되었다. 정오 무렵, 친구들과 나는 덤불이 우거진 언덕 꼭대기로 달려가 담요와 배낭을 펼쳤다. 하늘은 코발트빛으로 맑았고, 멀리서는 산불 연기가 낮게 깔리며 지평선을 흐리게 만들고 있었다. 우리는 귀뚜라미 울음에 떨리는, 허브 향이 나는 산쑥 더미 사이에 앉았다. 모든 것이 평소와 다름없어 보였다. 하지만 일식 안경을 들어 눈을 가리자 그 순간, 태양의 뺨에 구멍이 뚫려 있었다. 틀림없었다. 일식이 시작된 것이다. 마치 신호를 기다렸다는 듯, 일식은 정확히 제 시간에 맞춰 일어나고 있었다.

　우주의 시계 장치 속 톱니바퀴가 돌아가는 일은 느리게 진행된다. 우리의 시선은 톱니처럼 깎인 산들을 따라 흘렀다. 아이다호의 소투스산맥은 이름조차 그럴 듯했다(소투스Sawtooth는 톱니라는 뜻이다 — 옮긴이). 우리는 수다를 떨고 농담을 주고받으며 종이컵에 와인을 따랐다. 하지만 10분, 20분이 흐르자 이 광경의 힘은 조용히 꾸준하게 우리를 사로잡았다. 수다는 잦아들었다. 우리는 한 발 물러나 각자의 공간에서 감각에 집중하기 시작했다.

　햇빛의 느낌이 달라지기 시작했다. 색이 옅어지면서 풍경은 마치 빛바랜 1970년대 엽서처럼 보였다. 태양의 열기가 약해지더니 차가운 돌풍 같은 바람이 맨팔을 스쳤다. 반갑게도 그림자가 구부러지고 흐릿해지기 시작했다. 우리는 손가락 사이 틈으로 작은 초승달 모양을 종이에 비췄다.

　다행히 우리는 이 장관을 여유롭게 감상할 수 있는 장소에 있었다. 미국의 측면을 따라 혼잡하게 이어진 고속도로와 주차장은 수백만 명으로 붐볐지만, 우리는 그 소란과 떨어져 있었다. 개기일식이 지나는 길은 대륙을 가로질러 먼저 오리건주의 태평양 연안을 검게 물들인 뒤, 동쪽으로 사우스캐롤라이나주의 대서양 연안까지 이어졌다. 뉴스 앵커들은 물론 제트 전투기까지 미국 전역을 가로질러 태양과 달을 쫓았다.

다시 하늘을 올려다보니 또 다른 부분이 어둠에 잠겼다. 속도를 높일 수도, 자연의 시계를 멈출 수도 없었다. 몇 분이 흐르자 태양은 한 입 베어 물린 모습에서 초승달 모양으로 변해 있었다. 하늘 속 뿔 달린 악마처럼 보였다. 이제 훨씬 더 어두워졌다. 마치 거대한 구름이 덮쳐오고 폭풍이 몰아치는 듯했다. 우주의 중력이 달을 태양의 궤도로 계속 밀어 넣고 있었다. 초승달은 미끄러지듯 작아졌다. 햇빛은 사라졌다.

그리고 마침내 그 순간이 왔다! 태양의 마지막 주황색 조각이 한 점의 밝은 방울로 모이며, 불의 고리에 박힌 '다이아몬드'처럼 빛났다. 순식간에 태양과 달이 서로를 감싸 안듯 완전히 맞물렸다. 고리의 검은 심장부에서 은빛 팔이 뻗어 나왔다. 태양 표면에서 뿜어져 나오는 뜨거운 가스의 제트였다. 우리는 쪽빛 하늘에서 행성과 밝은 별들, 그리고 선명한 보랏빛으로 드러난 산의 윤곽까지 볼 수 있었다. 2분 후, 환영은 사라지고 태양이 다시 모습을 드러냈다. 이렇게 또 한 번의 새벽이 찾아왔다.

일식을 지켜보는 동안 나는 마치 작아진 듯한 기분이 들었다. 이 복잡하고 경이로운 행성의 광활한 풍경 속에 서 있는, 보잘것없는 인간이 된 느낌이었다. 해가 사라지는 모습을 지켜보는 일은 어딘가 원시적인 경험을 선사한다. 낮은 밤이 되었다가 몇 분 만에 다시 돌아온다. 풍경의 밝기와 명암이 끊임없이 변한다. 극적이며, 잊을 수 없는 순간이다.

하지만 놀랍게도 두려움도 걱정도, 외로움도 느껴지지 않았다. 그렇다. 내 친구들은 물론이고 자동차 보닛 위나 잔디 의자에 앉아 하늘을 올려다보던 사람들까지, 이 장관을 함께 지켜본 모든 사람과 연결되어 있다는 느낌이 들었다. 나아가 일식을 쫓던 사람들부터 점성술사, 장군과 왕, 대학생에 이르기까지 세월을 넘어 이런 현상을 탐구해 온 모든 사람과도 가까워진 기분이었다.

나는 자연이라는 거대한 기계 장치, 그 거대한 바퀴가 밤낮으로, 해마다, 세기마다 돌아가는 모습을 바라보며 겸허해졌다. 동시에 뜻밖에도 차분함과 안정감을 느꼈다. 마치 모든 것의 일부가 되고, 우주의 시선을 잠시나마 받는 듯한 느낌이, 이상하게도 두렵기보다 위안이 되었다. 이 경험은 나를 조금 바꾸어 놓았다. 어쩐지 내 마음이 이전보다 한층 편안해졌다.

이 책을 쓰는 동안에도 이렇게 연결되어 있다는 감각은 계속 내 마음속에 머물러 있었다. 나는 인류가 이어 온 위대한 우주 탐구에, 비록 배경의 작은 역할에 불과할지라도 조금이나마 참여했다는 사실에 자부심을 느낀다. 나는 여전히 저 너머의 모든 것에 경이로움을 느낀다. 동시에 오늘날 인간이 우주에서 실제로 벌이는 일들을 생각하면 걱정이 앞선다. 우주를 놀이터로, 더 나쁘게는 전쟁터로 만들고, 지구에 사는 모두에게 우주가 지닌 문화적 의미를 외면한 채 우주를 훼손하고 있다.

모든 것은 별에서 시작되었다

먼 우주는 여전히 전문가와 권력자, 부유층의 전유물로 여겨진다. 뛰어난 로켓과 수십억 달러짜리 망원경을 제작해 우주를 관측하고 지도를 그릴 수 있는 능력을 지닌 엘리트만이 우주의 비밀을 알고, 그 엄청난 힘을 활용할 수 있다. 인간이 하늘을 바라보기 시작한 순간부터 지금까지, 이 현실은 변하지 않았다.

일부 문화권에서는 여전히 하늘과 긴밀한 관계를 맺으며 하늘에서 벌어지는 일에 깊은 유대감을 느끼지만, 대다수 사람들, 특히 도시에 사는 이들은 우주를 점점 더 먼 존재로 여기며 자신의 삶과는 무관하다고 생각한다. 우주는 이제 기술적 영역으로 타인이 대신 운영하는 전초기지처럼 여겨진다. 그 결과 대부분의 영역이 규제 없이 방치되어, 거의 모든 것이 허용되는 공간이 되었다.

하지만 역사는 인류가 비슷한 상황에서 제대로 대응하지 못했다는 사실을 보여 준다. 수많은 공상과학 작가들은 지구의 경계를 제한 없이 넘어설 때 나타날 위험을 미리 경고해 왔다. 그럼에도 우리는 경고에 귀 기울이거나 교훈을 얻기보다는 여전히 이야기 속 주인공을 흉내 내며, 유리한 입장일 때만 과거의 무분별한 식민주의와 경쟁, 불평등의 시대를 되풀이하려는 듯하다.

1966년 UN 우주조약은 여전히 우주를 '모든 인류의 활동 범위'이자 '평화적 목적'으로만 보존하고, 우주인을 '사절'로 삼는 것을 목표로 하고 있지만, 현실에서는 제대로 지켜지지 않는다. 이러한 이상만으로는 수명이 다한 인공위성 잔해와 매년 활발히 발사되는 수백 대의 새로운 인공위성으로 지구 궤도가 채워지는 것을 막기 어렵다. 미래의 하늘에서는 일부 유성우가 자연 현상이 아니라, 지구로 떨어지며 불타는 우주 쓰레기 덩어리로 보일 수도 있다. 오래된 조약 문구와 느슨한 집행으로 인해 우주는 군사적으로 활용될 여지가 남아 있으며, 실제로 '스타워즈' 시대가 열릴 가능성도 있다.

하지만 희망적인 조짐도 있다. 천문학자들을 비롯해 많은 사람은 어두운 하늘을 지키기 위해 노력하며, 가로등 불빛에서 멀리 떨어진 자연 보호구역을 조성하고 있다. 하늘도 그 아래 땅과 마찬가지로 환경의 일부라는 사실을 인식하고 있기 때문이다.

한편 연구자들은 하늘에 떠 있는 위성의 수가 급격히 증가하면서 밝은 섬광이 시야를 가려 우주를 관측하기가 점점 어려워지고 있음에 우려를 표하고 있다. 아마도 천문학자들은 아폴로 계획을 비판했던 시인들과 생각보다 더 많은 공통점을 갖고 있는지도 모른다. 원주민들도 달과 지구상의 우주적 의미를 지닌 장소들의 문화적 중요성에 대해 목소리를 높이고 있다. 여기서 멈출 이유는 없다.

우주는 단순히 약탈할 자원의 보고나 물리학의 연구 대상으로만 존재하는 것이 아니라 훨씬 더 큰 의미를 지닌다. 우주는 인류의 일부이며, 인류 역시 우주의 일부다. 우리의 이야기는 하늘에 새겨져 있다. 우리는 모두 별을 관찰하는 존재다. 밤하늘은 우리의 삶과 인류의 역사, 문화 전반에 걸쳐 언제나 변함없이 함께해 왔다.

망원경으로 토성의 고리가 변하는 모습과 목성의 위성이 시간에 따라 앞뒤로 움직이는 모습을 관찰할 때면 나는 이런 천체들 역시 21세기의 일부로 지구처럼 각자의 날씨와 폭풍을 견디며 변화하고 있음을 새삼 깨닫는다. 우리는 이 우주를 공유하고 있고, 앞으로도 그럴 것이다. 이 세계는 책이나 화면 속 고정된 이미지가 아니라 우주

의 톱니바퀴가 돌아가듯 실재하고 끊임없이 변화하며 우리와 함께
나이를 먹어 간다.

감사의 글

이 책을 쓰면서 많은 사람의 도움을 받았다. 특히 에이전트 제시카 울러드Jessica Woollard와 블룸즈버리의 편집 및 제작팀 줄리엣 브룩Juliet Brooke, 이언 마셜Ian Marshall, 마이클 피시윅Michael Fishwick, 프란시스코 빌레나Francisco Vilhena, 에이미 휘태커Amy Whittaker, 브리타니 데이비스 Brittani Davies의 모든 지원과 노고, 현명한 조언에 감사를 전한다.

    이 책을 위해 연구할 시간을 마련할 수 있었던 것은 2019년에서 2020년 사이 하버드대학교 래드클리프Radcliffe 고등연구소의 래드클리프 연구 펠로우십 덕분이었다. 나를 지지해 준 〈네이처〉 동료들에게 감사하고, 연구소에서 따뜻하게 맞아준 셔런 브롬버그림Sharon Bromberg-Lim, 메러디스 퀸Meredith Quinn, 레베카 헤일리Rebecca Haley, 엘리사 굿맨Alyssa Goodman, 스티브, 마리아를 비롯한 모든 직원들에게도 마음 깊이 감사드린다. 에드워드·프랜시스·셜리 B. 대니얼스 펠로우십을 아낌없이 후원해준 컴퓨팅의 선구자 셜리 대니얼스Shirley Daniels

에게도 특별히 감사를 전한다. 당시 래드클리프 리서치 파트너스로 나와 함께 일했던 학부생 오스틴 테일러Austin Taylor, 데이비드 시앙 David Xiang, 아나 루이자 니콜라이Ana Luiza Nicolae, 젤린 리우Zelin Liu에 게도 고마움을 전한다. 이 책은 이들의 열정과 폭넓은 아이디어, 함 께 나눈 열띤 토론 덕분에 탄생할 수 있었다.

또한 민족천문학에 대한 귀중한 논의를 함께 나누고 자료를 공 유해 준 하버드대학교 지구과학 및 행성과학자 로저 푸Roger Fu에게 도 깊은 감사를 전한다. 그리고 오랜 연구 협력자이자 지지자들, 특히 박사 과정 지도교수 리처드 헌스테드Richard Hunstead와 지속적인 지원 을 아끼지 않는 조 실크Joe Silk, 조스 블랜드 호손Joss Bland Hawthorn에 게도 감사드린다.

'래드 펠로우' 동료들에게도 감사를 전하고 싶다. 코로나19 팬데 믹이 덮쳤던 혼란스러운 시기에 이들의 활력, 탁월한 지성, 매혹적인 아이디어와 동료애 덕분에 힘을 얻을 수 있었다. 모두를 일일이 나열 하고 싶지만, 이 책을 집필하는 데 깊은 영감을 준(봉쇄가 임박한 텅 빈 캠 퍼스에서 칵테일을 함께 하던) 몇 명을 꼽고자 한다. 실비아 셰델바우어Sylvia Schedelbauer, 마리아가브리엘라 디 베네데토Maria-Gabriella di Benedetto, 사와코 카이지마Sawako Kaijima, 크리스티안 루츠Christian Rutz, 에스라 악칸Esra Akcan, 프랜 버먼Fran Berman, 에도 베르거Edo Berger, 다미안 블 라시Damián Blasi, 앨런 브랜트Allan Brandt, 대니얼 캘러핸Daniel Callahan, 리즈 치아렐로Liz Chiarello, 마고 패슬러Margot Fassler, 닐 호벨마이어 Neal Hovelmeier, 캐머라 존스Camara Jones, 알렉스 라하브Alex Lahav, 질 리 포어Jill Lepore, 앨리나 매리언Alina Marian, 봉가니 은도다나브린Bongani

Ndodana-Breen, 수전 랭킨Susan Rankin, 지순 션Zhi-Xun Shen, 마니샤 시나 Manisha Sinha, 차난 티가이Chanan Tigay, 토드네 토머스Todne Thomas를 비롯한 모두에게 감사를 전한다.

그리고 무엇보다 나와 이 책, 내 여정을 뒤에서 든든히 받쳐준 가족들에게 깊은 고마움을 전한다.

참고문헌

1. 달과 태양: 신들의 놀이터에서 인간의 공간으로

Selene's Two Faces: From 17th Century Drawings to Spacecraft Imaging, edited by Carmen Pérez González, Brill, 2018

Apollo's Legacy: Perspectives on the Moon Landings, Roger D Launius, Smithsonian Books, 2019

The Moon: A History for the Future, Oliver Morton, Economist Books, 2019

The View from Space: American Astronaut Photography, 1962–1972, Ron Schick and Julia Van Haaften, Clarkson Potter, 1988

Apollo's Muse–The Moon in the Age of Photography, Mia Fineman, Beth Saunders, Tom Hanks, Yale University Press, 2019

Who Owns the Moon?: In Defence of Humanity's Common Interests in Space, A.C. Grayling, Oneworld Publications, 2024

Handbook of Archaeoastronomy and Ethnoastronomy, edited by Clive L.N. Ruggles, Springer, 2014

Archaeoastronomy: Introduction to the Science of Stars and Stones, Guilio Magli, Springer, 2015

Skywatching in the Ancient World: New Perspectives in Cultural Astronomy, edited by Clive Ruggles and Gary Urton, University Press of Colorado, 2008

The Sacred and The Profane: The Nature of Religion, Mircea Eliade (translated by Willard R. Trask), Harcourt Australia, 1959; 《성과 속》, 미르치아 엘리아데, 학민사, 1983

The Myth of the Eternal Return – Cosmos and History, Mircea Eliade, Harper Torchbooks, 1959; 《영원회귀의 신화》, 미르치아 엘리아데, 이학사, 2003

Egyptian Mythology: A Guide to the Gods, Goddesses, and Traditions of Ancient Egypt, Geraldine Pinch, Oxford University Press, 2004

Inanna, Lady of Largest Heart: Poems of the Sumerian High Priestess Enheduanna, Betty De Shong Meador, University of Texas Press, 2001

The Electronic Text Corpus of Sumerian Literature, etcsl.orinst.ox.ac.uk

The Physical World of the Greeks, Samuel Sambursky, Routledge&Kegan Paul, 1963

Leonardo Da Vinci: The Codex Leicester – Notebook of a Genius, Michael Desmond, Carlo Pedretti, Leonardo da Vinci, University of Illinois Press, 2001

The Sun in the Church: Cathedrals as Solar Observatories, J. L. Heilbron, Harvard University Press, 2001

Galileo, John Heilbron, Oxford University Press, 2010

The Galileo Project, Galileo.rice.edu

Intellectual Curiosity and the Scientific Revolution: A Global Perspective, Toby E. Huff, Cambridge University Press, 2010

'Poetry and the Moon' in Madness, Rack, and Honey, Mary Ruelfe, Wave Books, 2012

Our Moon: A Human History, Rebecca Boyle, Sceptre, 2024

The Lunar Men: The Friends Who Made the Future 1730–1810, Jenny Uglow, Faber&Faber, 2003

모든 것은 별에서 시작되었다

2. 화성과 태양계: 새로운 세상, 새로운 생명을 찾아

Imagining Mars: A Literary History(Early Classics of Science Fiction), Robert Crossley, Wesleyan University Press, 2011

Dying Planet: Mars in Science and the Imagination, Robert Markley, Duke University Press, 2005

Red Star Tales: 100 Years of Russian Science Fiction, by Yvonne Howell (Editor), Russian Information Services, Inc., 2015

Religions and Extraterrestrial Life: How Will We Deal With It?, David A. Weintraub, Springer, 2014

Astrology and Cosmology in the World's Religions, Nicholas Campion, NYU Press, 2012

Episodes from the Early History of Astronomy, Asger Aaboe, Springer, 2001

The Babylonian Theory of the Planets, Noel M Swerdlow, Princeton University Press, 1998

The Exact Sciences in Antiquity, Otto Neugebauer, Harper, 1962

Pathfinders: The Golden Age of Arabic Science, Jim Al-Khalili, Penguin, 2012

The Sleepwalkers: A History of Man's Changing Vision of the Universe, Arthur Koestler, Hutchinson, 1959

Extraterrestrial Life Debate, Antiquity to 1915: A Source Book, by Michael Crowe(Editor), University of Notre Dame Press, 2024

H. G. Wells: A Literary Life, Adam Roberts, Palgrave Macmillan, 2019

Parallel Lives of Astronomers: Percival Lowell and Edward Emerson Barnard, William Sheehan, Springer, 2024

'Giovanni Schiaparelli: visions of a colour blind astronomer', William Sheehan, Journal of the British Astronomical Association, 107, 1, 1997

The Interstellar Age: The Story of the NASA Men and Women Who Flew the Forty-Year Voyager Mission, Jim Bell, Penguin, 2016

Chasing New Horizons: Inside the Epic First Mission to Pluto, Alan Stern, Picador, 2018; 《뉴호라이즌스, 새로운 지평을 향한 여정-명왕성을 처음으로 탐사한 사람들의 이야기》, 앨런 스턴, 데이비드 그린스푼, 푸른숲, 2020

3. 우주와 인간: 수십억 년 전부터 계속된 별의 메시지

The Power of Stars, Bryan E. Penprase, Springer, 2017

'Stairways to the Stars: Skywatching in Three Great Ancient Cultures', Anthony F. Aveni, Cassell Illustrated, 1997

'Star Charts on the Silk Road: Astronomical Star Maps in Ancient China', Bonnet-Bidaud, Jean-Marc&Françoise Praderie in The Silk Road: Trade, Travel, War and Faith, edited by Susan Whitfield and Sims-Williams, The British Library, 2004.

'Like Stars in the Sky', Yang, Qiao in Journal of the Economic and Social History of the Orient, Vol. 62, No. 2/3, Mobility Transformations and Cultural Exchange in Mongol Eurasia, edited by Michal Biran(2019), pp. 388-427

Explorers of the Southern Sky: A History of Australian Astronomy, by Raymond Haynes, Roslynn D. Haynes, David Malin, Richard McGee, Cambridge University Press, 1996

Starborn: How the Stars Made Us-and Who We Would Be Without Them, Roberto Trotta, Basic Books, 2024; 《우리는 별에서 시작되었다 – 문명의 탄생에서 과학의 진보까지》, 로베르토 트로타, 와이즈베리, 2025

The Human Cosmos: A Secret History of the Stars, Jo Marchant, Canongate, 2021

The Book of the Cosmos: Imagining the Universe from Heraclitus to Hawking, Dennis Richard Danielson, Perseus Books, 2000

Astrology and Cosmology in Early China: Conforming Earth to Heaven, David W. Pankenier, Cambridge University Press, 2013

Science and Civilisation in China(Vols. 1-3), Joseph Needham, Cambridge University Press, 1956

Science In Traditional China, Joseph Needham, Harvard University Press, 1981

A Brief Introduction to Astronomy in the Middle East, John M. Steele, Saqi Books, 2008

The Dawn of Modern Cosmology: From Copernicus to Newton, edited and translated by Aviva Rothman, Penguin Classics, 2023

The Glass Universe: How the Ladies of the Harvard Observatory Took the Measure of the Stars, Dava Sobel, Penguin, 2017; 《유리우주-별과 우주를 사랑한 하버드 천문대 여성들》, 데이바 소벨, 알마, 2016

Fred Hoyle's Universe, Jane Gregory, Oxford University Press 2005

Cosmic Noise: A History of Early Radio Astronomy, Woodruff T. Sullivan III, Cambridge University Press, 2009

The Oxford Handbook of the History of Modern Cosmology, edited by Helge Kragh and Malcolm Longair, Oxford University Press, 2024

Conceptions of Cosmos-from Myths to the Accelerating Universe: A History of Cosmology, Helge Kragh, Oxford University Press, 2013

When Galaxies Were Born: The Quest for Cosmic Dawn, Richard Ellis, Princeton University Press, 2022

Gravity's Engines: How Bubble-blowing Black Holes Rule Galaxies, Stars and Life in the Cosmos, Caleb Scharf, Farrar, Strauss&Giroux, 2012

The 4 Percent Universe: Dark Matter, Dark Energy, and the Race to Discover the Rest of Reality, Richard Panek, Houghton Mifflin, 2011; 《4퍼센트 우주-우주의 96퍼센트를 차지하는 암흑물질·암흑에너지를 말하다》, 리처드 파넥, 시공사, 2013

Worlds Without End: The Many Lives of the Multiverse, Mary-Jane Rubenstein, Columbia University Press, 2014

모든 것은 별에서 시작되었다
STARWATCHERS

초판 1쇄 인쇄 2026년 2월 3일
초판 1쇄 발행 2026년 2월 11일

지은이 조앤 베이커
옮긴이 고유경
책임편집 김다미
콘텐츠그룹 배상현, 김아영, 이윤주, 박화인, 강효원, 강도현, 문혜진, 기소미
디자인 R DESIGN 이보람

펴낸이 전승환
펴낸곳 책읽어주는남자
신고번호 제2024-000099호
이메일 bookpleaser@thebookman.co.kr

ISBN 979-11-24038-27-7 (03110)